Colección dirigida por
Gilles Farcet

Jugar, descansar, madurar

Dra. DEBORAH MACNAMARA

Prólogo del Dr. Gordon Neufeld

JUGAR
DESCANSAR
MADURAR

LO QUE TODO NIÑO PEQUEÑO QUISIERA
QUE SUPIÉRAMOS ACERCA DE ÉL

Basado en el Modelo Evolutivo del
Dr. Gordon Neufeld

HARA PRESS

Testimonios sobre "Jugar, descansar, madurar"

"Este libro es un tributo no sólo a su talento, sino también a su convicción absoluta de que los conocimientos sobre la relación y el desarrollo deben llegar a quienes son responsables de educar a los chicos... La doctora MacNamara está maravillosamente situada para contar esta historia, llevándolos de la teoría a la práctica. No podrían estar en mejores manos".
–**Gordon Neufeld, PhD** Doctor en Filosofía, autor y fundador del Instituto Neufeld

"El libro de Deborah MacNamara es rico en conocimientos, tanto de la naturaleza del niño como de la paternidad positiva. Una gran ayuda para padres y maestros, *Jugar, descansar, madurar*, evidencia el predominio del vínculo temprano padre-niño en un desarrollo óptimo, y apasionadamente afirma el valor primordial del juego en el bienestar y creatividad del niño. La doctora MacNamara está en gran sintonía tanto con las necesidades de los niños, como con las mejores prácticas de paternidad. Lea, reflexione, comparta".
–**Raffi Cavoukian**, Miembro de la Orden de Canadá (CM), cantante, autor, y fundador del *Center for Child Honouring*

"Basando su enfoque en la teoría del vínculo y en el trabajo pionero del doctor Gordon Neufeld, Deborah MacNamara ha escrito un manual esencial de cómo ser un padre dándole sentido al mundo interior de los niños. Este libro traduce la ciencia del desarrollo en amor práctico".
–**Gabor Maté, MD** Doctor en Medicina, coautor de *Regreso al vínculo familiar* (Hara Press, 2016)

"Este [libro] es una lectura obligada para padres con niños en edad preescolar o menor. La doctora MacNamara muestra claramente las etapas de desarrollo de los preescolares, de manera que los padres alcancen un mejor entendimiento del estado emocional del niño. Es gracias a este entendimiento que se vuelve más fácil la crianza de un niño preescolar. Léalo y se convertirá verdaderamente en 'la mejor apuesta para su hijo'".
–**Kristy Pillinger**, Jefa de Redacción de *Nurture Parenting Magazine*

"*Jugar, descansar, madurar* me conmovió hasta las lágrimas, porque reafirmó mis instintos de madre. La doctora MacNamara traduce el lenguaje y la madurez del niño en un marco de referencia comprensible, lo cual te procurará ese especial momento de "revelación" cuando lo leerás. Además, te apoya con prácticas para lidiar con las grandes emociones de los niños. *Jugar, descansar, madurar* combina la ciencia verdadera con historias de la vida real, humor y estrategias sensatas. Deborah ha traducido el hermoso y caótico mundo del preescolar. Si hay un sólo libro que debes leer como padre, éste es el libro".
–**Traci Costa**, Directora Ejecutiva de *Peekaboo Beans*

"Como pediatra, paso una gran parte de mi tiempo escuchando las preocupaciones de los padres con respecto a las imperfecciones de sus infantes. '¿Cómo logro que mi hijo coma más, duerma mejor, aprenda a ir al baño más rápido, se comporte de manera razonable, y sea listo, ... pero no más listo que yo?' Pienso en mi querida amiga, la doctora MacNamara, y me pregunto: '¿Cómo hubiera respondido ella a esta pregunta?'. Estoy encantado de que ella haya escrito las respuestas en este libro magnífico, lleno de sabiduría sobre el desarrollo y de consejos prácticos sobre la vida diaria de los infantes en crecimiento y de sus padres en evolución. No es un remedio rápido sino un mapa para entender mejor esta asombrosa edad con todas sus gloriosas imperfecciones".
–**Keyvan Hadad, MD** Doctor en Medicina, director médico de *Intermediate Nursery* del *Women's Hospital* de Columbia Británica, profesor clínico asociado de la Universidad de Columbia Británica

"*Jugar, descansar, madurar* es un recordatorio refrescante de la importancia de bajar la velocidad y dejar que los niños maduren a su propio ritmo, libres de las expectativas de la sociedad. Con entendimiento y sensibilidad, la doctora MacNamara guía a los padres para que confíen en su intuición proporcionando las condiciones para que los niños crezcan, en lugar de proponer herramientas que cambien su comportamiento. Aceptar la inmadurez de un niño nunca me ha parecido más satisfactorio o liberador como después de haber leído el libro de la doctora Deborah MacNamara".
–**Lori Petro**, fundadora de *TEACH through Love*

"El libro bellamente escrito por la doctora MacNamara, expande gradualmente la perspectiva del lector, ofreciendo un lente diferente para ver al niño, uno que amplía y, al mismo tiempo, profundiza su comprensión. Enriqueciendo las palabras y modelos del doctor Neufeld, ella ayuda al lector a realizar el trabajo de aplicar tan importante teoría a su propia familia. La doctora MacNamara tiene verdaderamente el don de la escritura, siempre aterrizando conceptos en casos relacionados con su vida y trabajo como investigadora, profesora, terapeuta, y, por supuesto, como madre".
–**Genevieve Simperingham**, cofundadora del *Peaceful Parent Institute*

"¡Al fin, un libro para los padres de niños chicos que enlaza la neurociencia y la investigación del vínculo y es absolutamente útil! Estoy segura de que *Jugar, descansar, madurar* será la guía para consultar para padres confundidos y exhaustos que reciben mensajes contradictorios acerca de cómo criar a sus hijos, tanto de parte de los profesionistas como del ambiente cultural. La doctora MacNamara nos muestra lo que siempre hemos intuido, es decir que las respuestas están dentro de nosotros mismos, y que nosotros, como padres, somos los expertos en la relación que estamos buscando. Les garantizo que *Jugar, descansar, madurar* será el timón de su entrenamiento a la paternidad y que, al final del libro, ¡estarán navegando su travesía como padres con una gran habilidad, confianza y alegría!"
–**Sil Reynolds**, coautora de *Mothering & Daughtering: Keeping Your Bond Strong through the Teen Years*

Para Chris, Hannah y Madeline,
porque jugamos, descansamos y maduramos juntos.

Título original: *Rest, Play, Grow – Making Sense of Preschoolers*
de Deborah MacNamara, PhD

© 2016 Deborah MacNamara, PhD
© 2021 Hara Press USA para la lengua española

www.harapress.com

Traducción: Patricia Meade
Revisión editorial: Claudia Espino
Asesoría editorial: Ana Laura Cadenas
Supervisión en el Modelo Neufeld: Maria Fernanda Calderón
Diseño de cubierta: Rafael Soria

ISBN: 978-0-9840430-9-5
Library of Congress Control Number: 2018967375

Colección: Familia sana para un planeta sano

"Por favor no atormenten, fastidien, preocupen, acosen, hostiguen, persigan, interrumpan, agredan, humillen, angustien, irriten, inquieten, molesten, ofendan, provoquen ni exasperen a los niños".

(Adaptado de las directrices del Zoológico de San Diego respecto al trato de los animales)

Contenido

PRÓLOGO

Un encuentro con la Dra. MacNamara no es algo que se olvide fácilmente. Ella es una máquina de energía, intelecto e ingenio que enfrenta toda situación con la fuerza de un remolino; aunque sea el remolino más calmado que uno pueda imaginarse. En realidad, tiene un profundo impacto no obstante sea la imagen de la serenidad misma. Siempre he considerado eso como un logro muy notable; uno del que, estoy seguro, sus hijos se benefician enormemente.

Nuestra relación comenzó como alumna y maestro. Deborah captó rápidamente la Teoría Evolutiva y también se dio cuenta sin tardar de los efectos de un enfoque de crianza basado en el vínculo. En cuanto comprendió el poder de estos conocimientos, insistió que éstos tenían que ser difundidos lo más posible, y me alegra que haya escogido tomar este rol.

El dominio de Deborah sobre la teoría del vínculo y del desarrollo ha sido impresionante. Pero lo que más me impresionó en los primeros días de nuestra relación, fue su manera de aterrizar el material. Parecía tener un sentido intuitivo del paso de la teoría a la práctica. Sin perder la visión del conjunto, era capaz de llevar el material a las aplicaciones más concretas. Mientras yo todavía estaba en la teoría, ella ya se había trasladado a un sinnúmero de aplicaciones prácticas. Sin embargo, nunca se perdió en los detalles ni se desvió en la multitud de trampas potenciales.

Nuestros roles se han invertido en cierta medida desde aquellos primeros días. Con frecuencia, es ella ahora quien toma el liderazgo, revisando la literatura científica en busca de material relevante y de las novedades en investigaciones. Busca mi atención cuando tropieza con material que piensa que yo debería leer. Deborah sabe lo que es actual en la ciencia del desarrollo y entiende la responsabilidad suprema que tiene en el interior de la búsqueda científica por la verdad. Una mente crítica y una inclinación científica son herramientas esenciales cuando se trata de dar sentido a las cosas, especialmente a fenómenos complejos tales como el vínculo y la inmadurez.

También aprecio la parte teórica de Deborah. Yo establecí algunos de los cimientos del Modelo Evolutivo basado en el Vínculo, pero ella ha mostrado su brillante creatividad desarrollando ese material, llevándolo a un nivel más elevado y abriendo para mí unas cuantas oportunidades.

Ser padre de un chico de edad preescolar no es una tarea fácil. ¿Cómo puede usted mantener en mente el vínculo, crear una sensación de seguridad, mantener el liderazgo alfa cariñoso, brindar una sensación de descanso, y a la vez, saber cuándo trazar una línea e invitar las lágrimas, todo en la misma danza? Muchos padres dedicados, aun cuando cuentan con una buena comprensión de su rol, erran demasiado hacia una u otra dirección. Algunos padres se vuelven algo indulgentes y pierden su liderazgo, dando lugar a niños ansiosos tipo alfa que necesitan estar en control. Estos padres pueden criar bien, pero no pueden proporcionar la contención y el muro de futilidad [El Dr. Neufeld utiliza la palabra futility, futilidad, en el sentido de todo lo que no va según el deseo del niño. El niño se topa con la pared de la futilidad cada vez que la vida, las circunstancias, sus padres u otros le dicen un "no" que no pueden revertir (N. del T.)] que son indiscutiblemente necesarios para que ocurra un desarrollo sano. Otros padres pueden liderar muy bien, asumiendo su papel como agentes de adaptación, pero tienen dificultad a la hora de mostrar su amor cuando se sienten frustrados.

Deborah encontró una forma de lograrlo, y eso, en mi mente, es su cualidad más significativa para escribir acerca de los niños pequeños. El dominio teórico no es suficiente cuando se trata de enseñar a otros. Uno necesita haber incorporado este conocimiento en el tipo de danza que permite a la naturaleza hacer sus maravillas con nuestros hijos.

Dos temas permean en este libro. El primero es la importancia de la relación, la relación correcta para conducir a los niños a su máximo potencial como seres humanos. Nunca debemos olvidar que la relación del niño con sus padres o el maestro es el contexto natural para criar al niño. Cuando hay problemas en la relación, tales como resistencia a la proximidad o que el niño esté en el liderazgo, nada va a funcionar bien. En el pasado, la cultura protegía las relaciones mediante rituales y costumbres. Este, tristemente, ya no es el caso; de ahí la necesidad de concientizar acerca del factor relacional. Sucede que el período preescolar es absolutamente fundamental para poder desarrollar la capacidad de relación. Nada puede ser más importante que este factor en el desarrollo. Siempre debemos recordar el vínculo.

El segundo tema es la inmadurez. Podríamos pensar que el hecho de que los preescolares son inmaduros sea algo evidente pero no es así: la inmadurez es uno de los conceptos más desatendidos e incomprendidos en nuestros tiempos. Lo que Piaget descubrió, es decir que la inmadurez hace al preescolar una criatura fundamentalmente diferente, no ha llegado realmente a formar parte de nuestra conciencia, por lo menos no lo suficiente como para hacer una diferencia en nuestra danza. Si entendiéramos verdaderamente la inmadurez, no tropezaríamos todo el tiempo con nuestros niños. Si entendiéramos verdaderamente la inmadurez, no pensaríamos que es un defecto que requiere corrección. Si entendiéramos verdaderamente la inmadurez, no castigaríamos al niño por ser inmaduro. Resulta que hay una razón muy buena para la inmadurez: es parte del diseño evolutivo.

El problema fundamental del ser humano es que no todos maduramos al hacernos mayores. Este atoramiento frecuentemente empieza cuando somos pequeños. Los preescolares ciertamente tienen derecho a su inmadurez; el problema surge cuando seguimos actuando como preescolares aunque ya no tengamos esa edad. Mientras más entendamos la inmadurez del preescolar, lo que le falta y por qué, más apreciaremos las condiciones que conducen a la verdadera maduración, y menos nos confrontaremos con nuestros preescolares y mejor podremos llevar la relación con nuestra propia inmadurez. La inmadurez es inmadurez, no importa la edad que tengamos.

Puede parecer irónico, pero creo que muchos padres de hoy están tomando demasiada responsabilidad en la crianza de sus hijos. Se nos olvida que la maduración sucedió mucho antes de que existieran libros, mucho antes de que hubiera maestros, mucho antes de que tuviéramos idea de cómo sucedía la maduración, mucho antes de que hubiera escuelas, mucho antes de que existiera la terapia. La buena noticia es que, si un padre realmente entiende el mensaje de este libro, tendrá un entendimiento del proceso evolutivo que lo tranquilizará. No tenemos que empujar el río, como muchos de nosotros hemos intentado hacer. Si sabemos lo que la naturaleza requiere para hacer su trabajo y proveemos esas condiciones, podemos relajarnos un poco y luego celebrar el fruto espontáneo que de ello resulta.

Me sentí tan contento cuando Deborah me anunció, hace algunos años, su intención de escribir un libro para entender al niño de edad preescolar Sus dos hijas pequeñas le habían proporcionado un tesoro de ejemplos y anécdotas. ¿Pero cómo encontrar el espacio y el tiempo para hacerlo? Su don de locutora había hecho que recibiera muchas ofertas como conferencista y presentadora en talleres de desarrollo. Su devoción como madre no le permitía comprometerse en esa arena. Este libro es un tributo no sólo a su talento, sino también a su convicción absoluta de que los conocimientos sobre la relación y el desarrollo deben llegar a quienes son responsables de educar a los chicos. En un intento por crear un espacio para esto, ella ya había renunciado a su trabajo de profesora en la universidad. También había reducido sus horas de práctica privada. Sin este empuje imparable y los sacrificios correspondientes que estuvo dispuesta a hacer, este libro nunca hubiera podido materializarse. Deborah está maravillosamente situada para contar esta historia, llevándolos de la teoría a la práctica. No podrían estar en mejores manos.

Dr. GORDON NEUFELD

INTRODUCCIÓN

Por qué es importante entender

Para entender a un niño tenemos que observarlo mientras juega,
estudiarlo en sus diferentes estados de ánimo; no podemos proyectar en él
nuestros propios prejuicios, aspiraciones y miedos, o moldearlo para que
encaje en el patrón de nuestros deseos. Si juzgamos constantemente al niño
de acuerdo con nuestros gustos y aversiones, estamos destinados a crear
barreras y obstáculos en nuestra relación con él
y en las relaciones que él tendrá con el mundo.

JIDDU KRISHNAMURTI[1]

Hace unos años, me invitaron a hablar ante un grupo de padres primerizos sobre el tema del vínculo y los niños pequeños. El salón en el centro comunitario estaba repleto de madres amamantando a sus bebés, meciéndolos para que se durmieran, o cambiando sus pañales. Había asientos para el coche, carriolas y pañaleras apiladas unas encima de otras, las frazadas parecían brotar de todos lados. Meredith, la coordinadora del grupo de apoyo, invitó a los padres a sentarse en sillas dispuestas en círculo. Inició su presentación con una cálida bienvenida, preguntando a todos cómo se las estaban arreglando. Algunos padres y madres respondieron que ya salían de casa, otros dijeron que ya habían podido tomar una ducha, y otras replicaron que les estaba siendo más fácil amamantar a sus bebés. Una madre que parecía cansada dijo: "Mi bebé llora cada vez que la acuesto. La amamanto hasta que se queda dormida, pero cuando intento ponerla en la cuna se despierta. Estoy exhausta". Mientras el grupo asentaba con la cabeza y suspiraba en acuerdo, Meredith respondió: "Sí, es duro. Uno quisiera poder tener un poco de descanso, pero ellos siempre parecen necesitarnos". Más señales de asentimiento mientras Meredith hacía una pausa antes de continuar: "Imagino que también es duro para sus bebés. Ellos están viviendo la transición que consiste en estar dentro de ustedes las 24 horas del día los siete días de la semana, sintiendo su calor, escuchando el latido de su corazón, a nunca jamás poder volver a tenerlas tan cerca otra vez". Por un momento se hizo silencio en el salón y me encontré recordando cuando por primera vez me convertí en madre. Empecé a sentir intensamente el temor, la emoción y el agotamiento que experimentan las madres.

Meredith me dio formalmente la bienvenida ante el grupo y me presentó como alguien a quien ella había invitado para hablar sobre el tema del vínculo. Dirigiéndose a las madres, enfatizó la importancia de las relaciones humanas y dijo que el proceso de vinculación ya estaba llevándose a cabo entre las madres y sus bebés. Me había advertido que tendría unos 15 minutos para transmitir mi mensaje debido a lo limitados que eran los períodos de atención. Observé las caras cansadas y distraídas de las madres mientras les explicaba en qué consiste un buen vínculo y cómo ayuda al desarrollo. Las madres permanecieron pensativas y atentas, absorbiendo lo que podían, mientras ponían atención a lo que sus bebés necesitaban.

Me detuve después de 15 minutos y pregunté si tenían preguntas. Una mamá que acurrucaba a su bebé me miró a los ojos y dijo: "¿Qué debo hacer para disciplinarlo?". Me quedé atónita, ¿qué podría haber hecho su bebé que requiriera disciplina? Mi cara debe haber mostrado sorpresa, porque rápidamente añadió: "Lo que quiero decir es: ¿Cómo lo disciplino cuando sea más grande?". La verdad es que su pregunta no es diferente de las muchas que yo misma tuve cuando era una madre novata, o de las que habitualmente recibo de los padres. Las preguntas empiezan generalmente todas de la misma manera: "¿Qué debo hacer cuando mi hijo haga tal o cual cosa?", "¿Qué debo hacer cuando mi hijo no escuche?", "¿Qué debo hacer cuando no quieren ir a la cama?", "¿Qué debo hacer cuando pega a su hermano o hermana?". Sin embargo, mientras miraba este salón rebosante de nueva vida, su pregunta me inquietó. Había algo más crítico que yo ansiaba que me preguntara. Quería que me preguntara acerca de los secretos de la maduración y del desdoblamiento del potencial humano. Quería compartir con ella la maravilla del desarrollo y el papel que ella jugaba en él. Su pregunta acerca de la disciplina sólo podía ser contestada considerando cómo se desarrolla y florece un niño pequeño. Quería dar un paso atrás para no concentrarme en qué hacer en el momento y considerar lo que ella podía hacer para crear las condiciones de un desarrollo sano. Quería enfocarme en la maduración como la respuesta definitiva a la inmadurez y cómo la crianza es una cuestión de paciencia, tiempo y cuidado esmerado.

El mensaje que yo quería transmitir no es el que los padres primerizos suelen oír. Quería mostrarles que el secreto para criar a un niño no estriba en tener todas las respuestas, sino en *ser* la respuesta para el niño. Quería compartir con ellos que criar a un hijo no es algo que se aprenda en un libro, aunque los libros puedan ayudar cuando estamos tratando de entender a un niño. Quería expresar que la crianza no es algo que aprendemos de nuestros propios padres, aunque los buenos son magníficos ejemplos. Quería reafirmar que el cuidado de un niño no conoce género, edad u origen étnico. Quería tranquilizarlos diciéndoles que sus sentimientos de responsabilidad, culpa, alarma y cuidado eran los puntales instintivos y emocionales para llegar a ser los padres que su hijo necesita. Quería transmitirles que lo que todo niño necesita es un lugar de descanso para poder jugar y crecer. Esto no requiere perfección por parte de un padre ni tampoco se necesita saber qué hacer todo el tiempo. Lo que hace falta es un anhelo por ser la mejor opción para su hijo y trabajar para crear las condiciones que promuevan su maduración.

Cómo convertirse en la mejor opción para su hijo

Los niños pequeños son de las personas más queridas que puede haber, pero también de las más incomprendidas. Sus personalidades únicas pueden presentar un reto para los adultos, ya que de manera sistemática desafían la lógica y el entendimiento. Pueden mostrarse descarados, desobedientes y desafiantes un minuto, sólo para voltear la cara e iluminar el lugar con sus risitas contagiosas y su alegría. Dada la naturaleza impredecible de los niños pequeños, es comprensible que los padres ansíen contar con técnicas y herramientas para lidiar con su conducta inmadura. El problema es que las instrucciones no van a ayudar a un padre a entender a un niño.

Convertirse en la mejor opción para un niño implica entenderlo de adentro hacia afuera. Requiere de *intuición*, y no de habilidades. Se trata más de lo que vemos cuando observamos a nuestro niño, que de lo que hacemos. Se trata de ser capaces de mantener la mirada en el panorama general del desarrollo, en lugar de perderse en los detalles de la vida diaria. Dicho de manera simple, la perspectiva lo es todo. Si vemos a un niño pequeño que está afligido, buscamos consolarlo, pero si percibimos al niño como un manipulador, es probable que nos alejemos de él. Si vemos a un niño pequeño como un niño desafiante, puede que lo que hagamos sea castigarlo, pero si entendemos que los niños tienen instintos que los llevan a oponerse, podremos encontrar el camino a través del laberinto. Si percibimos a un niño pequeño como demasiado emocional, quizá tratemos de calmarlo, pero si entendemos que las emociones fuertes necesitan ser expresadas, le ayudaremos entonces a aprender el lenguaje del corazón. Si vemos a un niño pequeño con problemas de atención por un desorden neurológico podremos medicarlo, pero si lo que vemos en él es a un niño inmaduro, podremos darle tiempo para que madure.

Cuando entendemos al niño, es decir cuando empezamos a entender las razones evolutivas de sus acciones, su agresión puede percibirse como algo menos personal, su oposición como algo menos retador y entonces nuestro enfoque puede centrarse en crear las condiciones que promuevan la maduración. Es difícil lograr avances en el comportamiento cuando no entendemos qué es lo que lo provoca, o cuando nuestras emociones nublan el panorama. Charlie, un padre con dos niños pequeños, dijo: "Yo era la persona más relajada del mundo. Uno podría preguntarle a cualquiera de mis amigos y le dirían que yo era el más tranquilo de todos ellos. Ahora que tengo hijos, creo que tengo un problema con el manejo de la ira". De la misma manera, Samantha, madre de dos niños pequeños escribió: "He llegado a darme cuenta de que mis hijos no están tratando de acabar con mis nervios y he empezado a disfrutarlos otra vez". En resumidas cuentas, nuestras reacciones hacia los niños pequeños están basadas en lo que vemos, lo cual, al final, da la pauta de lo que hacemos. Y lo que es más importante, nuestras acciones comunican a nuestro hijo el tipo de cuidado que puede esperar de nosotros.

Los niños pequeños representan el aspecto de la inmadurez al máximo y nos dejan ver la materia prima a partir de la cual maduramos. Aunque podemos considerar sus maneras inmaduras con horror, también podemos llenarnos de asombro y maravillarnos de ver la vida humana renovarse otra vez. El secreto para desbloquear los antiguos patrones de maduración humana no está en *lo que les hacemos* a nuestros niños pequeños, sino en *quiénes somos* para ellos. Dentro de nuestros hijos está la promesa de un futuro con madurez del que nosotros somos las parteras, y es por eso que entender a nuestros hijos es tan importante.

El Modelo Neufeld

Jugar, descansar, madurar está fundamentado en el Modelo Evolutivo Integrativo basado en el Vínculo, creado por Gordon Neufeld para entender a los niños. Neufeld es un psicólogo evolutivo aclamado y respetado internacionalmente, cuyo trabajo ha sido la creación de un modelo del desarrollo humano teórico, coherente, cohesivo e integral. Neufeld juntó las piezas del rompecabezas del desarrollo basándose en más de 40 años de investigación y práctica. Su modelo teórico se deriva de muchas disciplinas, incluyendo la neurociencia, la psicología evolutiva, la ciencia del vínculo, la psicología profunda y la tradición cultural. Proporciona un mapa para la comprensión de cómo se despliega el proceso de maduración humana desde el nacimiento hasta la edad adulta, así como la falta de una madurez psicológica. Las estrategias de intervención con los niños no son forzadas ni están separadas del desarrollo natural o de las relaciones humanas. En el centro del Modelo Neufeld, está la agenda primordial del desarrollo que sirve para entender las condiciones requeridas para lograr el desdoblamiento del potencial humano. La meta es poner de nuevo a los adultos en el asiento del conductor, entendiendo al niño de adentro hacia afuera. En otras palabras, la mejor alternativa para un niño es tener un padre que sea experto en ese niño.

Mi colaboración con Gordon Neufeld comenzó hace más de una década, como resultado de los muchos sombreros que me ponía: investigadora, profesora, consejera, y, el más importante, madre. Después de décadas de estudiar el desarrollo, enseñar a estudiantes y aconsejar a clientes, me topé con su trabajo en una presentación sobre la adolescencia. Antes de que terminara la primera hora, ya me había cautivado la forma en que logró encontrar el sentido a mi propia adolescencia y cómo explicó la conducta de tantos de los estudiantes a quienes yo enseñaba y aconsejaba. Su trabajo transformó mi entendimiento del desarrollo humano, especialmente en cuanto a la vulnerabilidad, al vínculo y a la maduración. Me di cuenta de que mi enfoque se había vuelto demasiado reducido, ya que yo consideraba la conducta sin entenderla a partir de la maduración. Estaba trabajando con gente diagnosticada con trastornos, sin entender a fondo la vulnerabilidad humana. Estaba ofreciendo tratamiento y dando consejo para problemas que necesitaba entender desde su raíz. Sin saberlo, me había perdido en los resultados de la investigación y en prácticas separadas de la comprensión, sin ninguna forma de juntar las piezas del rompecabezas. Escuchar a Gordon Neufeld me llevó nuevamente al uso del sentido común y a volver a poner la comprensión en primer plano.

No mucho después de esto, a través del Instituto Neufeld, empecé a sumergirme a fondo en el estudio del proceso de maduración humana, el vínculo y la vulnerabilidad. Una tarde hermosa de primavera, dos años después, estaba sentada frente a Gordon en su patio mientras me entrevistaba para un internado de posdoctorado con él. Antes de la reunión, le pregunté si había algo que necesitara hacer para prepararme, y me dijo: "No, lo que se necesita ya lo llevas en tu interior. Simplemente preséntate". Sus preguntas esa tarde fueron engañosamente sencillas, pero buscaban entender por qué deseaba estudiar con él. Le dije que la teoría que él había creado me había permitido centrarme en la condición humana: yo era ahora más efectiva como consejera para llegar al fondo de los problemas y crear relaciones con los estudiantes, y además había trasformado mi forma de ser madre. Le dije que me sentía obligada a garantizar que su trabajo nunca se perdiera, y que deseaba ayudar a los padres y especialistas a entender a los niños. Obviamente le gustó mi respuesta, porque aquí sigo, más de diez años después, escribiendo acerca de todo lo que he aprendido.

El contenido teórico y las ilustraciones en *Jugar, descansar, madurar* se usan con la autorización de Gordon Neufeld y están basadas en material de cursos creados por él. Este material comprende más de 14 cursos ofrecidos por el Instituto Neufeld, sumando más de 100 horas de instrucción. Le estoy muy agradecida por su generosidad al permitirme usar y continuar su trabajo pionero como teórica y profesora. Para más información acerca del Instituto Neufeld y sus cursos, por favor vea las páginas al final de este libro.

Aunque *Jugar, descansar, madurar* está basado en el Modelo Neufeld, el libro está ilustrado a partir de mis propias experiencias como madre y especialista. Es el libro que hubiera deseado tener cuando mis hijas eran más pequeñas, y el que espero darles cuando ellas tengan hijos. Está basado en historias acerca de niños pequeños que me han compartido padres, maestros, cuidadores de niños, educadores, profesores del Modelo Neufeld para padres, profesionales médicos y también en mis propias experiencias como madre. Mi enfoque como investigadora y escritora ha sido siempre cualitativo, dándole vida a fenómenos con ejemplos enriquecedores para incrementar la percepción y la comprensión. Ofrezco aquí el material sobre los niños pequeños a través de esta lente, con el fin de hacerlo adecuado para los adultos, para promover la comprensión y para ayudar a entender a ese niño que está justo frente a usted. Toda referencia de identidad se ha cambiado, de manera que cualquier similitud con personas reales es pura coincidencia. La única excepción es la historia de Gail en el capítulo 3. Gail era una querida integrante del profesorado del Instituto Neufeld a quien le encantaba impartir clases acerca del juego y los niños pequeños.

¿Qué significa jugar, descansar, madurar?

La frase "jugar, descansar, madurar" describe un mapa del desarrollo que prepara el camino para entender cómo los niños alcanzan su máximo porencial humano. Este potencial no tiene que ver con los logros académicos, el estatus social o el buen comportamiento, ni con talentos individuales o dones. El mapa del desarrollo tiene como objetivo el conducir al niño a la madurez, a la ciudadanía responsable y a considerar el mundo que lo rodea desde múltiples perspectivas. Es un mapa para ayudar al niño a madurar y convertirse en un ser autónomo, independiente, que asume la responsabilidad de dirigir su propia vida y las decisiones que toma. Se trata de desplegar el potencial del niño como un ser adaptativo con capacidad para sobreponerse a la adversidad, perseverar frente a la dificultad y ser resiliente. Se trata de un mapa para lograr el potencial del niño como un ser social que comparte ideas y sentimientos de una manera responsable; que desarrolla el control de los impulsos, la paciencia y la consideración; y que considera el impacto que tiene sobre los demás. Es un mapa para guiar a los padres, maestros, cuidadores de niños, abuelos, tías y tíos, o cualquier otro adulto significativo, de manera que el niño pueda desarrollarse como una persona completa. Detalla cómo un adulto debe TRABAJAR para que los niños puedan DESCANSAR, y de este modo puedan JUGAR y luego MADURAR.

Jugar, descansar, madurar pretende ofrecer profundidad y amplitud en el entendimiento del niño pequeño y, al mismo tiempo, señalar cómo los adultos crean las condiciones para el desarrollo saludable. Aunque cada capítulo tiene un enfoque distintivo, juntos ponen al niño pequeño en un primer plano y revelan cómo la maduración es la respuesta definitiva a la inmadurez subyacente. *Jugar, descansar, madurar* analiza cómo el juego es crítico para el desarrollo del niño; cómo el vínculo proporciona el contexto en el que se promueva el descanso y se cría al niño; cómo las emociones son el motor que impulsa la maduración; y cómo lidiar con asuntos como las lágrimas, los berrinches, la ansiedad, la separación, la resistencia, los desafíos y, por supuesto, la disciplina. El último capítulo habla de cómo los padres maduran como resultado de criar a un niño; y espero que calme las preocupaciones sobre tener que ser totalmente maduro antes de convertirse en padre.

Este libro no quiere dar consejos, técnicas, mantras, instrucciones o direcciones, aunque se ofrezcan en él estrategias para ayudar a los padres a encontrar su propio camino basándose en su *intuición* y conocimiento personal. El libro reafirma la intuición de la paternidad y el sentido común, y le conforta al dejarle saber que usted, lector, no es la única persona que está desconcertada por su hijo pequeño. Le ofrece claridad donde haya confusión, perspectiva donde haya frustración, y paciencia, al saber que *hay* un plan natural de desarrollo para que el niño pequeño madure. Es un libro sobre hacerse cargo de los niños pequeños tal y como ellos son: egocéntricos, impulsivos, desconsiderados, encantadores, curiosos, alegres. Se trata de darse cuenta de que su inmadurez no es un error, sino el humilde principio desde donde todos comenzamos. *Jugar, descansar, madurar* es sobre usar la intuición y el entendimiento para comprender al niño, confiando en lo que usted ve, y teniendo fe para cuidarlos desde ese lugar dentro de usted. Aunque este libro es un mapa para padres que quieren ser la mejor alternativa para su hijo, también es lo que cada niño pequeño quiere que sus adultos comprendan sobre ellos.

1

Cómo los adultos crían
a los niños pequeños

La comprensión es el otro nombre del amor.
Si no comprendes, no puedes amar.
THICH NHAT HANH[1]

El mejor lugar para presenciar el espectáculo que es la primera infancia, es el parque de juegos. Los niños pequeños brincan llenos de vida, sus piernas corren de aquí para allá, sus brazos aletean, y sus torsos giran al deslizarse en el tobogán. Incipientes científicos exploran a sus anchas los charcos y observan lombrices. Su ropa refleja su energía interna: patrones y colores vibrantes saltan a la vida en cuerpos que están en constante movimiento. Algunos hablan un idioma diferente, en el que faltan palabras o consonantes, o cuya pronunciación está alterada en formas como: "Amos al culumpio" o "Quero algo come". Sólo podemos sonreír ante los niños pequeños que mueven sus cuerpos, más pesados en la parte superior, mientras aprenden a desafiar la fuerza de la gravedad. En un día soleado, el área de juego se alborota animada, reverberando energía a lo largo de todos los vecindarios aledaños. Hay un montón de bocadillos, y los cuervos voraces encaramados en los techos esperan su festín en cuanto surja la oportunidad. Los adultos comparten ideas sobre los niños que comen mal y duermen mal, de cómo encontrar un balance entre el trabajo y la casa y estrategias para lidiar con los berrinches. Se percibe en los adultos un hambre palpable por entender a sus hijos pequeños y conectarse, a su vez, con personas maduras.

De repente, un grito como el de una alarma de incendio atraviesa el aire. Es el grito de un chiquillo que protesta a sus padres que se quieren ir: "¡Noooooooo...! ¡No me quiero iiiiiiir!". Los adultos asienten con simpatía, y al mismo tiempo se alegran en secreto de que no sea su propio hijo el que está teniendo la pataleta. Otro pequeño corre, inmune a las advertencias de sus padres, mientras que otro más declara desafiante: "¡Yo lo hago solo!". Dos niños más forcejean por una cubeta mientras gritan: "¡Es mía!", y: "¡Yo la quiero!". De pronto, una voz desesperada grita: "¡Tengo que hacer popó!", movilizando al instante a quien lo está cuidando. Más allá, un padre cansado corre a ayudar a una criatura que se ha caído y llora frustrada.

Aquí, en este mundo cercado, con juegos de brillantes colores en rojo, amarillo y azul, puede encontrarse una fotografía de lo que es el desarrollo; de lo increíble, maravilloso y desafiante que es la crianza de un niño pequeño. En estos diminutos cuerpos existe el potencial de crecimiento y la promesa de un futuro de madurez. El abismo entre su inmadurez y la madurez futura parece enorme. Son personitas inconsideradas, impulsivas, curiosas, centradas en sí mismas. Los niños pequeños no piensan como nosotros, ni hablan como nosotros, ni actúan como nosotros, pero somos nosotros quienes tenemos que cuidarlos.

La maravilla del desarrollo

Cuando era niña, me sobrevenía un sentimiento de asombro y milagro al ver las semillas de frijol germinar dentro de frascos rellenos de papel empapado. Los míticos tallos del frijol se estiraban hacia la luz, liberándose de las cubiertas de la semilla. ¿Cómo podía ser que una semilla contuviera el plano de su propio desarrollo y estallara luego para desplegarse en una nueva forma de vida?

Mi abuelo frecuentemente me llevaba a pasear por su huerto de verduras, alimentando así mi curiosidad y mi fascinación por el mundo natural. Como era un jardinero experto, se divertía con mi impaciencia, viendo lo mucho que me costaba esperar a que las plantas crecieran. Me enseñó cómo cuidar la tierra en las condiciones específicas que cada una requería y cómo mantener un ojo vigilante. Cuando él compartía la exuberancia de su huerto, yo sentía una gratitud silenciosa por su diligente cuidado. Sé que hubiera disfrutado enormemente viendo a mis hijas excavar papas como si fueran un tesoro enterrado.

Hoy, mi asombro y fascinación se han volcado hacia el crecimiento de los niños pequeños. La transformación que se lleva a cabo en los años tempranos de nuestra vida es casi mágica. Los niños salen al mundo desde una existencia acuática sin la capacidad total de visión, lenguaje o movilidad. Con el tiempo aprenden a caminar y hablar, y dan pasos hacia la interacción con la gente y las cosas. Como pequeños científicos exploran y toman muestras de su ambiente, experimentando lo mundano como un nuevo descubrimiento. Tienen un espíritu y un apetito voraz por aprender. En su deseo de entender el mundo, no se preocupan de aquello que no saben. Leales a su potencial de desarrollo, van madurando ante nuestras narices, mientras nosotros seguimos midiendo de su estatura en la pared.

La cosa que más aprecio acerca de los niños pequeños es cómo la inmadurez influye en el mundo que ellos ven. Funcionan con información incompleta y no son capaces de ver el conjunto. Observé a un preescolar señalar hacia las esposas que portaba un policía y preguntarle: "¿Esas cosas son para detener tu café?". Otro niño quería saber por qué un oficial utilizaría un garrote para romper la ventanilla de un coche en lugar de "usar la manija de la puerta, como nosotros lo hacemos". Los niños pequeños están justo en el proceso de armar el mundo pieza por pieza, y sus preguntas revelan las partes recién descubiertas. Un niño de cuatro años le dijo a su mamá: "El jamón viene de los cochinos porque ambos son de color rosa". Estaba también muy seguro de que "cuando los cochinos envejecen, caminan y caminan hasta que el jamón se les cae". Los niños ven un mundo que no está restringido por la lógica de los adultos.

Tratamos de entender a los niños pequeños a través de esfuerzos científicos, desde descifrar su cerebro y su desarrollo emocional hasta fomentar su autocontrol. Estos descubrimientos son notables, pero a mí me cautiva más lo que la ciencia no puede explicar. ¿Cómo podemos medir el gozo, la frustración y el asombro de los niños pequeños mientras aprenden acerca de su mundo? Yo solía observar a mis hijas hipnotizadas por las partículas del polvo que brillaban a la luz del sol cuando abríamos las persianas. Incluso mientras la limpieza de la casa pesaba en mi mente, me maravillaba ver cómo ellas podían hacer del polvo un deleite. Conforme actuamos como guías para los niños en un país extraño, ellos nos traducen el mundo de regreso. Con sus ojos frescos nos revelan cosas a las que nos hemos acostumbrado o que nunca hemos visto. Desde la fascinación al descubrir de pronto una catarina, hasta el delicioso sabor de un helado; las cosas simples se vuelven más bellas. Los niños pequeños viven en el momento y, si los seguimos, nos llevan con ellos ahí.

Los niños pequeños son seres curiosos y excepcionales, de manera que la pregunta de cómo ayudarlos a madurar puede ser, a la vez, abrumadora y fascinante. Durante miles de años los hemos criado de acuerdo con la tradición cultural y dentro del contexto en el que nosotros nos movemos. Las familias y las comunidades dan raíces a los niños, y responden a preguntas clave como: ¿Quién soy? ¿De dónde vengo? ¿Adónde pertenezco? Conforme asumimos la responsabilidad de cuidar a los niños, nos enfrentamos, para empezar, a la pregunta de cómo es que los niños se desarrollan. ¿Cuáles son las condiciones necesarias para favorecer un desarrollo sano?

Los padres se dan cuenta que no les hacen falta consejos sobre las *necesidades físicas* de los niños pequeños. Supervisamos su salud, dieta y buena condición, mientras sus extremidades crecen silenciosamente. Medimos su estatura, peso, temperatura y movimientos para determinar si vamos por buen camino. Cuando están enfermos, los cuidamos, confiando en que su cuerpo también tiene defensas para curarse. Parecemos confiar intuitivamente en los potenciales de desarrollo que han guiado el crecimiento físico durante siglos, sabiendo que nuestro papel consiste en ofrecer las condiciones para su bienestar.

Un niño también se desarrolla *psicológicamente*, creciendo hacia una identidad y funcionamiento autónomos, teniendo innatos potenciales internos que también guían este proceso. Al igual que ocurre con el desarrollo físico, la maduración no está asegurada a menos que se ofrezcan las condiciones correctas. Se cuenta con información y consejos fácilmente disponibles sobre el bienestar emocional y social de los niños, pero este material a veces es abrumador y confuso. Los consejos varían dependiendo del experto con quien se hable, con extractos y otros fragmentos desconectados de la ciencia del desarrollo. La introspección e intuición natural de los padres han disminuido para favorecer en cambio una dependencia en los demás para obtener instrucciones sobre cómo criar a los niños.

La literatura sobre cómo criar niños psicológicamente sanos se complica aun más con perspectivas que compiten o se contradicen entre sí. El paradigma prevaleciente conductual y de aprendizaje coexiste en fuerte contradicción con el modelo relacional y evolutivo. La mayor parte de las técnicas y prácticas de hoy se basan en puntos de vista conductuales de la naturaleza humana, respaldados por expertos capacitados en este enfoque. En el centro mismo del conductismo existe la creencia subyacente de que es *innecesario* entender la emoción o la intención para darle sentido o para cambiar el comportamiento de alguien.[2] El psicólogo B.F. Skinner, principal exponente del enfoque conductista, considera que las emociones son asuntos privados e inaccesibles. Se centra en la conducta que puede ser controlada y medida. Las emociones se consideran como variables molestas, como subproductos de la conducta, pero nunca como su causa subyacente.[3]

En un enfoque conductual y del aprendizaje, la conducta del niño es modelada y la madurez enseñada. La suposición implícita es que el niño aprende a ser maduro bajo el control de los padres que supervisan este proceso, en lugar de criarlo para que alcance la madurez y facilitarle las condiciones para que ésta se lleve a cabo. El padre del conductismo, John B. Watson, dijo: "Denme una docena de bebés sanos, bien formados, y mi propio mundo específico para criarlos, y les garantizo que, a cualquiera de ellos que tome al azar, lo entrenaré para que llegue a ser el tipo de especialista que yo escoja: médico, abogado, artista, líder en el comercio y, sí, incluso limosnero y ladrón, sin importar sus talentos, inclinaciones, tendencias, habilidades, vocaciones, ni la raza de sus antepasados".[4] El legado de estas palabras ha generado la proliferación de prácticas de crianza de niños que, para corregir los signos de inmadurez, se basan en técnicas de modelado, como los refuerzos positivos o negativos, las recompensas, las consecuencias y la coerción. Lidiar con la conducta inmadura del niño es el enfoque primario, y las habilidades de los padres se usan para modificar las respuestas aprendidas. En este enfoque, las emociones esencialmente se ignoran, y se piensa que se alinearan en la dirección adecuada una vez que la conducta y la manera de pensar sean corregidas.

Afortunadamente, la visión conductista del mundo se encuentra bajo escrutinio y enfrenta una crítica cada vez más fuerte, dada la creciente evidencia neurocientífica del papel crucial que desempeña el vínculo humano y la emoción en un sano desarrollo.[5] Neurocientíficos destacados aceptan actualmente que el cerebro humano viene pre-programado con un sistema motivacional formado a base de impulsos, instintos y emociones que son innatos, no aprendidos.[6] La meta, al criar a un niño, es reconducir las emociones, instintos y impulsos bajo un sistema deliberado, dando así lugar a una conducta civilizada. Las fuerzas innatas, que habían sido anteriormente ignoradas en el enfoque conductista, ahora se sitúan al frente y se consideran cruciales para modelar el cerebro y el potencial humano.

En el enfoque relacional y evolutivo, los padres son como jardineros que buscan entender en qué condiciones crecen mejor los niños. Este enfoque se centra en cultivar fuertes relaciones adulto-niño que ofrezcan los cimientos sobre los cuales se logra el desdoblamiento completo del potencial humano. Los padres usan su relación para proteger y preservar el funcionamiento y el bienestar emocionales del niño. Los evolutivos no buscan esculpir ni modelar la madurez en el niño, sino que apoyan las condiciones en las que el niño puede madurar orgánicamente. Hay un plan natural de desarrollo que conduce a la maduración, y los padres son los principales proveedores a la hora de crear las condiciones que la facilitan. Al igual que sucede con el crecimiento físico, los niños nacen con procesos de maduración internos que, si se apoyan, los impulsan hacia una mayor madurez psicológica y emocional. La maduración es espontánea, pero no inevitable. Los niños son como las semillas: necesitan de la temperatura, la nutrición y la protección correctas para crecer.

Lo que los niños pequeños necesitan sobre todo es al menos un adulto que pueda saciar su hambre de contacto y cercanía. Urie Bronfenbenner, el fundador del *Head Start Program*, dijo: "Cada niño necesita por lo menos de un adulto que sea irracionalmente apasionado por él".[7] La matriz de la que germina la individualidad de la persona es de tipo relacional. Más de 60 años de investigación acerca del vínculo, desde la psicología hasta la neurociencia, convergen finalmente en reconocer la importancia de la relación padre-hijo para un crecimiento y un desarrollo sanos.[8] Como dijo John Bowlby ante la Organización Mundial de la Salud en Ginebra: "Lo que se considera esencial para la salud mental es que el lactante y el niño pequeño experimenten una relación cálida, íntima y continua con su madre (o con quien de manera permanente haga las veces de madre) en la que ambos encuentren mutuamente tanto satisfacción como placer".[9]

Cuando las necesidades de relación de los niños son satisfechas, quedan liberados de su mayor necesidad y pueden descansar, lo que les permite estar disponibles para el juego. Y es en el juego donde crecen y se transforman en los chefs, ingenieros, carpinteros, maestros o astronautas del mañana. Es en este espacio de juego que creamos para ellos, donde descubrirán su verdadera forma, libres de cualquier consecuencia que los ate a una permanencia. Es en nuestros jardines de juegos donde deben sentirse libres para expresar lo que hay en sus corazones, sin miedo a las repercusiones que pueda haber en nuestra relación, y donde la persona que llegarán a ser toma forma lentamente, libre de la presión y de la necesidad de un buen desempeño. Un jardín para la maduración sólo puede ser cultivado ofreciendo generosamente a los niños relaciones satisfactorias para sostenerse en ellas. Si uno no está arraigado, no puede crecer. Cuando cuidamos las necesidades de relación de nuestros hijos y nos aseguramos de que sus corazones sean suaves, la naturaleza se hará cargo de lo demás. Necesitamos trabajar, no en hacer que nuestros hijos maduren, sino en cultivar los jardines de relaciones en los que ellos florezcan.

El desarrollo humano es algo extraordinario y notable. A través de nuestros niños pequeños se nos permite vislumbrar cómo maduramos los seres humanos hasta convertirnos en seres individuales y los cambios que ocurren a lo largo del proceso. Afortunadamente, la naturaleza tiene un plan para llevar a los niños a madurar, no sólo físicamente sino también psicológicamente. Al crear las condiciones para su maduración, hacemos el papel de partera para el potencial de desarrollo que reside en ellos. El reto es que nuestra mirada vigilante se centre en los antecedentes que apoyan la maduración: del mismo modo en que mi abuelo ponía su atención cuando cuidaba la tierra en el huerto y entendía qué necesitaba cada planta para crecer. La naturaleza no tiene malas intenciones al darnos seres tan impulsivos, desconsiderados y egocéntricos: hay un método detrás de la aparente locura, un plan que hay que desarrollar. Nos hemos vuelto impacientes cuando se trata del desarrollo psicológico. Nos hemos convertido en escultores en lugar de ser los jardineros expertos que nuestros niños pequeños requieren que seamos. Esto no surge de una falta de cuidado hacia nuestros niños, sino de una falta de entendimiento de cómo se desarrolla la maduración.

Los tres procesos de maduración*

¿Qué quiere decir criar a un niño para que alcance su potencial humano completo, y cómo sabremos que lo estamos logrando? Los padres son bastante constantes al describir las características que desean en los niños. Cuando se les pregunta qué es lo más importante, 93% de los padres quieren que su hijo sea independiente y asuma la responsabilidad de su vida. En segundo lugar, mencionan valores como el duro trabajo, ayudar a los demás, la creatividad, la empatía, la tolerancia y la perseverancia.[10] Los padres saben cuál es el objetivo final pero no están seguros de cómo se logra la madurez, dados los comienzos primitivos de su hijo. ¿Cuáles son los procesos internos de la maduración que conducen a un niño a convertirse en un individuo social y emocionalmente responsable?

Tras pasar décadas destilando la investigación, teoría y práctica del modelo evolutivo hasta llegar a su esencia, Gordon Neufeld ha unido las piezas para formar una teoría coherente de la maduración humana. La maduración es impulsada por tres procesos internos diferentes, que son espontáneos en su desarrollo, pero no inevitables: (1) **El proceso emergent**e da lugar a la capacidad de funcionar como *persona separada* y de desarrollar un fuerte sentido de agencia. [es la certeza subjetiva de uno es quien inicia, ejecuta y controla sus acciones ante el mundo]. (2) **El proceso adaptativo** permite a la persona *adaptarse* a las circunstancias de la vida y sobreponerse a la adversidad. (3) **El proceso integrativo** ayuda al niño a convertirse en un *ser social* con la capacidad de entablar relaciones con los demás sin comprometer la integridad personal y la identidad. La presencia o ausencia de los procesos emergente, adaptativo o integrativo son las mediciones o "signos vitales" que se pueden usar para evaluar la trayectoria del desarrollo de un niño y su madurez total. Está en nuestro potencial humano el convertirnos en *seres separados, adaptativos y sociales*, pero esto sólo se puede lograr cuando los adultos juegan un papel de apoyo cultivando las condiciones favorables para la maduración.[11]

---

* Tomado del curso de Gordon Neufeld *Síntesis del desdoblamiento del potencial humano. Intensivo I: Entendiendo a los niños* (Instituto Neufeld, Vancouver BC 2013).

Síntesis de Neufeld sobre el desarrollo del potencial humano

ser adaptativo

Evolución como resultado de enfrentamientos con la futilidad

adaptativo

emergente

Individuación para convertirse en un ser viable y distinto

ser separado

MADURACIÓN

integrativo

Maduración como resultado de experimentar disonancia y conflictos internos

ser sociable

Figura 1.1 Tomada del curso de Neufeld:
Intensivo I: Entendiendo a los niños

El primer objetivo de un desarrollo saludable es lograr la viabilidad como *ser separado* e implica un movimiento gradual que va de la dependencia a la independencia hasta llegar a la autonomía adulta, a través del *proceso emergente*. El proceso emergente lleva al niño hacia la individualidad y la exploración de su mundo. El juego es el ámbito natural en el que los niños empiezan a expresar este ser emergente, en donde nace la propia persona. Pero ésto sólo sucede cuando los niños pueden descansar en sus relaciones con los adultos que los cuidan. El proceso emergente genera muchos frutos, incluyendo una capacidad para funcionar cuando el niño está separado de sus vínculos, así como para desarrollar intereses y objetivos. Los niños dentro del proceso emergente manifiestan una vitalidad increíble y casi nunca están aburridos. Hay vitalidad en su vida, sentido del asombro y una curiosidad que los conduce a la experimentación, a la imaginación y a soñar despiertos. A través de este proceso emergente, nacen los amigos imaginarios.

interesado y curioso

deseoso de intentar
nuevas cosas

piensa por sí mismo

tiene planes, metas
y aspiraciones

llena su soledad con
proyectos creativos

valora la originalidad
y la creatividad

es capaz de
aprendizaje auto-dirigido

considera la diferencia
y los límites de los demás

EL PROCESSO EMERGENTE

asume la responsabilidad
de las acciones y su impacto

ve las opciones
y alternativas de la vida

valora la singularidad
y las diferencias

casi nunca se aburre

está lleno de vitalidad

busca la autonomía
y la independencia

busca convertirse
en su propia persona

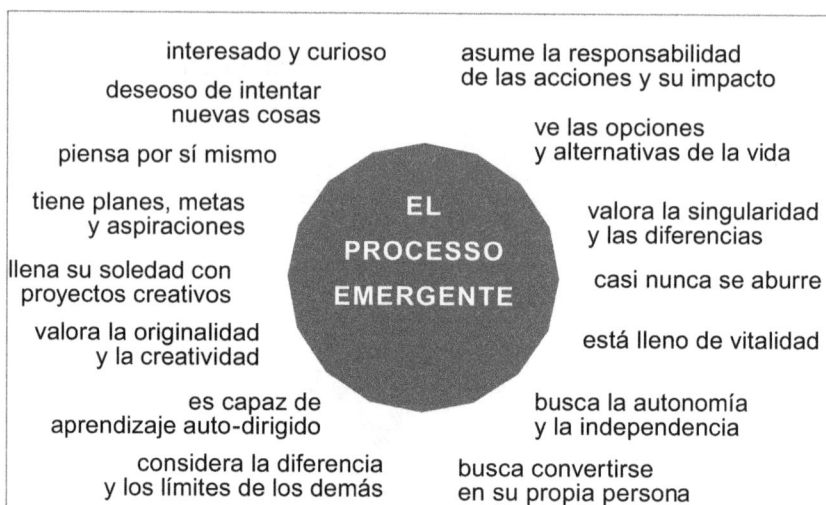

Figura 1.2 Tomada del curso de Neufeld:
Intensivo I: Entendiendo a los niños

Los niños en proceso emergente también se reconocen por su espíritu de aventura, que los conduce a ser aprendices entusiastas mientras se esfuerzan por entender al mundo. Activamente conforman y asumen la responsabilidad de la historia de su vida, en lugar de convertirse en un personaje en la vida de otros. Hay en ellos un deseo tan fuerte de ser únicos, que plagiar, copiar o imitar son acciones que rechazan como afrentas a la integridad de su propio ser. El tema que guía a un niño que está en su fase emergente es el "yo hago" o "lo hago solo". El cómo abordar la resistencia natural y la oposición que surgen para dar lugar a la propia persona se trata en el capítulo 9.

El segundo proceso de maduración que sustenta al potencial humano es el *proceso adaptativo*. Éste es la esencia de cómo nos volvemos resilientes y habilidosos, y cómo nos recuperamos de la adversidad. No es posible enseñar a un niño a ser adaptativo, y este proceso no se logra si no están presentes las condiciones adecuadas. El proceso adaptativo ayuda a equipar a los niños con la resiliencia necesaria para manejar lo que se les presenta y a progresar a pesar de los obstáculos. Habilita a los niños a aprender de los errores, a beneficiarse de ser corregidos, y a involucrarse en esfuerzos de prueba y error. Este proceso es la base de la capacidad de transformarnos cuando enfrentamos cosas que no podemos cambiar en nuestro mundo.

se beneficia de la corrección   acepta límites y restricciones

aprende de
sus errores y fracasos

acepta que no salgan
las cosas a su manera

se da cuenta de la
futilidad de una acción

EL PROCESSO ADAPTATIVO

abandona las
demandas fútiles

es ingenioso

sobrelleva el estrés
con confianza

es resiliente

no estalla con
agresividad cuando
está frustrado

se beneficia de
la adversidad

trasciende los obstáculos
y las discapacidades

se recupera de pérdidas
o traumas

Figura 1.3 Tomada del curso de Neufeld:
Intensivo I: Entendiendo a los niños

El proceso adaptativo también es la respuesta para lidiar con los berrinches y la agresión de los niños pequeños (más acerca de esto en el capítulo 7). De manera habitual, se enojan cuando sus intenciones se ven truncadas, desatando expresiones de frustración e intentos por negociar un resultado mejor. Ellos no nacen pre-programados con un conjunto de límites y restricciones que los preparen para la vida diaria. A veces nos miran extrañados como si dijeran: "¿Por qué no puedo tomar otra galleta? ¡Qué clase de lugar es éste!".

Debido a su naturaleza egocéntrica, los niños pequeños se ven impulsados a poseer, a ser los primeros y a conseguir lo que quieren. El proceso adaptativo les ayuda a renunciar a sus intenciones y a darse cuenta de que pueden sobrevivir aun cuando las cosas no van como ellos quieren. Una de las maneras más rápidas de hacer que un niño crezca "convencido de que tiene todo el derecho" o que sea un "malcriado" es eludir el proceso adaptativo y evitar que afloren los sentimientos de enojo acerca de todas las cosas que no pueden cambiar. La niña llamada Veruca Salt, del libro *Willy Wonka y la fábrica de chocolate*, es la personificación de un pequeño así. Veruca les ordena continuamente a sus padres: "¡Quiero esto, y lo quiero ahora, papi!". Los padres viven con miedo a sus estallidos y berrinches, y emplean constantemente todo su tiempo en satisfacer sus demandas.

El trabajo de un padre es ayudar a preparar al niño para que viva en el mundo tal cual es, con las molestias y las desilusiones que forman parte de él. El papel clave de los padres para ayudar a que el niño crezca como un ser adaptable se trata con más detalle en el capítulo 7.

El tercer proceso de maduración que desarrolla un niño es la *integración*. Este proceso es responsable de transformar a los niños en seres sociales maduros y responsables. El proceso integrativo requiere desarrollo cerebral y madurez emocional. Basada en el trabajo de Jean Piaget, la frase "el paso de los 5 a los 7", fue acuñada por Sheldon White, señalando un cambio significativo que tiene lugar en el desarrollo cognitivo de un niño pequeño. En esta etapa, el niño puede apreciar el contexto y tomar en cuenta más de una perspectiva al mismo tiempo.[12] Este cambio marca el fin natural de la mentalidad preescolar y abre paso a la edad de la razón y la responsabilidad.[13]

Durante este cambio, los niños pequeños expresarán más serenamente sus pensamientos y sentimientos. Empezarán a exhibir cierto control sobre los impulsos frente a las emociones fuertes. En lugar de estallar, puede que sólo digan: "¡En este momento, casi te odio!" y "¡Quisiera pegarte!", pero no lo harán. Mostrarán paciencia a pesar de la frustración de tener que esperar. Serán capaces de compartir con los demás desde un lugar de consideración verdadera y no porque se les dijo que así debían hacerlo. Serán capaces de insistir hasta lograr un objetivo sin desplomarse por la frustración. Lentamente irá aflorando en ellos una forma de ser civilizada, y de manera natural irán disminuyendo sus modales inmaduros de relacionarse con los demás. Estos modales inmaduros, conocidos como "la personalidad del preescolar", se abordan en el capítulo 2.

equilibrado y estable   capaz de cooperar

tiene autocontrol   es considerado

comprende la justicia   aprecia el contexto

puede trabajar   **EL**   es civilizado
hacia una meta
                        PROCESO
es paciente cuando   tiene capacidad
está frustrado   **INTEGRATIVO**   de perspectiva

es capaz de   entiende la ironía
ser valiente   y la paradoja

es sensible a las   mentalidad más allá
cuestiones morales   del blanco y negro

interactúa bien con los demás

Figura 1.4 Tomada del curso de Neufeld:
Intensivo I: Entendiendo a los niños

Una de las resoluciones más importantes del proceso integrativo es desarrollar la capacidad de ser un ser separado, en medio de la multitud que nos rodea. Cuando uno es capaz de mantener su propio punto de vista a la vez que considera el de otra persona, se genera una mayor amplitud y profundidad en la perspectiva. Los niños pequeños pueden funcionar sólo con una perspectiva a la vez, que generalmente se expresa con: "Esto es mío". Una persona madura debe ser capaz de estar en desacuerdo con alguien mientras mantiene una sensación de unidad: "Puedo ver tu punto de vista, ¿quieres escuchar el mío?". La integración también debe dar lugar a un individuo autónomo que no sucumba a la presión de sus pares, ya sea mezclándose, clonándose o fusionándose con ellos. Como Katie, una niña de siete años, le dijo a su amiga mientras jugaban: "No quiero ser tu conejito mascota. No me gustan los conejos. Prefiero ser la mamá hámster".

Nuestro destino supremo como seres sociales es el de participar plenamente en nuestras comunidades y poseer un nivel de razonamiento moral que vaya más allá del "yo" y considere las necesidades del conjunto. Si queremos que nuestros niños participen como ciudadanos globales y sean los custodios de la Tierra, necesitan convertirse en seres sociales maduros. Nuestro potencial como seres sociales maduros se despliega a través de relaciones de padre-hijo saludables.

Existe una solución orgánica ante la inmadurez de los niños pequeños. Hay un proceso natural de desarrollo, y los padres tienen un papel decisivo en él. Cuando las condiciones para el desarrollo se han asegurado, los procesos internos emergente, adaptativo e integrativo dirigirán la trayectoria del niño hacia la creación de su propia persona. El fracaso del proceso de maduración también es parte de la condición humana, pero es en este punto donde los adultos tienen que ser la mejor alternativa posible para el niño. La individualidad no puede ser enseñada ni forzada; debe ser nutrida, cultivada, preservada y protegida.

Preservar el espíritu de la infancia

Una noche, mientras llevaba a cabo una presentación a un grupo de padres, escuché a una madre leer el título del libro de Gordon Neufeld y Gabor Maté, *Regreso al vínculo familiar* (Hara Press).[13] Con voz alarmada le dijo a su amiga: "¿Que me vincule a mis hijos? ¿En serio? ¡¿Dónde está el libro que te dice cómo librarte de ellos?!". Este sentimiento captura la prisa que aparentemente tenemos para que nuestros hijos crezcan y actúen con madurez. Parece como si hubiéramos perdido la paciencia con su inmadurez y creyéramos que nuestros hijos pueden ser "cosechados" más pronto. En momentos de desesperación y de frustración, es probable que hayamos dicho a nuestro hijo: "¡Madura de una buena vez!". Por desgracia, no podemos apresurar, ordenar, exigir, espolear, empujar, jalar, sobornar, amenazar, recompensar, engatusar, ni dar a los niños una píldora para que maduren.

Cuando se trata de niños pequeños, todos estamos de acuerdo en que queremos que maduren, pero hay diferencias sustanciales en las ideas de *cómo lograr esto*. ¿Hacemos que los niños maduren o tratamos de controlar el desarrollo? Si tenemos prisa, haremos presión. Si creemos que a los niños se les debe dar tiempo y espacio para madurar, crearemos las condiciones adecuadas para que el desarrollo natural se despliegue. Pero no podemos hacer ambas cosas. El buen desarrollo requiere paciencia y fe. El problema con presionar y controlar es que esto puede interferir con que logremos procurarles aquello que realmente necesitan; puede dar lugar a ambientes estresantes en los que los niños sientan que algo está mal en su manera de ser. Cuando los niños pequeños son presionados hacia la independencia demasiado pronto, puede suceder que se aferren con fuerza a nosotros a causa de la inseguridad que sienten. Al pretender que adopten formas maduras antes de lo planeado por la naturaleza, es probable que disminuyamos, restrinjamos y aplastemos el espíritu de la infancia. Sin embargo, nuestra presión en este sentido continúa, a pesar de que, durante décadas, la ciencia del desarrollo haya demostrado que los principios que gobiernan la maduración no cambian.

Uno de los mayores desafíos para los padres de hoy, es saber preservar el espíritu de la infancia. La palabra *espíritu* proviene del latín y significa "respirar" o "vigor". Espíritu es lo que sustenta a la vitalidad de los niños y a su propensión a madurar, desarrollarse y convertirse en su propia persona. Cuando estamos obsesionados con que nuestros niños maduren, sin preservar su espíritu, los resultados pueden ser de muy corto alcance y superficiales. Existe una diferencia entre el niño que *actúa* con madurez y el niño al que se le da tiempo para *llegar a ser* maduro. Nos hemos distraído, confundido y adormecido al creer que una actuación madura es sinónimo de madurez. Creemos que podemos controlar la maduración en lugar de enfocarnos en cómo influir en las condiciones que hacen que ésta se dé.

Podemos entrenar a un niño para que haga muchas cosas a edades tempranas, pero no debemos confundir esto con la madurez. El pediatra T. Berry Brazelton escribió: "El ser humano en su primera infancia es extraordinariamente maleable. Se le puede modelar para que camine a los nueve meses, que recite los números a los dos años, que lea a los tres, y hasta puede aprender a lidiar con las presiones que yacen detrás de esas expectativas. Pero los niños de nuestra cultura necesitan que alguien grite: '¿Y a qué precio?'".[15] Hay estaciones para la maduración y fuerzas que la guían. Una semilla de manzana no se parece en nada al árbol de manzano que produce la fruta. Cuando se crían de prisa, los niños pequeños pagan el precio a costa de su desarrollo.

Queremos que nuestros hijos emerjan como individuos social y emocionalmente responsables, pero nuestra sociedad se ha preocupado por la actuación afectuosa que muestran, más que por las raíces de donde surgen las acciones afectuosas y empáticas. Por ejemplo, a los niños pequeños se les puede hacer decir "lo siento" o "gracias", pero esto no asegura que sientan remordimiento o gratitud. Incluso perciben la falta de sinceridad en tales acciones, cuando se quejan entre ellos: "¡Que diga 'lo siento' como si lo sintiera!". Cuando se les fuerza a decir "lo siento" o "gracias", sus palabras están desconectadas de las emociones afectuosas que deberían guiarlas. Cualquier prisa por conseguir una actuación madura, impedirá su entendimiento de las emociones que los harán más humanos. No podemos esperar que se lleve a cabo un desarrollo moral saludable basado en falsos principios. Los niños cariñosos y compasivos maduran en casa cuando se nutren de las raíces emocionales que los sostienen. Convertirse en un ser social empieza comprendiéndose a sí mismo. La capacidad de llevarse bien con los demás, mostrar consideración y aceptar responsabilidad por sus propias acciones, es el resultado de un desarrollo sano. Un niño puede ser programado para parecer civilizado, pero esa será una actuación carente de profundidad.

Una erosión adicional del espíritu de la infancia nace de la suposición de que "mientras más temprano, mejor".[16] Esta idea influye en las expectativas de comportamiento y desempeño en los años de la primera infancia. David Elkind, un psicólogo evolutivo y autor de *Miseducation: Preschoolers at Risk*, dice que en la década de los 70 los padres apresuraban a sus hijos; en los años 80, querían hacer de ellos unos súper-niños, mientras que en los 90, querían dar a sus hijos una ventaja competitiva sobre los demás.[17] Al inicio del siglo XXI, la primera infancia sigue estando bajo amenaza, a medida que está siendo reestructurada para acelerar la maduración.

Parte del problema es que muchos padres han perdido la fe, se han desorientado y están culturalmente a la deriva de una perspectiva evolutiva de la naturaleza humana. ¿Qué ha sucedido con nuestra fe inherente en que los niños madurarán con tiempo, paciencia y cuidado? Los rápidos cambios sociales, económicos y tecnológicos de los últimos 100 años han desmantelado la sabiduría cultural concerniente a los niños y a cómo se desarrollan. Las creencias sobre la aceleración y el desempeño son consideradas como guías, continúan infiltrándose y presionando a la primera infancia. Cientos de años de tradición en la crianza de los niños están ahora fragmentados y carentes de anclajes culturales. Ya no tenemos claro para qué futuro estamos preparando a nuestros hijos.[18] La mayoría de los padres hoy son inmigrantes digitales que crían a niños que son los verdaderos nativos digitales de la Era de la Información.[19]

El cambio de la sociedad en los últimos 100 años o poco más, de agrícola a industrial a la era de la información, ha significado que ahora estamos menos gobernados por los ritmos naturales que han sustentado a la vida durante siglos.[20] En un mundo digital, ya no vivimos nuestras vidas de acuerdo con los ciclos de la luna, del sol y de las estaciones. Los ritmos del mundo natural han sido desplazados por un tiempo que se rige con una actividad constante las 24 horas del día, durante los 7 días de la semana, y cuyo alcance es global. Se ha mencionado que Steve Jobs dijo alguna vez que "nunca le gustó poner interruptores de encendido-apagado a sus dispositivos de Apple".[21] Aunque nuestras nuevas herramientas y dispositivos prometen entregarnos servicios sin fin y un mayor rendimiento y conectividad, se mueven en contra de los principios del desarrollo y de las futilidades que gobiernan la vida humana. Nuestras nuevas herramientas y tecnologías nos separan del constante resonar de los ritmos naturales de la vida. Podemos hacer muchas cosas más rápidamente, pero criar niños no se supone que sea una de ellas.

La cuestión que tenemos que preguntarnos es: ¿Cuál es nuestro papel a la hora de criar a un hijo? Un padre es el principal proveedor en la vida del niño, esencial para crear las condiciones para madurar y para proteger el espíritu de la infancia. Tenemos que empezar por plantearnos las preguntas correctas para guiarnos, las que conciernen a cómo los niños crecen, se desarrollan y se conviertan en su propia persona. La respuesta a la inmadurez es la madurez, que se despliega cuando los adultos se convierten en la respuesta a las necesidades emocionales y de relación de los niños. Los padres juegan el papel de partera para la promesa del potencial humano que reside en cada niño. Para hacer esto necesitamos llegar a estar plenamente conscientes de nuestro papel en el plan de la naturaleza, de manera que contrarrestemos y amortigüemos la turbulencia social actual en medio de la transformación tecnológica global. Tenemos la gran fortuna de contar con la ciencia del desarrollo para guiarnos, para ayudarnos a validar la intuición de los padres, para apoyar las tradiciones culturales en la crianza de los niños, y para darnos un entendimiento cuando nos sintamos perdidos. Los jardineros expertos usan la ciencia y la intuición para saber qué se necesita para un buen crecimiento y tienen fe en que el potencial surja de cultivar raíces profundas que sirvan de amarre para toda la vida.

2

La personalidad del niño
en edad preescolar

EN PARTE LA BELLA, EN PARTE LA BESTIA

Bien podría yo envidiarte,
porque no tienes ni idea de estas desgracias:
la vida más feliz radica en la ignorancia,
antes de que aprendas a sufrir y a regocijarte.
SÓFOCLES[1]

Los niños pequeños no realizan múltiples tareas a la vez, ni piensan las cosas dos veces, ni dicen frases como: "Una parte de mí quisiera lanzarte un tren a la cabeza, mientras que la otra parte piensa que es mejor usar las palabras para dar mi opinión". No *consideran* sus sentimientos; *personifican* sus sentimientos, y son propensos a atacar o reaccionar de manera impulsiva. Son todo, menos predecibles y, empujados por vientos huracanados, pasan de una emoción, un pensamiento o una forma de conducta a otro. Experimentan el mundo de una manera particular –un pensamiento o sentimiento a la vez– así que todo es un asunto muy importante para ellos. Estarán apagados o prendidos, arriba o abajo, calientes o fríos, buenos o malos, esto o aquello, pero nunca estarán a medias. Los niños pequeños no se conocen por ser moderados, justos, razonables, considerados, reflexivos o atentos. Su entendimiento es mejor que su comportamiento, y sus buenas intenciones parecen tener una duración muy breve.

Los niños pequeños carecen de la capacidad para considerar más de un punto de vista al mismo tiempo, porque sus cerebros todavía están en desarrollo. Pueden ser La Bella o La Bestia, y esto no les preocupa en absoluto porque carecen de conflictos internos y de una conciencia desarrollada. Los niños pequeños tienen una capacidad sin paralelo para desafiar a la lógica y desconcertar a sus cuidadores, como se ejemplifica en la siguiente conversación con la madre de un preescolar:

Madre: Mi hijo de tres años acaba de hacer un berrinche, gritando a todo pulmón, llorando, aventándonos lo que encuentra, pateándonos y apartándonos a empujones. Realmente espantó a su hermanita bebé y a nosotros también. ¡Nunca he visto algo parecido! Tratamos de calmarlo, pero no hubo manera. Mi esposo entonces le llevó su cobija, y en el momento mismo en que se la dio, el niño se acurrucó en ella, empezó a cantar y ¡estaba feliz! Mi esposo y yo estamos preocupados. ¿Cree usted que mi hijo podría tener un problema de salud mental? ¿Qué le está pasando?
Deborah: Su hijo se comporta de acuerdo con la personalidad del niño en edad preescolar, lo cual es normal considerando que tiene tres años. Sólo puede tener una emoción o un pensamiento a la vez, entonces cuando le dieron su cobija, su frustración quedó eclipsada por la alegría. No tiene ningún problema de salud mental. Su hijo sólo es inmaduro. De hecho, si usted quisiera estudiar las emociones humanas, tendría en los niños pequeños a los mejores sujetos, ya que ellos las experimentan en una forma completamente pura, sin templar por ninguna otra experiencia.
Madre: ¿Qué debo de hacer entonces? ¿Cómo podré criarlo de forma que llegue a superar esto?
Deborah: Con amor, paciencia, tiempo, y un cuidado esmerado de parte de usted y de su esposo. Aun frente a estas expresiones emocionales, ustedes necesitan preservar su relación con él y ayudarle a que exprese y diga lo que siente cada vez que puedan. Con el tiempo, los golpes y las patadas se convertirán en palabras de frustración y de manera natural, entre los cinco y los siete años, si todo se va desenvolviendo correctamente, dará señales de templanza, autocontrol y consideración.
Madre (boquiabierta): ¿De veras? ¿Tenemos que esperar tanto?

¿Por qué nadie nos dijo esto antes? ¿Qué le voy a decir a mi esposo?

Deborah: Dígale que su hijita de un año tiene exactamente lo
mismo, y que no hay nada como la fuerza de un niño inmaduro
para poner a prueba el grado real de madurez de un padre.

El cerebro del niño en edad preescolar

La personalidad del preescolar surge de la inmadurez del cerebro
y se caracteriza por una conducta que es obsesiva, adorable, impulsiva, ansiosa, encantadora, irreflexiva, generosa, inestable, agresiva,
resistente, compulsiva y nada predecible.[2] Los niños pequeños experimentan un torrente de pensamientos, sentimientos, impulsos y
preferencias, pero no pueden mantenerlos juntos para formar una
imagen clara. El "trastorno" en el preescolar no es intencional, sino
de desarrollo. El papel de los adultos es crear las condiciones que
permitan al cerebro madurar naturalmente y no entrar en una batalla
contra los síntomas de la personalidad del niño preescolar.

Los avances en la neurociencia continúan delineando el proceso en el que se desenvuelve el desarrollo del cerebro en los niños
pequeños y evidencian hasta qué punto son inmaduros.[3] Al nacer,
el cerebro es la parte menos diferenciada del cuerpo, lo que quiere
decir que sus células carecen de un funcionamiento específico y
están disponibles para ser moldeadas por el entorno y, el desarrollo
depende del contacto y cercanía con las figuras de vinculación para
madurar.[4] Durante los tres primeros años de vida se pone de manifiesto la mayor intensidad de la actividad neuronal.[5] De acuerdo con
el psiquiatra Daniel Siegel, las vías neuronales crecen rápidamente
permitiendo a las neuronas comunicarse entre sí con una velocidad,
eficiencia y sofisticación crecientes. La interacción con otras personas
y las experiencias crearán, activarán o fortalecerán las vías neuronales.
El cerebro es un sistema vivo y es la más sofisticada estructura natural
o artificial que existe sobre la Tierra. Tiene la capacidad inherente de
restaurarse y adaptarse de acuerdo con su entorno.[6]

Los cerebros de los niños pequeños requieren, en promedio, de
cinco a siete años de desarrollo sano para integrarse por completo; es
decir, para que las partes del cerebro establezcan comunicación entre
sí. La integración cerebral es un evento global que conecta múltiples
capas de circuitos neuronales tanto en sentido vertical, empezando

desde la base del cerebro y trabajando hacia arriba, como de manera bilateral, entre los hemisferios izquierdo y derecho conectándose con el paso del tiempo.[7] La integración de los hemisferios derecho e izquierdo en el córtex prefrontal es crítica para el desarrollo de las funciones ejecutivas, pero tarda más tiempo que en otras partes del cerebro.[8] Las funciones ejecutivas incluyen la capacidad de juicio, el pensamiento flexible, la planeación, la organización y el autocontrol. Refuerzan la capacidad de comprensión, imaginación, creatividad, solución de problemas, comunicación, empatía, moralidad y sabiduría. Mientras el córtex prefrontal no esté suficientemente integrado, el niño pequeño seguirá siendo impulsivo y no templado.[9] El desarrollo del cerebro continúa hasta la adolescencia, pero cambia significativamente entre los cinco y los siete años.[10]

A la base de la personalidad del niño preescolar yace un cerebro inmaduro que no puede comprender todos los estímulos sensoriales ni las señales que recibe. Los hemisferios izquierdo y derecho se desarrollan por separado antes de que puedan comunicarse de manera eficaz entre sí. Como resultado, el niño sólo puede atender a una serie de señales a la vez. El cerebro genera de forma deliberada una demora cuando existen señales que compiten entre sí, esto con el fin de permitir al niño entender plenamente una cosa a la vez.

Cuando los niños pequeños se concentran en algo, se olvidan del resto del mundo. Ésta es una capacidad única del cerebro para dejar de atender estímulos que compiten, y poder así enfocarse en algo. Un día observé a un niño pequeño embelesado con un caracol en la playa. Su cerebro trabajaba intensamente para eliminar los estímulos en conflicto y enfocarse así sólo en la forma, tamaño, textura y sonido del caracol. Se sorprendió y molestó cuando le salpicó una ola, como si se le hubiera acercado a hurtadillas. La falta de atención a sus alrededores no era un error ni una señal de un problema de atención, sino un diseño estratégico e intencional. Como las anteojeras de los caballos, su cerebro eliminó los estímulos superfluos, de manera que pudiera funcionar, atender y aprender acerca del caracol en medio de toda la distracción.

Cuando un niño puede diferenciar suficientemente cada señal, el cerebro integra las señales en el córtex prefrontal con la ayuda del cuerpo calloso.[11] En otras palabras, las anteojeras se apartan entonces y dejan a la vista un mundo en dos dimensiones, porque el aparato cognitivo está listo para comprender las señales en conflicto.

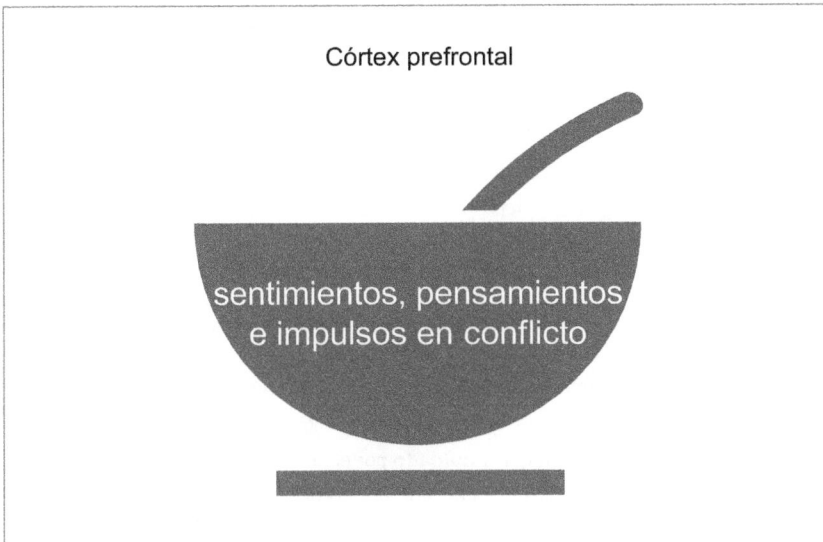

Figura 2.1 Adaptada del curso:
Neufeld intensivo I: Entendiendo a los niños

Cuando los hemisferios derecho e izquierdo están suficientemente desarrollados, el córtex prefrontal se transforma en un tazón
para mezclar sentimientos, pensamientos e impulsos. Esto sucede
típicamente entre los cinco y los siete años de edad. El niño empieza
a experimentar una disonancia interna y surge la conciencia. Por
ejemplo, cuando el niño va a aventar algo por frustración, hay un
impulso en conflicto o que compite que le dice: "No avientes eso,
podrías lastimar a alguien". En lugar de decir que su día fue "bueno"
o "malo", pueden decir que fue ambas cosas. Podrían decirnos, por
ejemplo, que, en tal o cual lugar, querían tomar algo que no era de
ellos, pero que no lo hicieron porque sabían que eso estaba mal.
Cuando el niño entra en ese cambio de los cinco a los siete años, se
vuelve capaz de considerar dos aspectos de un fenómeno al mismo
tiempo y coordinar dos pensamientos diferentes.[12]
La mezcla de sentimientos y pensamientos en el córtex prefrontal
es la que básicamente pone el freno a las acciones no templadas y la
que da lugar al autocontrol. Las emociones y los impulsos intensos
encuentran su antídoto en los impulsos y emociones intensas que
compiten con ellos; su propósito es un efecto paralizador cuando se
topan. El conflicto interno que se crea por los sentimientos y pensa-

mientos discordantes hace que la energía emocional se paralice. Por ejemplo, la respuesta al *miedo* es el *deseo*, lo que da lugar al *valor*. La respuesta a la *frustración* es el *cuidado*, el cual da origen a la *paciencia*. Cuando se da suficiente espacio a los sentimientos y a los pensamientos y se les deja entrar en conflicto, se presenta una lucha. La meta es tejer las emociones y los pensamientos juntos, para llegar a un temperamento más maduro.

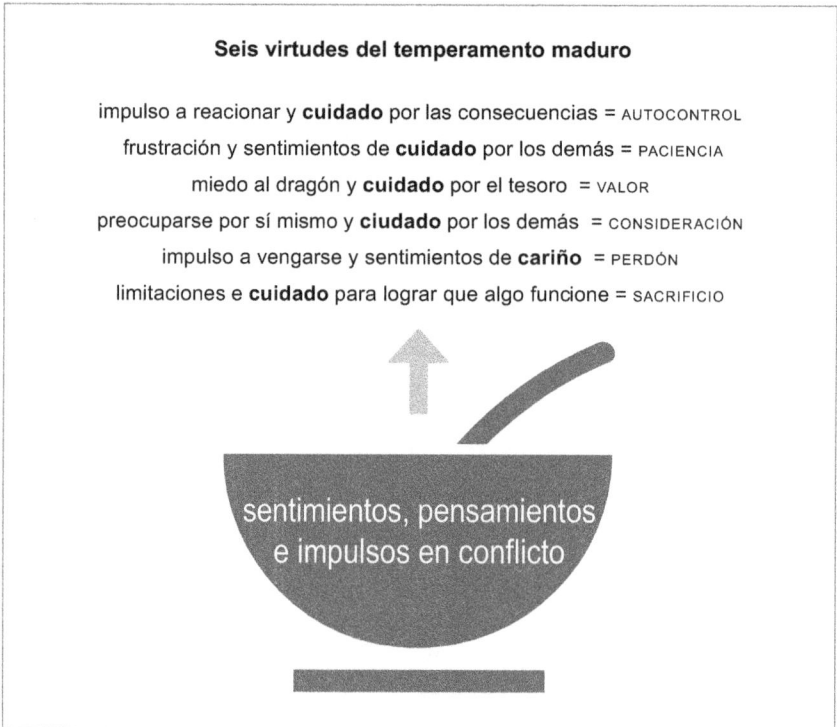

Seis virtudes del temperamento maduro

impulso a reaccionar y **cuidado** por las consecuencias = AUTOCONTROL

frustración y sentimientos de **cuidado** por los demás = PACIENCIA

miedo al dragón y **cuidado** por el tesoro = VALOR

preocuparse por sí mismo y **ciudado** por los demás = CONSIDERACIÓN

impulso a vengarse y sentimientos de **cariño** = PERDÓN

limitaciones e **cuidado** para lograr que algo funcione = SACRIFICIO

sentimientos, pensamientos
e impulsos en conflicto

Figura 2.2 Tomada del curso de Neufeld:
Intensivo 1: Entendiendo a los niños

Cuando el córtex prefrontal madura con la integración de los hemisferios, el niño pequeño se transforma en un individuo, y los días de niño en etapa preescolar estarán llegando a su fin. La importancia del cambio de los cinco a los siete años como un parteaguas en el desarrollo de un niño no podría jamás subestimarse. Es la respuesta suprema a la personalidad del niño preescolar y el origen de la integración tanto personal como social.

Con la integración personal, el niño pequeño será capaz de trabajar hacia la consecución de una meta, de pensar antes de hablar, de contenerse cuando esté frustrado. El niño entonces parecerá más racional y razonable, y estará provisto de un pensamiento lógico más complejo. Ahora se puede elaborar una narrativa coherente y proporcionar al niño una representación más consistente de sí mismo.[13] Una identidad más coherente permitirá al niño estar junto a otros sin perder el sentido de ser él mismo. El niño dará un salto hacia adelante en su desarrollo, mostrándose poseedor de una consciencia de sí mismo, autocontrol y la capacidad de centrar su atención.[14] Su impulsividad habrá de disminuir, y dará lugar a un ser más templado, menos impulsivo. Los padres deberían alegrarse por las señales de autocontrol de su hijo; uno de los parteaguas más críticos del desarrollo en la primera infancia.

En términos de integración social, la capacidad de controlar los impulsos ayuda al niño pequeño a ajustarse a las situaciones sociales en las que se requiere esperar su turno, tener perspectiva y consideración. Será capaz de mezclarse con los demás y entender las señales útiles para la interacción social. Históricamente, el cambio de los cinco a los siete años se ha utilizado en la mayoría de los sistemas educativos para determinar el momento en que un niño está listo para el trabajo escolar.[15] Además, los estudios acerca de las prácticas culturales globales muestran que a los niños de este grupo de edad se les dan mayores responsabilidades en el hogar.[16]

El desarrollo del cerebro es espontáneo, pero no inevitable. Un desarrollo saludable depende de la disponibilidad de figuras de vinculación, y de cómo estas personas se convierten en los cuidadores del sistema emocional del niño.[17] La maduración del cerebro aporta una solución orgánica a la personalidad del niño en edad preescolar, pero no puede ser forzada, entrenada ni presionada. Los niños maduran cuando los adultos crean los jardines relacionales donde puedan jugar y florecer.

Los niños sensibles, también conocidos como niños "orquídea", y la integración cerebral

Aproximadamente uno de cada cinco niños se destaca de sus pares por estar más afectado o agitado por las influencias del entorno.[18] Esos niños parecen estar más fácilmente abrumados, alarmados; o ser más intensos, sensibles y berrinchudos en sus respuestas y apasionados en su temperamento. A los niños sensibles se les ha llamado niños "orquídea", en comparación con los niños que crecen con la facilidad como dientes de león.

Los niños sensibles muestran una gran receptividad y una capacidad destacada para percibir el ambiente a través de sus sentidos. Es como si tuvieran antenas sintonizadas con la máxima receptividad, para no perderse ninguna señal. Aunque el tipo y nivel de receptividad difiere de un niño a otro, mostrarán respuestas sensoriales agudizadas en las áreas visuales, auditivas, del tacto, del gusto, olfativas, quinestésicas/propioceptivas (relacionadas con la tensión física o con las condiciones químicas internas del cuerpo), y en las áreas emocional/perceptual. Las combinaciones son infinitas y cada niño presentará un continuo de receptividad para cada sentido.

Los niños sensibles pueden quejarse de que las etiquetas de su ropa les raspan la piel, de que los sonidos son muy fuertes, los olores muy intensos o que algunas comidas saben muy mal. Puede ser difícil captar su atención porque están siendo constantemente bombardeados por información sensorial y están abrumados por ella. También parecen poseer una inteligencia natural brillante en comparación con otros niños, a causa de su extrema receptividad con respecto a la información y la estimulación. Es probable que los adultos los perciban como sobreactuados o exagerados, pero sólo están manifestando el inmenso mundo que existe dentro de ellos. La madre de un niño sensible de cinco años se sorprendió por su reacción cuando cambiaron de lugar a su clase de música y nos compartió lo siguiente:

A Jacob le encantaba tanto su maestra de música que cuando ella tuvo que cambiar de lugar en donde daba sus clases, la seguimos desde el luminoso salón de clases cerca de nuestra casa hasta el oscuro sótano de la academia de música en donde enseñaba. En la primera clase, Jacob no se encontraba a gusto y se la pasó intentando escaparse. En la segunda clase, estaba tan agitado que no paraba de brincar hasta que se cayó encima de la maestra. Al día siguiente, cuando estaba más calmado, le pregunté si había algo acerca del nuevo espacio que no le gustara. "Las lámparas zumban", me explicó, "no puedo oír nada por culpa de las luces".

Los niños orquídea son más sensibles a las prácticas de la crianza: se marchitan o florecen, dependiendo de su entorno.[19] Cuando se crían en entornos estresantes, resultan más afectados que sus contrapartes, los despreocupados "diente de león". Es más probable que sufran problemas de salud mental, adicciones y delincuencia, como resultado de tales condiciones.[20] Sin embargo, cuando los niños sensibles se crían en condiciones ideales, con adultos afectuosos, su desarrollo puede fácilmente sobrepasar aquel de sus contrapartes, los "dientes de león": "Un niño orquídea se convierte en una flor de delicadeza y belleza inusuales".[21] Es su ambiente *relacional* el que marca la diferencia en su desarrollo.

La extremada receptividad al entorno del niño sensible puede alargar de hasta dos años el proceso de integración de su cerebro. En lugar de experimentar el cambio entre los cinco y los siete años de edad, pueden necesitar de uno o dos años más para madurar, dependiendo de su grado de sensibilidad y del entorno. El tiempo adicional sirve a crear e integrar vías neuronales adicionales para acomodar su mayor receptividad sensorial.[22] Los objetivos son de proveer las condiciones adecuadas para que los niños orquídea puedan descansar al cuidado de sus adultos, proveerles suficiente espacio para jugar y preservar su vulnerabilidad emocional ante situaciones de ansiedad.

Uno de los errores comunes que se cometen con los niños sensibles es darles más información sensorial, a causa de su brillantez natural. Darles más no es mejor, y puede generar defensas que apaguen la información sensorial. Necesitan tiempo y espacio, con mucho espacio para jugar, para procesar toda la estimulación que experimentan.

Los niños pequeños en acción: un pensamiento o sentimiento a la vez

Aunque entendemos que los niños pequeños tienen cerebros que todavía están en desarrollo, esto no nos impide establecer expectativas de comportamiento que no están en sintonía con su capacidad. Su naturaleza del tipo La Bella y La Bestia aflora con regularidad y genera implicaciones sobre la manera en que los cuidamos. Los siguientes son seis temas que surgen a partir de la falta de integración personal y social del niño pequeño.

1. "Llenan los espacios en blanco" cuando tratan de entender y dar sentido a su mundo.

Los niños pequeños son *incapaces de apreciar el contexto o de considerar más de un elemento a la hora de resolver un problema.* Ellos ven el mundo parte por parte, y de esta manera no pueden ver muchas de las señales o piezas de información contextual que los adultos damos por hecho. No pueden leer el contexto porque no pueden conservar todas y cada una de las distintas perspectivas al mismo tiempo. Por ejemplo, una madre embarazada llevó a su niño de tres años y medio a una cita para un ultrasonido, para que "le echara un vistazo" a su hermanito por primera vez. El niño empezó a llorar descontroladamente al ver a su hermano moverse a través de la pantalla. Mientras su madre lo confortaba y le decía: "No pasa nada, el bebé está bien, no te preocupes", el niño gritaba: "¡No, mami, no! ¡¿Por qué te comiste al bebé?!". Los padres y los niños pequeños no siempre comparten la misma visión del mundo, lo cual puede conducir a malentendidos.

Los niños pequeños no se detienen a considerar todos los detalles antes de seguir adelante con sus acciones. Es bien sabido que "llenan los espacios en blanco" siempre que tienen necesidad de hacerlo. Por ejemplo, cuando, después de su clase de educación sexual en el kínder, una madre le preguntó a Alex, su hijo de cinco años, si sabía cómo se hacían los bebés, la respuesta del niño fue la siguiente: "Papá pone una gallina dentro de mamá y ella pone sus huevos ahí". A los niños pequeños no les molesta su propia ignorancia, porque no ven los huecos en su entendimiento. El padre de un niño de tres años le dijo en una ocasión: "Deja de morderte las uñas, porque todos los microbios sucios van a entrar en tu boca y te vas a enfermar". El niño contestó: "No hay problema, papi, escupo los microbios cuando me chupo los dedos". Los niños son literales y directos al traducir el mundo a su alrededor, lo cual es con frecuencia refrescante y divertido a la vez. Como cuando un chico le dijo a su madre: "Cuando era pequeño pensaba que 'las vacas Jersey' se llamaban así porque llevaban jerséis de hockey. Me sorprendí mucho cuando descubrí que no los llevaban".

2. Los niños pequeños dicen las cosas como son y saben muy bien cómo comportarse a pesar de que no siempre lo hagan

Los niños pequeños *no son templados ni cuando se expresan ni cuando sienten; no tienen autocontrol.* No se detienen a pensar antes de actuar; sólo se mueven de acuerdo con el instinto y la emoción. Portarse socialmente de forma correcta no existe en su esquema mental, y compartirán sus ideas libremente. A un niño de kínder se le pidió que dibujara su logro más grande para su maestra. Ella le pidió que explicara su dibujo, y él contestó: "Éste soy yo saliendo vivo al nacer. Esta es la 'bagina' de mi mamá y mi cabeza está saliendo de ahí". Los niños pequeños suelen tener fama por su tendencia a revelar detalles familiares, como: "Abuela, tienes las piernas cortas", o "Tengo que tomar una siesta para que mi mami tenga un rato de cordura". Hasta con los invitados, los niños pequeños no lo piensan dos veces antes de gritar: "¡Límpiame las pompis!", o de decirles a las visitas: "No me gusta tu regalo". La sinceridad de los niños pequeños es tan reconfortante como embarazosa. Un niño le preguntó a su mamá, después de echar un vistazo a la cena que había preparado: "¿Por qué siempre cocinas comida que no nos gusta?".

El reto consiste en conservar la integridad del niño y no reaccionar ante él de manera exagerada ni avergonzarlo por ser auténtico. Si vamos a llevar de la mano a nuestros hijos para que entiendan su mundo, debemos fomentar su tendencia a explicarlo a su manera. A la larga, con un desarrollo ideal, los niños pequeños lo pensarán dos veces antes de hablar. Pero, mientras llegan a ese punto, necesitan su propio espacio para entender el mundo tal y como se presenta ante ellos, si bien es verdad que podemos propiciar que esto se haga en privado entre nosotros.

Los niños pequeños no son buenos para guardar secretos. Esto se debe a que no pueden prestar atención a más de un pensamiento a la vez. A pesar de las buenas intenciones de mantener algo en privado, se les "olvida" en el momento porque en ellos predomina la emoción sobre todo lo demás. De manera similar, los niños pequeños no son capaces de decir una mentira intencionalmente, porque no pueden asirse a la verdad y a la falsedad al mismo tiempo. Al no tener segundas intenciones ni conflicto interno alguno, ellos se creen sinceramente lo que nos dicen. La madre de una niña de tres años nos contó: "Un día, le pregunté a Eva si sabía cómo había aparecido una huella en los *brownies* recién cocinados. Con una expresión inocente me dijo: 'No sé', a pesar de que sólo estábamos ella y yo en la casa. Esperé cinco minutos y le pregunté: '¿Están sabrosos los *brownies*?', Eva me miró y dijo: '¡Mami, estaban deliciosos!'". Resulta irónico que la capacidad de mentir represente un paso hacia la madurez, pero hay cierta sofisticación en saber desviar a la gente de aquello que no queremos que vean. Ello exige la capacidad de pensar las cosas dos veces, de tener perspectiva y de considerar el contexto.

Los niños pequeños no pueden sino actuar de manera impulsiva basándose en sus instintos y emociones. Prometen que nunca más van a pegarle a nadie, y vuelven a cometer la misma falta a los pocos minutos. Perciben sus impulsos y acciones como si no estuvieran bajo su control o como ajenos a ellos. Pueden estar tan sorprendidos como nosotros cuando sus brazos sueltan golpes o cuando sus dientes tratan de morder a alguien. Matthias, un niño de cuatro años, le dijo a su mamá: "¿Por qué mis brazos golpean a alguien a quien quiero mucho?". Y con gran frecuencia, terminan peleándose contra otros niños, con estallidos repentinos defendiendo su territorio y pertenencias. Su frustración surge de acuerdo con su propia y personal forma de expresarse, y las buenas intenciones se ven eclipsadas por las emociones intensas. Los niños pequeños no piensan, sino que reaccionan, están propensos a atacar y son impulsivos; así es un niño pequeño en acción. Debajo de las erupciones de frustración y agresión está su incapacidad de tener más de un pensamiento o emoción a la vez.

La carencia de conflicto interno en los niños pequeños contribuye no sólo a las erupciones de frustración, sino también a la diversión exagerada. Si una pequeña salpicada de agua fue divertida, entonces una salpicada más grande debe ser divertidísima. La alegría pura, inalterada, es la razón por la que los abrazos de los niños pequeños poseen propiedades sanadoras y sus risitas son tan contagiosas. Quien capture sus corazones será verdaderamente adorado, ya que su gozo no contiene intenciones escondidas ni rencores. En sus corazones no esconden amargura ni expectativas inalcanzadas ni resentimientos. Su amor es puro en toda su expresión. Una madre dijo: "Cerca del final de su vida, el bisabuelo estaba muy frustrado debido a su deterioro físico y sus idas al hospital. Una de sus últimas alegrías consistía en pasar tiempo con sus bisnietos más pequeños. Su inocencia ante el mundo era la medicina que necesitaba. Sus abrazos tenían cualidades mágicas que mejoraban en él sus signos vitales". La sensación de felicidad de los niños pequeños no está restringida por el riesgo de perderla. La ignorancia puede ser verdaderamente una dicha.

3. Para los niños no hay medias tintas y todo es siempre un enorme acontecimiento

Los niños pequeños son propensos a *tener reacciones desplazadas o a manera de péndulo, y a pasar de una experiencia y emoción a la otra*. En ellos no hay moderación ni medias tintas, y su sentido de la justicia se define por obtener lo que quieren. Pueden ser obedientes durante un minuto, y luego dar un giro de 180 grados y oponer resistencia al minuto siguiente. Sus puntos de vista son en blanco o negro, con una evidente ausencia del gris. Los niños pequeños no sólo pasan de una emoción a la siguiente, sino que se llevan a sus padres con ellos. En un estudio sobre la calidad de vida de los padres, aquellos con niños pequeños presentaban mayores cambios emocionales, de la alegría a la frustración, que sus contrapartes sin hijos.[23]

Dado que los niños pequeños sólo pueden experimentar una emoción a la vez, un sentimiento puede desplazar a otro, creando confusión en sus cuidadores. Por ejemplo, observé a un niño de cuatro años que se enojó con su madre cuando ésta le dijo que tenían que dejar la playa. Cuando su madre se acercó para consolarlo, él le pegó. Ella se alejó y dijo: "No, Félix, no pegues". Viendo el enojo en la cara de su madre y su retirada, su frustración fue reemplazada rápidamente por el miedo. Gritó alarmado: "¡Mamá, mamá, mamá!". Cuando la madre vio la angustia de Félix, se apresuró a su lado otra vez. En cuanto que se restableció la conexión entre ambos, su alarma decreció sólo para ser reemplazada por la frustración que le quedaba por tener que dejar la playa. Así que le pegó a su madre otra vez, quien se retiró de nuevo diciendo: "¡No, Félix, te dije que no debes pegar, no voy a ayudarte si me sigues pegando!". Como la amenaza de la separación era de nuevo inminente, también volvió la sensación de alarma de Félix, y gritó otra vez para llamar a su mamá. Mientras la mamá se acercó y lo levantó, yo aguanté mi respiración esperando lo inevitable. En cuanto los miedos de Félix se mitigaron, volvieron sus puños y le propinó otro buen golpe a su madre. Los miré a ambos entrar a un círculo vicioso donde se movían de un sentimiento a otro, como atrapados en una rueda sinfín de emociones desplazadas. Lo que Félix necesitaba era que le ayudaran a mover su frustración a lágrimas de tristeza, un tema que se aborda en el capítulo 7.

4. Sólo una cosa puede estar a la vista, así como un caballo que tuviese anteojeras

Los niños pequeños *no son capaces de actuar a partir de dos puntos de referencia al mismo tiempo*, por eso la magia y la imaginación se avivan en el mundo de los pequeños. La ausencia de lógica alguna detrás de cómo Santa Claus puede entregar regalos a todos, cómo puede el Ratón Pérez intercambiar dientes por dinero y cómo los conejitos de Pascua pueden poner huevitos de chocolate, no les preocupa para nada. No pueden ver el panorama general ni las brechas en la lógica de los cuentos mágicos. Su incapacidad para coordinar dos pensamientos da lugar a la inocencia y a creer en todo lo que se les dice. Ese período mágico se terminará cuando sean capaces de ver dos lados en cada historia. Recuerdo mi asombro un año cuando miré a Santa Claus y me di cuenta de que también era mi abuelo. Me impactó una especie de doble visión que nunca antes había experimentado. Aunque los adultos protestaron y negaron la verdad de mi observación, yo fui inamovible. Aunque perdí a Santa Claus esa noche, y muchas otras cosas mágicas, a los siete años había adquirido perspectiva, una apreciación del contexto y la capacidad de entender mi mundo de una manera más compleja.

Los niños pequeños encuentran difícil orientarse hacia más de una persona al mismo tiempo. Pueden profesar su amor por papá un momento, sólo para voltearse y declararle: "Ya no te quiero. Quiero a mamá". Los padres se sienten rechazados, pero poco tiene que ver con ellos, y más con el niño y su falta de habilidad para atender a más de una persona a la vez. Cuando les recogemos de la guardería o kínder y, al mismo tiempo hablamos con la maestra, puede pasar que el pequeño haga una tontería o se sienta frustrado. En ese momento los niños pequeños no saben hacia cual adulto orientarse; es como jugar el juego de las sillas, pero con personas.

La incapacidad del pequeño para actuar a partir de dos puntos de referencia implica que, cuando están comprometidos con una cosa, generalmente no están atentos a lo demás que pasa en su entorno. Por ejemplo, al ser llamados a cenar cuando están jugando. Hasta que llegan a la etapa del cambio de los cinco a los siete años (o de los siete a los nueve para los niños sensibles), sus sistemas de atención están todavía desarrollándose y puede parecer que no escuchan cuando se les habla, o cometen errores descuidados, o pierden la atención por las tareas que ya no les interesan, y se desvían fácilmente, luchan para organizar sus actividades, pierden objetos y parecen olvidadizos.

La inmadurez de los sistemas de atención de los niños pequeños y su incapacidad para atender a más de una cosa al mismo tiempo es una consideración importante cuando se trata de diagnosticar problemas de atención. Los niños pequeños parecen ser naturalmente distraídos, impulsivos e hiperactivos, reuniendo muchos de los criterios de diagnóstico usados para evaluar los problemas de atención. El diagnóstico del trastorno por déficit de atención con hiperactividad (ADHD, por sus siglas en inglés), se disparó en los niños en un quinientos por ciento desde 1980 hasta el año 2000,[24] de manera que se convirtió en el trastorno psiquiátrico infantil más comúnmente diagnosticado.[25] En Canadá, las recetas de Ritalin, un estimulante común usado para tratar el ADHD, aumentó en un cincuenta y cinco por ciento para los menores de 17 años, en sólo cuatro años.[26] Las recomendaciones de la *American Academy of Pediatry* para diagnosticar el ADHD permite que se consideren a niños a partir de los cuatro años[27] a pesar de que la edad típica de la integración cerebral ocurre entre los cinco y los siete años, o entre los siete y los nueve años, para los pequeños sensibles. Como resultado, hoy en día hay una mayor probabilidad de diagnosticar problemas de atención en niños que tienen sistemas inmaduros de atención, en lugar de cerebros "con trastornos".[28] El diagnóstico erróneo de problemas de atención en vez de inmadurez en el caso de los niños pequeños es real, como se concluyó en un número de estudios que involucran a niños de kínder en Canadá y los Estados Unidos. El sesenta por ciento de los niños de kínder que posiblemente fueron diagnosticados con ADHD compartían el hecho de ser los más pequeños en su clase.[29]

5. Se trata de jugar y no de trabajar

Los niños pequeños son *incapaces de comprender el concepto de trabajo, o de exhibir un comportamiento dirigido hacia un objetivo en el que se requiere un sacrificio.* Esto tiende a preocupar a muchos de los padres que ven la perseverancia y el sacrificio como elementos centrales del éxito en la vida, desde los deportes y aficiones hasta la escuela y el trabajo. Se exasperan ante la falta de visión y de motivación de sus niños pequeños, y su tendencia a abandonar algo rápidamente cuando esto se vuelve demasiado difícil. El concepto de trabajo no existe en los niños pequeños, porque sin sentimientos ni pensamientos encontrados, no son capaces de posponer la gratificación. Para poder trabajar, es necesario renunciar a la gratificación y superar la frustración que puede surgir.

El padre de un niño de cuatro años nos contaba lo siguiente:

> Llevé a mi hijo a jugar golf. Se estaba divirtiendo mucho hasta que se frustró cuando la pelota no iba donde él quería que fuera. Le dije que fuera paciente, pero sólo se enojó y aventó su palo diciendo que ya no quería seguir. Le pedí que siguiera tratando y trabajando en eso, pero empezó a chillar y gritar. ¿Qué se supone que tengo que hacer cuando está así? ¿Es un flojo? No trabaja en nada y abandona todo cuando es difícil. Eso no es lo que quiero para él.

Cuando el padre se dio cuenta de que su hijo era incapaz de perseverar o trabajar hacia una meta, suavizó sus expectativas hacia él.

La mejor manera de ayudar a los niños pequeños a perseverar en una tarea es a través del juego: la antítesis del trabajo. Los intentos para empujarlos al trabajo demasiado temprano, resultan contraproducentes y pueden hacer surgir frustración y resistencia.

6. Todo es acerca de "mi" o de "ti", nunca de "nosotros"

Los niños pequeños *sólo atienden a una persona a la vez y, generalmente, es a ellos mismos*. Su atención estará en ellos mismos o en otra persona, haciéndolos aparecer sumamente egoístas o ávidos seguidores de otros. Dedicando el espacio en su mente a una sola persona, no pueden estar con otros sin perder la sensación de ser una persona separada. Los niños pequeños no se trasladan del "yo" al "nosotros"; se trasladan del "yo" al "tú".

El niño empieza a tener un sentido de sí mismo a los dos años, pero antes de eso no ve al mundo separado de él.[30] Uno de los objetivos de la primera infancia es cultivar esta identidad emergente y consolidarla. Los niños requieren espacio, tiempo y apoyo para entender quiénes son, en lugar de ser empujados por las necesidades o deseos de los demás. La integridad y la identidad del preescolar son los requisitos previos necesarios para la participación como un miembro de la comunidad en la edad adulta.

Los niños pequeños parecen "desconsiderados" cuando actúan de acuerdo con sus propias necesidades. No piensan en nada más cuando le dicen a alguien: "cárgame", a pesar de que esa persona esté cargando en sus brazos un montón de paquetes o a otro niño. También pueden mostrar una gran preocupación hacia los demás y darles sus pertenencias, para en seguida exigir: "¡Quiero mis cosas de vuelta!". El énfasis actual en la primera infancia de llevarse bien y considerar las necesidades de los demás, eclipsa el objetivo de desarrollo más importante. Los niños pequeños primero necesitan entender quiénes son. La integración personal y el cultivo de la identidad vienen antes que la integración social y la interdependencia.

Estrategias para lidiar con los inmaduros

La naturaleza del niño pequeño es en parte La Bella y en parte La Bestia, lo que hace que los padres anhelen al desarrollo del autocontrol, la paciencia y la consideración. Aunque el desarrollo del cerebro no se pueda apresurar, existen unas estrategias útiles para tratar con la inmadurez, facilitar la maduración y ganar tiempo hasta que la madurez provea la respuesta final al comportamiento impulsivo, desconsiderado y egoísta.

1. La supervisión es el antídoto de la inmadurez

Los adultos pueden compensar la inmadurez de los niños pequeños asumiendo la responsabilidad de mantenerlos fuera de problemas, anticipando los mismos antes de que ocurran. Asumir una postura de cuidador en lugar de castigador es la clave para manejar la inmadurez. Los pequeños no se portan bien en las reuniones de juego que no estén supervisadas, ni a la hora de compartir sus juguetes favoritos o de entender por si mismos las reglas en los parques de juegos. Necesitan supervisión y dirección por parte de adultos cuando interactúan entre ellos. Cuanto más comprenden a sus hijos pequeños, más capaces serán estos padres de predecir cuándo sus hijos van a meterse en problemas y prevenir que esto pase.

Cuando ocurre un problema, una de las primeras preguntas que debemos hacernos es si el niño fue puesto en una situación que lo sobrepasaba desde el punto de vista evolutivo, y si las expectativas de su comportamiento eran realistas. A medida que los padres reflexionan sobre los incidentes, el niño podrá revelarse en una perspectiva diferente, como lo explicó una madre: "Llevé a mi hijo a un centro de juegos, pero al cabo de una hora estaba muy cansado. Reconsiderando lo que pasó, creo que en realidad fue demasiado para él. Hubiera sido mejor quedarnos allí sólo una media hora".

2. Usar estructura y rutina para orquestar el comportamiento

La estructura y la rutina pueden compensar la carencia de habilidades organizativas y sociales del niño pequeño. Cuando los niños pequeños están acostumbrados a una rutina, no se necesita darle muchas explicitaciones y queda muy poco espacio para la improvisación. La estructura y la rutina proporcionan las pautas para el comportamiento y las expectativas, y esto hace que el niño parezca más maduro de lo que es. Dado que los niños pequeños carecen de perspectiva y actúan a partir de información incompleta, la estructura y la rutina ayudarán a compensar los huecos de comprensión. Las rutinas pueden ser parte de los eventos diarios, tales como despertarse, comer e irse a la cama. Las rutinas pueden ayudar a que las cosas se desarrollen más tranquilamente, ya que el niño sabe qué esperar cada día, a la misma hora, y también proveen un cierto sentido de seguridad. Como lo explicó una cuidadora: "Generalmente comemos el almuerzo en mi cocina, pero un día, para hacer un cambio, llevé a los niños a hacer un picnic en el jardín. Cuando regresamos adentro, todos se sentaron en la mesa de la cocina esperando comer su almuerzo. Era como si no pudieran continuar normalmente el día sin pasar a través de toda su rutina habitual".

3. Hacer un guion de las acciones del niño inmaduro

Los niños pequeños no pueden interpretar todos los indicios sociales ni comprender plenamente qué se espera de ellos en ciertas situaciones. Al guiar al niño pequeño con un guion, el adulto le da intencionalmente señales, instrucciones o indicaciones acerca de modales a seguir en una situación en la que pueden estar confundidos o necesitan parecer "maduros". Por ejemplo, el padre puede dar un guion sobre cómo saludar a alguien: "Un abrazo es una buena idea, pero no un beso en la boca". Pueden decirle de antemano: "En la escuela te sentarás en un círculo y tendrás que levantar tu mano para hablar". Si los adultos pueden anticipar y considerar lo que las nuevas situaciones significan para un niño pequeño, estarán en mejores condiciones para darles por adelantado las instrucciones para un comportamiento apropiado. Si los niños no tienen un vínculo con el adulto que da esas indicaciones, es poco probable que sigan las instrucciones del guion. Sólo las relaciones sólidas activarán en el niño pequeño el deseo de seguir esas indicaciones.

4. Mantener una posición alfa y evitar remplazar las emociones de los niños

Cuando las emociones del niño pequeño hace erupción o éste se comporta de manera inmadura, los adultos necesitan manejar la situación desde su posición de cuidadores. Esto vale tanto en el área de juegos como en casa con los conflictos entre hermanos. Es importante en estas situaciones mantener intacta la relación y no remplazar una emoción del niño por otra. Por ejemplo, cuando el niño pequeño está frustrado y estalla, un adulto podría alarmarlo si le grita y lo amenaza para que se detenga. La frustración del niño podría ser remplazada por el miedo, lo cual avivaría su malestar emocional. Peor aun, cuando el padre desplaza la emoción original del niño, pierde la oportunidad para entender qué fue lo que motivó que el niño estallara en primera instancia.

El comportamiento problemático de la mayoría de los niños surge de la frustración o de la alarma, y para enseñar a los niños a remplazar con palabras los golpes, las patadas, los empujones y los chillidos, necesitamos tener oportunidades para conectar los impulsos con palabras de "sentimiento". Podemos hacer esto reconociendo y reflejando los sentimientos del niño, a la vez que les ponemos palabras a sus impulsos. Cuando alarmamos al niño para conseguir que se porte bien, probablemente saboteamos toda comprensión de la emoción que estaba experimentando antes. Las emociones remplazadas podrían descargarse sobre otros niños, sus mascotas o los juguetes. El capítulo 6 trata de las emociones de los niños y el capítulo 7 se centra concretamente en la frustración y la agresión.

5. Apoya el conflicto y la disonancia

Los adultos pueden modelar frente a un niño pequeño la forma en que el cerebro integra de manera natural las ideas y los sentimientos en conflicto con frases como: "Una parte de mí se siente de esta manera, y la otra parte de mí quiere hacer otra cosa", o "Sin embargo...", o "Me siento muy confundido sobre esto". Cuando los adultos le hacen saber al niño que está bien expresar un conflicto interno y una disonancia, el pequeño empezará a comprender el mensaje de que hay cierto mérito en considerar múltiples perspectivas y sentimientos cuando se deben tomar decisiones.

El inicio de los pensamientos
y de los sentimientos encontrados

Regularmente, los padres preguntan cuándo pueden esperar ver signos de integración en los sentimientos y los pensamientos del niño, y cómo puede apreciarse eso. Aunque el momento es muy distinto en cada niño, hay un número de signos comunes que pueden empezar a aparecer, incluso a partir de los cuatro años de edad, y aumentar su frecuencia al acercarse a los cinco años, en caso de desarrollo ideal.

La reflexión es uno de los primeros signos de que el córtex prefrontal del niño pequeño se está transformando en un tazón para mezclar pensamientos y sentimientos en conflicto. Le pregunté a un padre si veía algún signo de actitud contemplativa en su hija Maeve, de cuatro años y medio, y me dijo: "Es curioso que me preguntes esto, porque recuerdo que la otra noche, cuando la mesera le preguntó a Maeve si había acabado su cena, Maeve se volteó a verla, hizo una pausa y dijo: 'Quizá'. Maeve empezó entonces a mirar de un lado a otro como si estuviera buscando una respuesta en su cabeza. Entonces volteó hacia la mesera y dijo: 'Sí, mi panza dice que ya acabé'". Los signos de que hay reflexión pueden aparecer sutilmente mediante una pausa antes de continuar, o con un momento de silencio antes de hablar. La contemplación espontánea puede empezar a presentarse alrededor de los 4 años, apareciendo y desapareciendo rápidamente. Los adultos pueden empezar a preparar al niño de esta edad preguntándole qué piensa, pero esto no debe hacerse de manera forzada o tramada, ni debe convertirse en un proyecto de trabajo. Los padres pueden conformarse viendo que están apareciendo esos signos de madurez.

Conforme el córtex prefrontal se torna un tazón para mezclar, los pensamientos en conflicto aparecerán antes que los sentimientos encontrados. Las emociones son señales intensas, y eso hace que sean más difíciles de mezclar. Cuando los pensamientos empiezan a mezclarse, el niño puede hacer afirmaciones tales como: "Una parte de mí quiere ir al parque, pero la otra parte quiere quedarse en casa". Estas afirmaciones contradictorias indican que el niño puede tener dos pensamientos en conflicto al mismo tiempo. Pueden comenzar a divertirse al escuchar chistes sencillos como "toc, toc, ¿quién es?" o juegos de palabras, como el que dijo un niño: "Oye, mami, ¿sabes lo que dice el gato? ¡Eso está purrrrrrrrfecto!".

La madre de una niña de kínder nos contó la siguiente historia, que demuestra el desarrollo de sentimientos encontrados:

Madre (mientras conduce a sus hijos a la escuela): "¿Qué les vas a decir a los demás niños sobre tu atrapa-sueños [*dream catcher*] cuando lo muestres en clase y les expliques qué es?".
Tabitha: "No les voy a enseñar nada".
Madre: "Pero en casa estabas tan contenta porque ibas a platicarles a todos sobre tu atrapa-sueños. ¿Te da miedo explicarles? ¿Hay una parte de ti que está contenta por enseñar tu atrapa-sueños y la otra parte no se atreve?".
Tabitha: "Mamá, ninguna de mis partes quiere enseñarles a los demás mi atrapa-sueños".

Aunque la madre estaba desilusionada de que el miedo y el deseo de mostrar el objeto no pudieran integrarse, estaba encantada de escuchar que en el interior de Tabitha había más de un lado. El miedo y el deseo son sentimientos muy difíciles de mezclar debido a su intensidad. Cuando el miedo y el deseo pueden experimentarse al mismo tiempo, generan el valor, y éste a su vez impulsa la capacidad de avanzar y lograr lo que uno desea. El valor no es la ausencia de miedo, sino más bien un miedo templado por el deseo. Cuando los sentimientos y los impulsos en conflicto empiezan a mezclarse, los niños pequeños pueden empezar espontáneamente a temblar y estremecerse, a rechinar los dientes, o a mostrar otra manifestación física de conflicto. Una parte quizá quiera alejarse mientras que la otra acercarse; su tensión interior es palpable. La madre de una niña de cinco años y medio describía así la tensión en su hija: "El otro día, Amanda estaba frustrada y se fue a lanzarle un tren a su hermano. Me sorprendió que no llegara a lanzarlo, sino que empezó a oscilar sus brazos por encima de su cabeza, hacia delante y hacia atrás, de aquí para allá. Era como si una mano quisiese aventar el tren, pero la otra mano no quisiera. A veces es capaz de contenerse, está cambiando".

Los sentimientos en conflicto que empiezan a mezclarse pueden aparecer con expresiones como "¡Te medio odio ahora!" o "¡Te quiero un poquito ahora!" o "Quiero pegarte, pero no lo haré". La madre de un niño de cuatro años y medio nos explicaba:

La semana pasada fuimos a un patio de juegos y Zach estaba rodeado de muchos niños. Uno de ellos le dio un empujón. De inmediato corrí para acercarme, pero Zach no se movió. Sólo se quedó mirando al pequeño que le agredió. En la noche, a la hora de dormir, me puse a platicar con él.
Mamá: "Me di cuenta de que un niñito te empujó hoy en el patio de juegos. Y tú no lo empujaste de vuelta. ¿Qué pasaba contigo?"
Zach: "Cuando me empujó todo lo que sentí fue cariño".
Mamá: "¿Cariño? ¿No quisiste empujarlo?".
Zach: "No. Para nada. Lo que yo quería era abrazarlo".
Mamá: "¿Abrazarlo? ¿Cómo es que sentiste ese impulso?".
Zach: "¡Mamá! Ese niño la estaba pasando muy mal. Necesitaba un abrazo.".
Mamá: "¿Y entonces por qué no le diste el abrazo?".
Zach: "Pensé que, si iba a darle un abrazo, me iba a empujar otra vez".

Mientras la madre reflexionaba sobre el comportamiento de Zach, añadió: "No creo que yo habría reconocido cuán significativa fue nuestra conversación si no hubiera comprendido qué son los sentimientos encontrados. Además, al principio no podía entender el porqué de su 'parálisis'. ¿Por qué no se estaba moviendo? Pero creo que estaba dividido entre la decisión de darle el abrazo y la de no dárselo. Es un pequeño paso, pero siento que fue increíblemente importante para mí".

En la medida en que los sistemas cognitivo y emocional de los niños pequeños se van integrando, sus conductas a manera de péndulo empiezan a disminuir. Comenzarán a ver dos lados en una historia y se volverán más civilizados cuando interactúen con los demás. Aunque los padres se alegren por que esto implica templanza [mezclar pensamientos y sentimientos en conflicto], el niño pequeño ya nunca más será tan puro ni estará tan solo en sus pensamientos o sentimientos como antes. La madre de una niña de cinco años y medio lo explicó así:

Anna estaba atormentada por sus sentimientos y pensamientos encontrados cuando éstos empezaron a aparecer. Una noche, estaba tratando de dormirse y se quejó de que no era justo que al parecer su hermana menor la pasaba mejor que ella. Enojada, Anna me miró y me dijo: "No me puedo dormir, mi cabeza sólo quiere pensar y pensar y pensar. ¿Cómo hago para que se calle?". Logré contener mi entusiasmo y le dije que ella sólo estaba en vías de tener el cerebro de una niña grande, y que ese cerebro era mucho más activo. Anna me contestó enojada: "No quiero el cerebro de una niña grande. Sólo quiero dormirme como mi hermana".

En nuestro anhelo por celebrar esa forma más civilizada del niño pequeño, podemos no darnos cuenta de lo que se va perdiendo. La pureza y la inocencia que se manifiestan cuando ellos experimentan el mundo con sólo un pensamiento o un sentimiento a la vez se pierden. Sus vidas nunca más estarán libres de restricciones, ataduras y complicaciones por elección. ¿Por qué habría de estar contento un niño de saber que tendrá una consciencia que le hablará regularmente y le generará pensamientos y sentimientos encontrados? Cuando el córtex prefrontal evoluciona y se convierte en un tazón para mezclar, la solución orgánica a la inmadurez surge de manera espontánea, pero el mundo interior del niño nunca volverá a ser tan pacífico o silencioso. Sin embargo, hay ventajas importantes que se obtendrán de la integración, como lo describe este padre: "Supe que mi hijo ya no tenía un cerebro de preescolar cuando llegó hasta mí con su puño cerrado y me dijo orgulloso: 'Mira papá, ¡mira lo que acabo de hacer! Sostuve mi puño sobre la cabeza de Sara y quería pegarle, pero no lo hice'. La mirada de orgullo en su cara era extraordinaria, como si estuviera diciendo: 'No puedo creer que puedo controlar este cuerpo mío cuando me siento frustrado'". Conforme este padre contaba este relato, quedó claro cómo un niño puede experimentar tal dignidad al darse cuenta de su potencial humano para convertirse en un ser templado y con autocontrol.

3

Preservar el juego

DEFENDER LA INFANCIA EN UN MUNDO DIGITAL

Lo que llevamos dentro es lo que hace lo que somos,
lo que nos permite soñar y maravillarnos
y tener sentimientos hacia los demás.
Eso es lo esencial. Es lo que siempre marcará la diferencia
en nuestro mundo.
FRED ROGERS[1]

Cuando era niña, Gail soñaba con tener unas "tijeras mágicas" que pudieran transformar sus dibujos en objetos reales. Su padre narraba que su cuarto "siempre estaba repleto de recortes de papel". Después de que Gail y su hermana vieron la película *Oklahoma*, hizo montones y más montones de recortes. Las tijeras de Gail dieron vida a vaqueros, vaqueras, y un rancho completo con caballos y establos; y, junto con su hermana, Gail desaparecía dentro de un mundo de fantasía creado por ella misma. La esencia de sus aventuras es difícil de recordar, pero para Gail, el significado de su juego está claro. Después de más de sesenta años, la creación de estos dibujos nos narra parte de la historia de aquello en lo que Gail se convirtió y de lo que, con el tiempo, se convirtió en el trabajo de su vida.

Las imágenes tuvieron un papel especial en la vida de Gail y en su vocación de artista. Aquellas imágenes fueron vitales para su bienestar, y Gail se expresaba de manera intuitiva a través de ellas. Gail siempre aprendió de forma visual y se aburría con los textos y los relatos en la escuela. Sentía que las imágenes en los dibujos o pinturas quedaban allí cautivas y anhelaban ser liberadas y comprendidas. Veía su mundo como una matriz de imágenes, y entonces las iba separando una por una y les daba vida. Al dibujar, recortar, coser, pegar, esculpir o formar cada creación, le infundía a cada una un significado más profundo.

Llegada a la edad adulta, Gail continuó con su pasión y estudió cerámica en la universidad. Dedicó la mayor parte de su vida a este arte, trabajando en el *Emily Carr Institute of Art and Design*, (ahora *Emily Carr University*), hasta que se jubiló. Recibió homenajes públicos por sus "contribuciones duraderas a la comunidad de ceramistas y, especialmente, a la educación en el arte de la cerámica".[2] Aunque las "tijeras mágicas" de Gail nunca se materializaron, sí le ayudaron a desarrollar una pasión de por vida por las imágenes. Fue esta simple herramienta, junto con el espacio y la libertad suficientes para jugar, lo que le permitió a Gail descubrir a la artista que llevaba en su interior.

Podríamos preguntarnos en quién se hubiera convertido Gail si hubiera sido criada hoy día, una época en la que la instrucción, las actividades estructuradas, los dispositivos digitales y la interacción con los pares se valoran mucho más que las "horas vacías" de juego interminable. Como bien lo explica David Elkind, psicólogo y ferviente defensor del juego: "La disminución del juego libre y espontáneo, es el resultado de una tormenta perfecta formada por la innovación tecnológica, los rápidos cambios sociales y la globalización económica".[3] El tipo de juego que los niños pequeños necesitan está en peligro de extinción en este mundo digital. Esto debería ser una de nuestras mayores preocupaciones, mucho más grave que las preocupaciones por la conducta o la disciplina del niño en edad preescolar. Los niños pequeños no pueden prosperar ni florecer en un mundo sin juego; la mera esencia de quiénes llegarán a ser algún día se define por ello.

El juego está en peligro para quienes más lo necesitan

El juego debería añadirse a la lista de especies en extinción, a pesar de que numerosas pruebas, aportadas por los especialistas de la ciencia del desarrollo durante los últimos 75 años, demuestran su importancia crítica para el sano crecimiento de los niños pequeños.[4] Los especialistas del desarrollo continúan haciendo sonar las alarmas para alertarnos sobre la rápida pérdida de la práctica del juego, pero estas voces no logran superar las presiones de los padres y de las autoridades educativas, gubernamentales y culturales que empujan con fuerza en la dirección contraria.[5] El juego se relega cada vez más a los espacios de tiempo libre del niño, en lugar de ser el foco central de la primera infancia. A pesar del consenso tácito acerca de la importancia del juego, muchos padres no quieren "arriesgarse" a aplicar esa lección a sus propios hijos, por miedo a que éstos se queden rezagados.[6] Pero el crecimiento que se lleva a cabo con el juego no se aprecia de inmediato ni es susceptible de enseñarse ni de ponerse a prueba. Los avances que se logran son en su mayoría invisibles, conforme se despliegan silenciosamente la individualidad y el desarrollo.

El tipo de juego que los niños pequeños necesitan está siendo erosionado, destrozado y redefinido por la embestida de los dispositivos digitales y de la enseñanza formal prematura.[7] Los cuidadores en las guarderías y los maestros de preescolar se enfrentan a la presión constante de los padres para que enseñen a sus hijos las matemáticas, a leer y a usar dispositivos tecnológicos. Un educador de niños de la primera infancia decía:

Veo cómo las familias saturan las jornadas de sus hijos con muchas actividades semanales, y su razonamiento es que les están proporcionando las habilidades que van a requerir para salir adelante en sus años escolares, y tener una ventaja competitiva. Creo verdaderamente que los niños que continúan teniendo, a lo largo de sus primeros años, una actividad incesante, no entienden cuál es el valor de las pausas y necesitan llenar sus espacios con ruido blanco, y así no tener realmente nunca una oportunidad para descansar.

El papel del juego en la vida de un niño pequeño se menosprecia, se subestima y queda del todo desprotegido cuando los padres y educadores empiezan a presionar para obtener resultados. El juego se ve sofocado por la misión que persiguen los adultos de lograr un desarrollo más rápido, a pesar de que los estudios demuestran que los cerebros de los niños alcanzan los mismos logros cognitivos hoy que hace cien años.[8]

Un reto adicional está representado por la influencia que los dispositivos digitales tienen en el juego. Teniendo cada vez más acceso a las pantallas y a los programas educativos, los niños pequeños pueden entretenerse como nunca antes. La necesidad del niño de averiguar algo por su cuenta se ve sustituida por un acceso veloz a la información, así como por una educación académica precoz que triunfa por encima del descubrimiento. A los niños de hoy se les impide enfrentarse a la futilidad o la pérdida en el mundo de los videojuegos donde los botones de reinicio, los códigos para hacer trampa y las vidas interminables son todos posibles. Hay mucho menor espacio para el aburrimiento y las aventuras inesperadas que surgen de éste, algo que las generaciones anteriores recuerdan con nostalgia y, en retrospectiva, valoran.

Hoy día no hay mayor tarea al educar a un niño pequeño que crear las condiciones que protejan el espacio y el tiempo para el juego. Esto significa detener la marea cultural que percibe el juego como algo frívolo e improductivo, en lugar de verlo como el zócalo sobre el cual los niños construyen su potencial humano completo. Sin una comprensión de cómo el juego sirve al desarrollo, será difícil que los adultos soporten las presiones para seguir avanzando, que socavan lo que los niños necesitan verdaderamente para madurar.

¿Qué es el juego?

El juego es el centro de donde nace la propia persona. Es la manera en que nace el Yo psicológicamente.[9] El juego no consiste en llenar de información al niño, sino en hacer que afloren sus ideas, intenciones, aspiraciones, preferencias, antojos y deseos. El juego permite a los niños expresarse, a pesar de su falta de palabras y de comprensión. En el juego es donde el niño pequeño escucha el eco de su interior que resuena en el mundo que le rodea. Los niños pequeños son aprendices naturales motivados a comprender el ambiente que les rodea y a comprender quiénes son ellos en él. Necesitan emerger de los años de su primera infancia con un sentido de sí mismos que se forjó durante las horas que pasaron absortos en el juego. El juego promueve el desarrollo hacia un ser viable, independiente, conforme revela los intereses del niño, sus deseos y sus metas. Aleja al niño de la dependencia de los adultos y le desata el deseo de aventurarse, descubrir o comprender sus propias experiencias. El juego es donde el espíritu que subyace la maduración se pone de manifiesto y la vitalidad se expresa. En resumen, el juego es el acto de creación de uno mismo.

El tipo de juego que los niños pequeños necesitan se caracteriza por la libertad, el gozo y el impulso hacia nuevos espacios por explorar. Ellos necesitan espacios destinados al juego en los que se puedan mover libremente, con perímetros establecidos por los adultos que los cuidan. El juego es un acto espontáneo que surge de un estado mental determinado; es imposible enseñar u obligar a un niño a que juegue. El juego tiene tres características esenciales: 1) el juego no es un trabajo; 2) no es real, sino ficticio; y 3) es expresivo y exploratorio. Esta definición se puede utilizar para evaluar cuáles son las actividades que realmente fomentan las condiciones ideales para el juego.

Características del juego verdadero

Una actividad espontánea que no puede mandarse ni enseñarse

DIVERSIÓN

NO ES TRABAJO

NO ES REAL

JUEGO VERDADERO

ES EXPRESIVO Y/O EXPLORATORIO

SEGURIDAD

LIBERTAD

Figura 3.1: Adaptada del curso de Neufeld: *Entendiendo el juego*

1. El juego no es trabajo

Los niños pequeños están hechos para jugar y no están aptos para el trabajo. *Metas, desempeño, hojas de actividades y expectativas* pertenecen al lenguaje del trabajo, mientras que *libertad, imaginación, diversión y descubrimientos* están ligados al juego. Cuando el niño está jugando, su atención debe estar concentrada en la actividad, y no en cualquier resultado particular que haya fijado un adulto u otro niño. Los adultos pueden tomar cualquier actividad y convertirla en trabajo con sólo cambiar aquello que atrae la atención del niño. Por ejemplo, tocar un instrumento musical por diversión es diferente a tener que practicar para un recital. Si el niño traza un dibujo y el adulto le sugiere que el arte tiene que verse de tal o cual manera, o que el dibujo se utilizará para hacer un regalo, desplazará la atención del niño hacia el resultado. Esto también pasa a menudo en la mesa cuando un padre se enfoca en darle de comer al niño en lugar de hacer que la hora de la comida sea algo divertido y atractivo.

El juego es en donde se da la diversión. En contraste, cuando uno está trabajando en algo, los "frutos de su trabajo" se disfrutan cuando la tarea se ha *terminado*. Por ejemplo, a mi sobrina y mi sobrino les encantaba jugar con la cinta adhesiva. Su madre les dio unas tijeras, así como un conjunto de colores y patrones de donde escoger. También estableció algunas reglas, a fin de crear un espacio destinado a eso; reglas como que no se pegaran la cinta el uno al otro, ni a las mascotas ni a ningún objeto de la casa. Jugaron felices durante horas, creando bolsitas, carteras y separadores de libros. Incluso crearon un letrero para su tienda a la que llamaron "Las Delicias de la Cinta Adhesiva". Conforme los amigos y familiares visitaban la casa, fueron aumentando los pedidos de carteras, bolsas decoradas con imágenes de tocino y pepinillos, y separadores de libros decorados con puntitos. Sus "clientes" les dijeron que debían vender sus creaciones y sacar dinero de ello. Pero cuando Taylor y Jamie empezaron a sentir la presión de satisfacer los pedidos y centrarse en resultados, el gusto y la diversión se vinieron abajo.

Cuando los niños están jugando, entran en un estado de concentración, están absortos y divertidos mientras experimentan lo que hacen. Cuando los presionamos en busca de resultados o para obtener metas predeterminadas o creamos expectativas, convertimos su juego en trabajo. Mark Twain lo describió así: "El trabajo consiste en todo lo que uno está obligado a hacer. Mientras que el juego es todo aquello que uno no está obligado a hacer".[10]

2. El juego no es real

El juego debe suceder fuera de la realidad de la vida diaria. Se supone que el juego se desarrolla libre de consecuencias y de riesgos, de manera que el niño pueda jugar sin estar concentrado en un resultado determinado. Mientras juegan, los niños usan su mundo interior para crear un nuevo escenario, a través de la imaginación y la fantasía. Así lo describía una madre: "Observo a mi hija convertirse en chef, diseñadora, maestra y bailarina, cambiando de forma delante de mí". El juego es en donde sucede el ensayo general de la vida, de manera que nunca debería juzgarse como correcto o incorrecto. El juego es aquel lugar donde un niño puede casarse y separarse tantas veces como quiera, sin enfrentar la ruina financiera y las penas. Es aquel lugar donde pueden ventilar sus emociones y experimentar sólo unas cuantas repercusiones. Por ejemplo, una madre explicaba: "Mis hijos estaban gritando y vociferando entre ellos, así que yo les grité para pedirles que pararan y me explicaran qué estaba pasando. Me miraron con sorpresa y respondieron: 'Pero, mamá, sólo estamos jugando a las peleas'". Cuando el niño está jugando, sólo vale lo que significa para él.

3. El juego es expresivo y exploratorio

El juego no es una experiencia pasiva en la que el niño es un espectador. Durante el juego, el niño se pone al timón de su propia vida y se convierte en un agente activo descubriendo y explorando al mundo. Los niños, al jugar, deben expresarse a sí mismos, usando objetos, personas o espacios, más que seguir las indicaciones de unas líneas de colorear, o los algoritmos trazados por alguien más. El juego encierra el flujo de energía que brota del interior del niño; es la antítesis del aburrimiento, en donde nada brota desde adentro. El niño debe jugar naturalmente con números, líneas, sonidos, palabras o ideas. Cuando los niños reciben instrucciones, asisten a prácticas de actividades estructuradas o se entretienen con dispositivos digitales, se les deja muy poco margen para que surja su verdadera expresión y exploren el mundo libremente. Así lo explicó una madre:

Me encanta ver a mis hijos cuando están inmersos en el juego, disfrazados con atuendos increíblemente creativos y expresivos. Lo mejor parece ser cuando usan cosas simples: mascadas, pedazos de tela y accesorios. Mi hijo estaba jugando recientemente a ser un pirata en nuestro porche de madera convertido en barco. Estaba solo, totalmente inundado por los sonidos y movimientos de una batalla "real" de piratas en el mar. ¡El ruido de sus zapateos, sus embestidas y sus gritos de guerra era tan "reales", que yo casi podía sentir el barco-porche balanceándose sobre las olas!

Los niños necesitan descubrir en el juego su propia historia, en lugar de abrumarse por las historias de tantos otros.

Con frecuencia consideramos que nuestros niños están jugando, incluso a pesar de que las metas impuestas y las consecuencias de su desempeño sólo sirvan para disminuir la exploración y la expresión. A fin de crear oportunidades verdaderas para que los niños jueguen, necesitamos estar seguros de que su dedicación a una actividad no incluya un enfoque en los resultados, no esté inhibido por el miedo a las consecuencias de la vida real, y no los convierta en receptores pasivos de información o de meras instrucciones.

¿Cuál es el propósito del juego?

G. Stanley Hall, quien escribió en el pasado sobre la adolescencia, decía: "Los hombres se hacen viejos porque dejan de jugar, y no al revés".[11] El juego es esencial para un funcionamiento sano del ser humano durante toda la vida, pero es crítico durante el desarrollo en los primeros años de vida, porque: 1) es donde se expresa el verdadero yo; 2) es donde el desarrollo y la maduración tienen lugar; y 3) es donde se preservan la salud y el bienestar psicológicos.

1. El juego es donde se expresa el verdadero yo

Nolan, a los 4 años, le dijo a su madre que cuando creciera quería ser un taxista. Le encantaba cantar y manejar sus coches de juguete escalera arriba y abajo, adentro y afuera de la tina o en el jardín. La mamá de Nolan, horrorizada al oír esto, le dijo: "Tú no quieres ser un taxista; ese no es un buen trabajo y con él no ganarías mucho dinero". Nolan siguió manejando sus coches y le dijo a su madre unas semanas después: "Quiero ser cantante". Otra vez su mamá, horrorizada, le dijo que se trataba de una mala decisión sobre la carrera que debía seguir, y que lo que necesitaba era ir a la universidad. Lo que la mamá de Nolan no vio fue cómo el ser de Nolan emergía al visualizar su futuro. Él había empezado a experimentar, había tomado el timón de su propia vida y apuntaba en la dirección que él mismo elegía. La respuesta que Nolan recibió fue que su visión era decepcionante e inaceptable. Lo que el niño necesitaba era un entorno libre de culpa en el que pudiera aprender, expresarse y crear. Necesitaba que el espíritu que lo impulsaba a convertirse en su propia persona fuera celebrado sin importar su forma. A los 4 años necesitaba, ante todo, que sus adultos entendieran que su experimentación con la forma no era tan importante como el surgimiento de su ser.

POR QUÉ LOS NIÑOS NECESITAN JUGAR

- Para fomentar su desarrollo y realizar su potencial
- Para encontrar y expresar su verdadero yo
- Para programar redes cerebrales para la resolución de problemas
- Para preservar la salud y el bienestar psicológicos
- Para encontrar su parte creativa y su responsabilidad
- Para practicar la vida en un espacio libre de consecuencias

Figura 3.2 Adaptado del curso de Neufeld: *Entendiendo el juego*

La historia de Nolan evidencia un tema recurrente y desolador respecto a los niños pequeños de hoy. Nos hemos preocupado por la forma que toman los niños: como aprendices, como amigos, en su comportamiento o conducta y en cómo satisfacen las expectativas de los adultos. La proeza que representa el desarrollo de la propia persona se pierde, para ser reemplazada por obsesiones centradas en que los niños estén a la altura y tengan éxito. El juego es el medio a través del cual los niños expresan su verdadero ser y se manifiestan como seres separados. Por eso, el juego debe centrarse en sus deseos, sueños, curiosidad, intenciones, iniciativas, aspiraciones, expresión y significado personales. Si los adultos les imponen exigencias en su juego, o les dan instrucciones, o se centran en su conducta, *aplastan* su ser emergente. Si lo que queremos es proteger al espíritu de la infancia a través del juego, no podemos hacer que nuestros niños actúen conforme a nuestras propias necesidades y deseos.

El impulso de querer ser una persona dueña de sí misma se capta bien en la afirmación de Aiden a su madre. Ella lo interrumpió mientras jugaba, diciendo: "Ven, cariño, tenemos que ir a la tienda". Aiden volteó con las manos en sus caderas y declaró con orgullo: "No me llames 'cariño', no soy tu cariño. ¡Soy Aiden!". A menudo pienso que, si queremos preservar el espíritu de la infancia, necesitamos hacer una celebración especial para cada niño de 2 o 3 años de edad capaz de decir: "Yo lo hago" o "Yo lo hago solo", para reflejar su llegada psicológica a la propia persona. Nos sería de gran ayuda hacer un alto y dedicar el tiempo necesario a darnos cuenta de que las palabras "yo soy" son verdaderamente un milagro evolutivo.

2. El juego es en donde ocurren la maduración y el desarrollo del cerebro

Jean Piaget, el psicólogo evolutivo suizo, preguntó en una ocasión: "¿Estamos formando a niños que sólo son capaces de aprender lo que ya se conoce? ¿O debemos intentar desarrollar mentes creativas e innovadoras, capaces de hacer descubrimientos desde la edad preescolar y a lo largo de toda su vida?".[12] Si lo que se pretende es una vida de aprendizaje, creatividad e innovación perpetuos en una economía global basada en el conocimiento, entonces el juego es, sin lugar a duda, la respuesta. Los niños pequeños sanos son creativos, llenos de preguntas y resuelven problemas mientras juegan. Como dice una abuela: "Mi nieto tiene 2 años y siempre me está preguntando: '¿por qué?'. Si le contesto, me sale con otra pregunta más de '¿por qué?'".

Cuando los niños juegan, sus cerebros están siendo modelados por sus interacciones con el entorno.[13] Stuart Brown, psiquiatra y fundador del *National Institute for Play*, afirma que la complejidad del cerebro se acentúa sobre todo gracias al tiempo empleado jugando: el juego es la respuesta de la naturaleza la maduración. Cuando las neuronas se disparan entre sí, forman conexiones más fuertes porque el cerebro funciona bajo un sistema de usar o desechar.[14] Las zonas motora, perceptiva, cognitiva, social y emocional del cerebro se integran o se conectan entre sí cuando el niño juega. Se construyen sistemas complejos de redes que se convierten en la base para la resolución de problemas en la escuela y en la edad adulta.[15]

Cuando los niños pequeños juegan, practican una dinámica de prueba y error, y crean nuevas relaciones entre los objetos.[16] El pensamiento crítico, la comunicación, el lenguaje, la autoexpresión y las habilidades cognitivas se desarrollan a través del juego. Cuando los niños tocan con sus manos y exploran los objetos, son capaces de aterrizar ideas abstractas en el mundo real.[17] Problemas en el desarrollo cognitivo, del lenguaje, de la parte emocional o física, están todos ligados a un déficit en el juego.[18]

El juego es también donde es más probable que se exprese la creatividad. Por ejemplo, un padre contaba: "Mi hijo quería jugar con sus coches grandes y sus trenes pequeños al mismo tiempo, pero sentía que algo no le cuadraba debido a la diferencia de tamaños. Finalmente decidió que los carros habían sido creados por gigantes y los enanitos viajarían en los trenes". Otro padre dijo: "Entré al cuarto de mi hija y encontré que había tomado el pegamento azul de mi cajón y con él había pegado dulces en la pared. Me dijo que era su pared de dulces, y que de este modo los tendría a la mano para cuando yo le dijera que podía comerse uno". Otra niña le dijo a su padre: "Le di mordiscos a mi *pretzel* hasta que quedó una P de Papá, y luego lo puse bajo tu almohada". Un niño de cinco años, mientras planeaba la fiesta de cumpleaños de su hámster, dijo: "En la fiesta quiero que se tenga la sensación de estar en una jaula, así que tenemos que hacerla debajo de la mesa y cubrirnos con cobijas".

Los niños son las personas más creativas y curiosas que pueda haber en el mundo. Cuando son dueños de sus propias ideas y preguntas, podemos entonces enseñarles muchas cosas. Sin embargo, no podemos enseñarle a un niño a ser creativo y curioso. Esto sólo se cultiva durante el juego, en donde se forjan el sentido de agencia y responsabilidad, en un entorno libre de consecuencias.

3. El juego preserva la salud y el bienestar psicológicos

El juego es terapéutico para los niños pequeños porque les permite expresar emociones profundas de forma segura. En los lugares imaginarios y en los mundos de la fantasía, pueden expresar sentimientos de frustración, miedo, tristeza, decepción o envidia sin muchas repercusiones. En el juego, el cerebro del niño pequeño trabaja para liberar y comprender el contenido emocional. Le sirve para balancear su sistema emocional, que está siendo regularmente estimulado a lo largo del día.

El juego sirve también para el desarrollo emocional, hacer visible su mundo interno ayuda al niño a entenderlo. Según Joe Frost, profesor y defensor del juego desde hace más de 50 años, el juego permite al niño convertir aquello que no entiende en algo manejable. Cuando los niños representan mediante el juego sus emociones, las imágenes y los impulsos surgen a lo lejos, a pesar de su falta de vocabulario o de un conocimiento consciente.[19]

El neurocientífico Jaak Panksepp afirma que deberíamos fomentar los santuarios de juego para los niños pequeños como un medio para promover la salud emocional y mental.[20] Panksepp asegura que el impulso del niño pequeño por jugar tiene su origen en los centros emocionales del cerebro, y muy bien podría ser el recurso menos utilizado para lidiar con sus emociones. De hecho, el juego preserva el funcionamiento emocional en todas las especies de mamíferos y ayuda a reducir el estrés y el aburrimiento, a la vez que cultiva la resiliencia.[21] Los especialistas del desarrollo infantil han vinculado la falta de juego con la ansiedad, los problemas de atención y la depresión en los niños pequeños,[22] y la falta de juego en los años preescolares ha sido relacionada con problemas emocionales y sociales en la edad adulta.[23]

A menudo, en las historias que trasparecen en los juegos de sus hijos, los padres descubren experiencias de vida como revelaciones de conflictos internos. Una madre contaba: "Bromeábamos entre mi esposo y yo que podíamos fácilmente predecir la forma que tomaría el juego basándonos en lo que habíamos hecho juntos en familia. Cuando regresábamos del zoológico, nuestro sótano se convertía en un zoológico. Cuando regresábamos de la tienda, nuestro sótano se convertía en una tienda". Otro padre decía que cuando su hija empezó a asistir al kínder, jugaba a ser maestra y alineaba a sus muñecas; regañaba a unas, mientras otras escuchaban pacientemente los cuentos que ella inventaba para ellas.

Cuando un niño está inquieto, su juego puede reflejar los temas con los que se está debatiendo en su fuero interno. Los padres de niños alfa (vea el capítulo 5), notan a menudo que el juego contiene un trasfondo de dominio y dependencia, como se hizo evidente en un niño de cinco años. Una madre estaba desconcertada por el juego obsesivo de su hijo en el que repetidamente se autoexcluía del resto de la familia. Ella explicaba: "Max crea una isla en medio de la sala y arma una estructura en forma de tienda de campaña. Reúne ahí todo lo que necesita para vivir solo: comida de la cocina, su almohada y cobijas, sus juguetes y libros. No deja que nadie entre a su isla. Es como si se escondiera o se escapara ahí". Cuando la madre comprendió que el aislamiento de Max era la expresión de un sentimiento de desesperación, fue capaz de empezar a dar respuesta a sus necesidades emocionales subyacentes. El juego puede parecer como algo ligero, sin embargo, los temas emocionales que están a su base son asuntos muy serios.

En el juego, los niños trazan dibujos, hacen estructuras y se sumergen en él, para dejar que las emociones surjan desde sus defensas más profundas, sin generar demasiada vulnerabilidad. Clayton, de 5 años, tenía problemas por estar separado de su madre que estaba recibiendo tratamientos contra el cáncer. Su padre notó que Clayton siempre quería jugar a las peleas de perros contra él. Empezó a jugar con él cada noche y, para su sorpresa, comprobó que aquello le ayudaba a lidiar con su frustración, ansiedad y problemas de sueño.

Cada noche jugamos este juego en el que yo soy el gran perro papá y él es el cachorro enojón. Él me gruñe y me embiste durante casi 45 minutos. Brinca, ruge y trata de morderme, pero sin lastimarme. Lo acorralo y él lucha para liberarse. Hacemos esto una y otra vez hasta que queda exhausto. Sé cuándo ya ha sido suficiente, porque se acurruca en mi regazo y gime como un cachorro herido. Lo abrazo hasta que se calma, y le digo que papá perro lo cuidará.

El padre parecía avergonzado de que este simple juego fuera la solución a la confusión de su hijo; había descubierto intuitivamente cómo el juego era una válvula de escape perfecta para el mundo emocional turbulento de su hijo.

Promover las libertades necesarias para el juego

El juego es una de las cosas que los niños pequeños deberían saber muy bien cómo hacer, pero necesitan tener las libertades necesarias para que efectivamente el juego puede tener lugar. Las estimaciones sobre la cantidad de tiempo dedicada al juego demuestran que éste está en disminución, sofocado por un montón de actividades paralelas, además de la escuela. Los sociólogos Sandra Hofferth y John Sandberg encontraron que, entre 1981 y 1997, hubo una reducción del 25% del tiempo que los niños le dedicaban al juego.[24] También observaron una reducción del 55% en el tiempo dedicado a la con-

versación en casa, una reducción del 19% en el tiempo pasado viendo la televisión, y un aumento del 18% en el tiempo que pasan en la
escuela, un aumento del 145% en el tiempo empleado para las tareas
escolares en casa, y un aumento del 168% en el tiempo dedicado a
ir de compras con los padres. El juego compite con un número creciente de actividades de educación formal, actividades estructuradas
y actividades centradas en el consumo.

Para que los niños verdaderamente jueguen, requieren de ciertas
libertades. Esto incluye tener sus necesidades básicas satisfechas, de
manera que, por ejemplo, estén libres de dolor, hambre o cansancio.
También necesitan estar libres de instrucciones y normas escolares.
Muchos padres no quisieran presionar a sus hijos desde un punto de
vista académico, pero se preocupan porque temen que el niño podría
no estar a la altura de los demás niños. Una madre me dijo: "Cuando
mi hija estaba en kínder, me di cuenta de que fue una de las últimas
en aprender a leer. Me empecé a preocupar porque no la había presionado para que leyera, sino para que amara los libros. Me preocupé
de que quizá se quedara rezagada, pero yo no podía forzarla a leer.
Estoy contenta de haberlo hecho así porque, cuando llegó a cuarto
grado, ella me dijo que era de los pocos a quienes aún les gustaba
leer en su clase". No sólo los padres sienten la presión de impulsar
el logro académico en los primeros años; también los educadores de
la primera infancia presionan en la misma dirección, como me dijo
una maestra:

> Los niños necesitan tiempo para ser tan sólo niños, pero se insis-
> te demasiado, en muchas clases de preescolar y de kínder, en que
> los estudiantes aprendan lectura o matemáticas lo más pronto
> posible. La directora de mi escuela quiere que los estudiantes
> tengan logros académicos en kínder, a pesar de que para ellos ya
> es bastante pesado tener que estar ahí todo el día. Es estresante
> también porque los padres tienen la misma expectativa.

Es importante tener en cuenta si el niño está listo para el trabajo
escolar, desde el punto de vista de su desarrollo, antes de exponerlo
a la instrucción formal y el estudio.

Los niños pequeños necesitan estar libres de las actividades estructuradas en donde las fuerzas externas dictan sus acciones y coartan su
expresión. El pediatra Kenneth Ginsburg alega que las actividades de

enriquecimiento educativo son inversiones que poco contribuyen a fortalecer la relación niño-adulto.[25] La sobrecarga de trabajo conduce al estrés, ansiedad y disminución de la creatividad. Un estilo de vida apresurado no favorece las condiciones que dan lugar al juego; se requiere que los padres busquen el justo equilibrio en lo que respecta a las actividades estructuradas.

Según un informe producido por la *Campaign for a Commercial Free Childhood and the Alliance for Chilhood*, a los niños se les expone a las pantallas desde que son lactantes.[26] Cerca del 30% de los niños menores de un año ven televisión o vídeos durante aproximadamente 90 minutos al día. Más del 60% de los niños entre 1 y 2 años ven televisión o videos más de 2 horas al día. Cálculos conservadores indican que niños de 2 a 5 años pasan más de 2 horas al día frente a una pantalla, mientras que otras investigaciones afirman que el tiempo es de 4 horas y media al día. Esto sigue siendo así, a pesar de las normas de la *American Academy of Pediatrics* que desalientan exponer a los niños menores de 2 años frente a las pantallas, a la vez que aconsejan poner límites a los niños mayores de 2 años.[27] Detrás de las recomendaciones de limitar o reducir el tiempo de exposición de un niño pequeño a la pantalla, está la preocupación por los efectos en la maduración del cerebro en los primeros años y el desarrollo de las habilidades sociales, emocionales y cognitivas.

El tiempo adicional de exposición de un niño pequeño frente a la pantalla interfiere con sus necesidades básicas, tales como el sueño, y está ligado a la obesidad y a problemas de atención, aprendizaje y en las relaciones sociales. El tiempo dedicado a ver televisión no ha disminuido entre los niños pequeños a pesar del aumento en el uso de otros tipos de pantallas y dispositivos.[28] Es más, cuando el niño está frente a una pantalla, no se relaciona con los padres ni con otras personas. La falta de contacto con la naturaleza, que debate Richard Louv en su libro *Last child in the Woods*, atribuye la falta del juego al aire libre sobretodo con el aumento en el uso de los dispositivos digitales.[29] En el período de seis años que va de 1997 a 2003, la cantidad de tiempo que un niño pasaba en promedio jugando al aire libre disminuyó en un 50%.[30] Actualmente, se está haciendo un esfuerzo para invertir la tendencia y se alienta a los padres estadounidenses a que lleven a sus hijos a jugar al aire libre y tengan un mayor contacto directo con la naturaleza.[31]

LA LIBERTAD PARA JUGAR

- Sentirse libre del dolor, hambre o cansancio
- Sentirse libre de instrucciones y escolarización
- Sentirse libre de actividades programadas
- Sentirse libre de exposición a pantallas o entretenimiento
- Sentirse libre de pares y hermanos
- Sentirse libre de tener que trabajar en la vinculación

Figura 3.3 Adaptado del curso de Neufeld: *Entendiendo el juego*

Una investigación realizada acerca de padres que crecieron expuestos a los dispositivos digitales, muestra que son más susceptibles a permitir que sus niños pequeños jueguen con su teléfono móvil, para que ellos puedan terminar sus quehaceres y otros asuntos pendientes, además de mantener a sus hijos tranquilos en público y lograr que se duerman fácilmente.[32] Un educador de niños pequeños explicaba: "En el grupo de preescolares del que estoy a cargo, puedo ver cómo se frustran los niños, algo que es muy común a esta edad. Los padres se precipitan a tomar su celular para dárselo a su hijo. Me pregunto cuánto tiempo extra frente a una pantalla significa esto, y qué pasa cuando el padre no puede lidiar con el malestar del niño de otra manera". La utilización creciente de los dispositivos electrónicos para entretener a los niños hace que éstos se vuelvan receptores pasivos, ya que carecen de la oportunidad de una exploración abierta.[33] En resumen, el tiempo frente a una pantalla debe ponerse en una perspectiva evolutiva: los niños pequeños necesitan experiencias de la vida real con personas reales, y los padres son los mejores dispositivos que pueda haber.

A menudo el tipo de juego que necesitan los niños pequeños es aquel que se practica por cuenta propia, sin intervención de los padres ni de otros niños como compañeros de juego. Cuando los niños juegan juntos, generalmente ocurre que uno de ellos dirija el juego, mientras los demás se vuelven receptores pasivos de sus instrucciones e ideas. Un niño pequeño requiere tiempo para sumergirse en su propio mundo con el propósito de expresarse o de explorar. Los padres piensan a menudo que tienen que jugar con el niño, y aunque esto no es perjudicial, normalmente sirve para satisfacer las necesidades relacionales del niño. Es importante tener en cuenta que los niños menores de 3 años tienen una capacidad muy baja para jugar solos, debido a su intensa necesidad relacional. Como una banda elástica que sólo se puede estirar hasta cierto límite, ellos tienen necesidad de regresar a la base de su vínculo para llenarse de contacto y cercanía, antes de aventurarse a jugar otra vez. A medida que el niño se vincula más profundamente y se desarrolla como una persona separada, debe ser capaz de jugar por su cuenta durante períodos más largos.

La mayor fuente de libertad que requiere un niño pequeño es el regalo de una relación profunda con sus padres o cuidadores. En la jerarquía de las necesidades del niño, el vínculo es la más grande y útil fuente de libertad para que el verdadero juego se despliegue plenamente. Un niño tiene que descansar en sus relaciones, de manera que su hambre de contacto y cercanía esté satisfecha. El niño necesita amor para sentirse satisfecho, y debe sentirse lo suficientemente significativo para sus padres para sentirse importante. Cultivar el tipo de relaciones que lleven al descanso se explora en detalle en los capítulos 4 y 5, pero se aborda a lo largo de todo este libro.

Estrategias para promover las condiciones que favorecen el juego

Si "el juego espontáneo es la delicada danza de la infancia que fortalece la mente y el cuerpo",[34] entonces, ¿cómo podemos estimular a un niño para que pase el tiempo jugando? A continuación, se mencionan cuatro estrategias que ayudan a preparar el escenario para que el verdadero juego pueda desplegarse.

1. Responder al hambre de contacto y cercanía

El tiempo de juego debe estar precedido por el contacto y la cercanía de una figura de vinculación, de manera que las necesidades relacionales del niño pequeño estén satisfechas. Un ejemplo que podría servir para explicar lo dicho consiste en imaginar que el niño pequeño dispone un tanque con combustible de vinculación que tiene que estar lleno al máximo, o hasta desbordar, antes de que el juego pueda surgir. Esos tanques de vinculación pueden vaciarse rápidamente, sobretodo en niños de 2 a 3 años o en niños más sensibles. Conforme un padre satisface la necesidad de vinculación del niño, puede esperar a que el niño lo "aleje", indicando así que su necesidad de relación y afecto ya está colmada. Una madre lo explicaba de esta manera:

> Después de varios intentos, descubrí al fin cómo ayudar a Oliver, mi hijo de dos años y medio, a experimentar el verdadero juego. En cuanto estaba bien descansado y alimentado y había recibido mucha atención de mi parte, lo arrumaba hasta que pareciera que quería apartarse de mi. Entonces le preguntaba si quería jugar y lo ponía en el piso. Me di cuenta de que tenía que quedarme en el mismo cuarto con él, ya que él de vez en cuando se aseguraba de que yo estuviera ahí. Tampoco podía estar haciendo algo interesante ni observarlo directamente, porque eso distraía su atención. Cuando había jugado lo suficiente, se acercaba a mí otra vez para más atención y cariños. Yo entonces le leía un cuento o hacíamos alguna otra cosa juntos, y luego él me alejaba de nuevo. Me sorprendió ver lo bien que podía jugar solo cuando simplemente le daba lo que necesitaba y esperaba a que se apartara de mi nuevamente.

2. Crear espacios vacíos para llenar

Una de las condiciones previas para que se desarrolle el juego es que haya espacio y tiempo libres, sin actividades que compitan, y que el contacto con pares o hermanos esté limitado. El niño a menudo practica el juego expresivo y la exploración por sí solo en el momento en que sus intenciones pueden tomar la delantera. Los niños necesitan materiales para poder jugar y espacio para explorar y expresarse. Esto puede ser algo tan sencillo como facilitarle papel, bloques, juguetes o un patio al aire libre con bastones y lodo. El adulto tendrá que hacer espacio para la iniciativa, la creatividad y la originalidad del niño, poniéndolo a cargo de su juego siempre que sea posible. Un padre dijo: "Estaba leyendo el periódico mientras mis hijos jugaban en el jardín. Mi esposa les había asignado un área del mismo y les había dicho que podían hacer ahí lo que quisieran. Parecían contentos así que yo seguí leyendo. Cuando volví a observarlos, me di cuenta de que habían cortado muchas de las flores que mi esposa cultivaba en el resto del jardín y las habían plantado en su pedazo de tierra". El padre dijo que estuvo pensando durante un buen rato en cómo explicarle a su esposa que él había llegado a la conclusión de que aquella negligencia benigna era en realidad una buena cosa para el desarrollo de sus hijos.

Los intereses del niño en el juego deben de tener la prioridad sobre las intenciones del adulto. Una madre explicó:

Mi esposo es un ávido ciclista y estaba impaciente por enseñar a mi hija a montar en bici. Cuando ella tuvo su propia bici, él trató de enseñarle a montarla, pero ella sólo quería jugar con los banderines y lavarla. Finalmente le dijo a su papá que quería caminar llevando la bici alrededor de la manzana, y mientras lo hacían, ella se detenía cada diez pasos para tomar un traguito de agua de su botella y la volvía a poner cuidadosamente en el portavaso. Mi hija se divirtió enormemente jugando con su nueva bicicleta, pero mi esposo estaba totalmente abatido porque ella no quería montarla.

Cuando se le enseñó al padre a ver que la motivación del juego de su hija era más importante que la suya, fue capaz de hacer a un lado sus expectativas y deleitarse con la diversión de su hija.

3. Crear una estructura, un ritual y una rutina para proteger al juego

El juego no es algo urgente, y por lo tanto, se pierde fácilmente en medio de las actividades de la vida diaria. Para proteger y preservar el tiempo y el espacio para el juego, utilizamos rutinas o rituales. Por ejemplo, un padre puede decidir cuántas "citas" para jugar debe haber en una semana. Un padre puede crear una rutina diaria que balancee las actividades formales y el tiempo de juego, asegurándose de que éste no se deje de lado. En el caso de dispositivos digitales, sencillos rituales que dirijan cuándo, dónde y cómo se usarán, pueden ayudar a limitar el tiempo en que el niño esté expuesto a ellos y evitar problemas. Es mejor dejar los dispositivos fuera de la recámara de un niño pequeño, y éstos nunca deben usarse como premio ni tampoco quitarse como castigo. Si no están a la vista, estarán lejos de la mente del niño pequeño.

4. No interferir en el juego con elogios o recompensas

Mientras más trate el adulto de reforzar el gusto por el juego con elogios o premios, más va a obstaculizar su desarrollo. Cuando un padre le dice a su hijo que está muy orgulloso de su juego o del resultado, el niño puede convertir el juego en una búsqueda de vínculo. Esto se puede remediar fácilmente, apreciando lo orgulloso que se siente el niño de su propio logro o el gusto que siente por haber logrado algo por sí solo. La clave es no utilizar el elogio para manipular su conducta, y estar conscientes de que el juego verdadero requiere espacio para llevarse a cabo. Cuando el niño está inmerso en el juego, la negligencia benigna podría ser el mejor acercamiento, como lo ejemplificó un padre en la siguiente historia:

> Mi hijo acostumbraba sentarse al piano con su hermana y preguntarle qué canción quería que le tocara. Un día le ofreció dos opciones: "*Puff the Magic Dragon*" o la canción sobre un país llamado Agatera. Mi hija Skylar le dijo que quería la canción de Agatera. Mi hijo quiso complacerla y, aunque él no toma clases de piano, compuso una canción sobre el país Agatera, con la tonada de "*Puff the Magic Dragon*". Estuve a punto de reírme a carcajadas, así como de elogiarlo por ser tan creativo. Finalmente, no dije nada porque temí interrumpir su juego.

Los adultos fomentan el juego sólo cuando lo valoran y reconocen como una necesidad básica para los niños. El juego no es una necesidad urgente y su importancia se ha enmascarado por la preocupación por el desempeño, los resultados inmediatos y los logros. Los adultos necesitan amortiguar el impacto de la innovación tecnológica, del rápido cambio social y de la globalización económica; así como contrastar su propia ansiedad acerca del éxito de sus hijos, siendo esta una amenaza que realmente puede acabar con el gusto por el juego. Los niños deben perderse completamente en sus juegos para lograr descubrir quiénes son.

¿Cuáles son las implicaciones del trabajo y la educación en los primeros años?

Dada la necesidad de juego en los primeros años de vida, es común que los adultos se pregunten cuándo estará listo el niño pequeño para trabajar y empezar la educación formal. La respuesta es cuando el cerebro esté suficientemente desarrollado. En condiciones de un desarrollo ideal, esto ocurre típicamente entre los 5 y los 7 años de edad. Cuando el niño sea capaz de tener sentimientos y pensamientos encontrados, tendrá el control de impulsos que necesita para participar con éxito en actividades que requieran paciencia, consideración y enfocar su atención (vea el capítulo 2). La capacidad para el trabajo requiere que el niño pueda alargar el momento de la gratificación, sea capaz de sacrificio y haga a un lado la diversión mientras se concentra en un resultado. Por ejemplo, un niño de 6 años le dijo a su mamá que no le gustaba el primer grado "porque tienen escritorios y me tengo que sentar y trabajar. Quiero jugar y brincar, pero me tengo que sentar si no mi maestra se enoja conmigo". Es evidente que este niño ya está listo para ir a la escuela porque tiene la capacidad de sentir y expresar sus sentimientos encontrados.

Los investigadores han estudiado la eficacia de comenzar la educación formal de un niño a partir de los 7 años. En los Estados Unidos de América como en Dinamarca cuando se hicieron pruebas alargando el kínder hasta esta edad, se comprobó que se reducía enormemente el número de estudiantes susceptibles de manifestar problemas de atención o de hiperactividad, y aumentando de esta manera los logros de los estudiantes.[35] Atrasar el inicio de la educación formal permite que se de en el cerebro de los niños la integración de las áreas prefrontales, dando lugar a una atención enfocada y al control de los impulsos. En otras palabras, es la madurez, no la instrucción formal temprana, la respuesta al éxito del estudiante.

Hasta que el niño entre en "la edad de la razón", conviene inyectar diversión a cualquier actividad que pudiera considerarse trabajo, tal como recoger juguetes, limpiar, aprender a ir al baño, realizar las tareas de higiene personal, o el aprendizaje de los números y las letras. Por ejemplo, una madre nos dijo al respecto: "Usé colorantes de alimentos para hacer más divertida la enseñanza de ir al baño. Dejaba que mi hijo escogiera el color, ponía unas gotitas en el excusado y él hacía ahí pipí para ver cómo el agua cambiaba de color.

Era muy divertido y resolvió totalmente la resistencia que tenía para aprender a ir al baño".

Hoy en día uno de los grandes temas en la educación es la preservación del juego en los ambientes preescolares. A esta edad, el enfoque debe ser la educación basada en el juego, más que la instrucción o los cursos académicos formales. Sin embargo, este enfoque está amenazado por parte de la instrucción y educación formal y defender los primeros años de los niños se ha vuelto un asunto de alcance global, desde en los Estados Unidos de América hasta en Nueva Zelanda. En algunos países, la instrucción y escolaridad tempranas se están introduciendo cada vez más rápidamente y niños de 3 y 4 años de edad ya aprenden matemáticas e inglés a través de una enseñanza formal. Peter Gray, psicólogo y autor del libro *Free to Learn*, afirma que los ambientes de kínder y preescolar se han convertido en el último campo de batalla para la preservación de la primera infancia.[36]

La *National Association for the Education of Young Children* afirma que estándares académicos en los Estados Unidos presionan para fomentar los estudios formales en edad temprana, ya que consideran que favorecen una buena preparación para acceder a los puestos de trabajo y la universidad.[37] En el Reino Unido, la *Professional Association for Childcare and Early Years* argumenta que los estudios formales tempranos no deberían ser el foco de los programas para preescolares, sino que los años de la primera infancia deberían ser un tiempo para promover la creatividad, estimular el deseo de aprender y ayudar al niño a ser cada vez más independiente.[38] En Nueva Zelanda, el programa de estudios para la primera infancia, denominado *Te Whariki*, se creó a partir de la visión que los maoríes tienen de los años de la primera infancia que consideran como una etapa *de* la vida, y no como una etapa de preparación *para* la vida.[39] Incluso países como Islandia y Suecia, conocidos por el valor que le reconocen al juego en los primeros años de vida de un niño, están siendo presionados para introducir temas académicos en los programas preescolares.[40] Afortunadamente, otros países como Dinamarca y Finlandia, así como Canadá, siguen siendo sólidos partidarios del juego como el mejor ambiente para los niños menores de 6 o 7 años. Finlandia ha recibido una gran atención al desempeñarse como uno de los mejores países en el Programa Internacional para la Evaluación de Estudiantes (PISA) de la OCDE, que mide los sistemas de educación en todo el mundo.[41] A los niños finlandeses se les ofrece una educación fuertemente basada en el juego y los estudios formales se introducen típicamente después de los 6 años.[42]

Cuando la educación basada en el juego constituía todavía la norma y antes de que se implementara el horario de día completo en el *kínder*, también Canadá estuvo dentro de los primeros lugares de la medición PISA.[43] El cambio a la implementación del horario de día completo en kínder se promovió como un medio para dar a los niños una ventaja académica, pero ha fracasado en producir los resultados esperados. En las evaluaciones de la implementación del Programa de día completo y aprendizaje temprano en kínder de Ontario, las mejoras académicas han sido menores, irrelevantes e, incluso, han mostrado resultados a favor del programa de medio día para kínder.[44] Estas conclusiones apoyan lo que los investigadores de la Universidad de Duke encontraron en su meta-análisis de los programas de kínder de día completo: según se midió en el 3er grado, no se encontraron beneficios académicos de largo plazo en los programas de día completo para kínder. Acabaron concluyendo que el horario de día completo para kínder debería estar disponible para todos, pero no ser obligatorio.[45] La investigación apoya la idea que la educación temprana y el kínder de día completo sirven sobretodo a las necesidades de los niños cuyos padres no pueden proporcionarles las condiciones necesarias para el juego real.[46]

La investigación sobre la eficacia de los estudios formales en los niños pequeños ha demostrado consistentemente su ineficiencia. A pesar de los programas de alfabetización temprana para los preescolares en el Reino Unido, las habilidades de lectura de los niños británicos figuran entre las más bajas en Europa, más bajas incluso que en países donde los niños empiezan a leer a edades más tardías.[47] No existe *ninguna* evidencia, a nivel global, que sugiera que aprender a leer a los 5 años conduzca a un mayor éxito académico.[48] Así mismo, presionar por que se sigan estudios formales demasiado pronto, puede impactar negativamente en la disposición y motivación del niño para aprender.[49] Hacer que el niño lea a los 5 años puede generar estrés y ser percibido como una imposición. El deseo natural de los niños de comprender su mundo se ve sofocado por las hojas de trabajo, las evaluaciones o la asistencia a los salones de clase, y les impide la exploración y la expresión. Una presión temprana por los estudios formales se ha visto ligada a una disminución de la curiosidad y creatividad, ambas víctimas de la búsqueda apresurada de conocimiento y aprendizaje.[50] Los niños pequeños que asistieron a programas preescolares con estudios formales presentaron mayor ansiedad hacia los exámenes, mostraron menor creatividad y veían la escuela más negativamente que los niños que asistieron a programas preescolares basados en el juego.[51]

Hay una tendencia continua y alarmante a empujar a los niños pequeños hacia los estudios formales, ignorando las aseveraciones de la ciencia del desarrollo que indican que la instrucción a esa edad es demasiado prematura y socava la sana maduración. Podemos ayudar a los niños pequeños a alcanzar su máximo potencial humano como estudiantes, pero esto *tiene que suceder a través del juego y no a sus expensas*. Como la experta en desarrollo infantil, Nancy Carlsson-Paige, afirma: "Nunca, ni en mis peores pesadillas, pude imaginar que tendríamos que defender el derecho de los niños al juego".[52]

4

El hambre de conexión

POR QUÉ LAS RELACIONES IMPORTAN

Ninguna inversión está libre de riesgo. Amar significa ser vulnerable.
Si sientes amor por alguien o por algo, el corazón sin duda se te retorcerá
y posiblemente se te romperá. Si quieres asegurarte de conservarlo intacto,
no entregues tu corazón a nadie, ni siquiera a un animal. Envuélvelo
cuidadosamente en pasatiempos y pequeños lujos; evítale cualquier enredo;
enciérralo bien dentro del cofre o el féretro de tu egoísmo. Pero en ese cofre,
donde estará a salvo, a oscuras, inmóvil y sin aire, se transformará.
Ahí no se romperá; se volverá inquebrantable, impenetrable, irrecuperable.
C.S. LEWIS[1]

Penélope era una niña de tres años a quien conocí un día mientras jugaba con mis hijas en el parque. Después de jugar juntas a las canicas, quedó claro que ella planeaba seguirnos adonde nosotras fuéramos. Cuando le pregunté quién la estaba cuidando, señaló hacia el otro lado del parque a una mujer que estaba ocupada conversando con otra persona. Un poco después, le dije a Penélope que debía regresar con la persona que la cuidaba. Me miró desafiante, pero después de alguna insistencia de mi parte, la empujé con cuidado en la dirección de la mujer que conversaba. Volví mi atención hacia mis propias hijas, sólo para sentir de repente una manita que se aferraba a la mía. Sorprendida, vi que ahí estaba Penélope otra vez. Me dijo que quería venir conmigo. Le dije de nuevo que debía ir con la persona que la cuidaba y levanté mi mano para llamar la atención de la mujer a lo lejos. Diez minutos más tarde, Penélope de nuevo estaba conmigo, pero esta vez gritaba: "Columpio, columpio, columpio". Tomé a Penélope y me acerqué a su cuidadora, interrumpí su conversación y le dije que Penélope estaba enojada porque quería subirse al columpio. Su cuidadora me miró de manera inexpresiva y me dijo: "Sí, está enojada porque quiere que tú la empujes en el columpio". Atónita, molesta y confundida, no podía creer la respuesta de la mujer. Yo era una extraña para esta niña y no era sano que ella me persiguiera sin conocerme. Le dije a Penélope que su cuidadora la empujaría en los columpios y que yo tenía que ocuparme de *mis* hijas. Me alejé molesta mientras oía a Penélope llorar, enojada porque su cuidadora no mostraba ningún deseo de ocuparse de ella.

La conducta de Penélope se debía a su intensa hambre de contacto y cercanía. La niña estaba hambrienta de tener una relación con alguien, y su único deseo era perseguir a cualquier extraño que le ofreciera una posibilidad de calidez y conexión. Aunque una parte de mí anhelaba cuidarla, sabía que no debía contribuir a que la niña se acostumbrara a seguir a cualquier extraño porque, finalmente, eso no le haría ningún bien. Penélope no hacía nada indebido; sólo seguía sus instintos de querer encontrar a alguien con quien sentirse "en casa". Lo irónico era que a Penélope no le faltaban las comodidades de un hogar. Era una niña bien vestida, tenía un lindo vagón para jugar, un parque hermoso y un vecindario libre de peligros donde poder jugar. La mayoría de la gente que la viera pensaría que estaba bien y que tenía lo que necesitaba para crecer. Pero la realidad era que a Penélope no le iban nada bien las cosas y que tenía mucha hambre de cariño.

La historia de Penélope demuestra el reto de la vinculación: su naturaleza, casi siempre invisible, sale a flote sólo cuando se tienen ojos para verla o cuando, por el instinto de cuidado, estamos movidos a responder a su llamado. La historia de Penélope también destaca la manera en que los niños buscan satisfacer sus necesidades de vinculación cuando quien debería procurarles ese vínculo no asume su responsabilidad. Los niños no deberían tener que esforzarse para conseguir el amor de alguien. Deberían poder confiar en el cuidado de alguien para así poder jugar y madurar. Es por eso que las relaciones son tan importantes.

El hambre de conexión y la invitación al descanso

T.S. Eliot escribió: "El hogar es el lugar de donde partimos",[2] pero ¿qué hace que un niño pequeño se sienta en casa? Los niños no se sienten realmente en casa en cualquier sitio donde se les coloque: deben arraigarse y este arraigo lo crea el vínculo. El sentido de hogar es mucho más que una mera localización geográfica o una estructura física; es un lugar emocional donde el niño encuentra alimento para su hambre de conexión. El niño necesita una casa llena de relaciones, pero esto no se crear de la nada: necesitamos invitar al niño a que participe en la relación e invitarlo a que descanse confiado bajo nuestro cuidado. No se pueden dar instrucciones explícitas sobre cómo amar o cuidar a otra persona, mas bien, podemos promover la idea de en que el vínculo es la respuesta a nuestra mayor necesidad como seres humanos. Más de 60 años de investigación sobre el vínculo han demostrado que lo que todo niño necesita es tener por lo menos a un adulto fuerte y cariñoso a quien vincularse. El vínculo se define como *el impulso o la relación caracterizada por la búsqueda y preservación de cercanía.*[3] Los seres humanos buscamos mantenernos cerca de las cosas o personas con quienes estamos vinculados. Para que exista un desarrollo sano, los niños pequeños necesitan vincularse con quienes los cuidan, aunque también pueden vincularse con objetos o con otras personas, desde ositos de peluche hasta los abuelos. No se puede decir de una persona que está demasiado vinculada, pero sí se puede decir que su vínculo es insuficiente. El instinto de vinculación está alimentado por el sistema límbico, al que también se le conoce como centro emocional del cerebro.[4] Se han encontrado indicios de sustancias químicas como la oxitocina y la vasopresina que han sido asociadas al vínculo. Se cree que estas sustancias tienen la fuerza de un súper-pegamento, que nos une los unos a los otros.[5]

El vínculo es la necesidad más importante de un niño pequeño. Su *instinto de búsqueda* innato lo empuja a buscar personas que sean la respuesta a su pregunta: "¿Quién va a cuidar de mí?".[6] El instinto de búsqueda impulsa al niño a formar fuertes vínculos que alimentarán su hambre de relación y le proveerán una *base segura* donde sentirse "en casa".[7] No es el amor de los *padres* hacia el hijo lo que les otorga el poder en su papel de cuidadores, sino que es el vínculo que siente el *hijo* por ellos. Simone, de cinco años, describió bien esto durante un picnic con su madre:

Simone: "Estoy tan contenta de estar viva, mamá".
Madre: "Yo también. ¿Por qué te sientes así?".
Simone: "Porque te tengo a ti".
Madre: "Entiendo perfectamente lo que quieres decir".

Los padres tienen que trabajar para construir el vínculo de manera que el niño pueda dar por sentado que está invitado a descansar en él.

Cada vez que el niño está lastimado o asustado, debería buscar refugio en su hogar relacional. Así lo explicaba la madre de Chloe, una niña de cuatro años: "Cuando Chloe está muy enojada, grita: '¡Quiero ir a casa!... ¡Quiero ir a casa! ...'. Al principio yo estaba muy confundida y le señalaba que ella ya estaba en su casa, pero gritaba más fuerte y decía: '¡Quiero ir a casa con mamá!'. Chloe parece perdida en esos momentos y sólo quiere el consuelo de mis brazos".

Tampoco es por casualidad que los niños pequeños lleven incorporados unos "dispositivos de localización" que lanzan señales de alarma cuando sienten que están apartados de sus cuidadores y necesitan atención. La madre de dos niños pequeños explicó: "Cada vez que hablo por teléfono, mis hijos me rodean como tiburones. Comienzan a darse jalones, a tirarse de la ropa, a pelear y gritar hasta que termino la llamada y les hago caso. No tengo ni un minuto para mí". Los niños pequeños son criaturas de vinculación, y no darse cuenta de esto eclipsa la comprensión de lo que impulsa la mayor parte de su comportamiento.

La búsqueda incansable, insistente, hambrienta del niño pequeño por su cuidador no es nada nuevo. En 1958, John Bowlby, el psiquiatra británico que acuñó el uso del término *vínculo*, les dijo a los padres: "El hambre del niño pequeño por el amor y la presencia de su madre es tan grande como el hambre que siente por su alimento".[8] También les dijo que debían esperar que sus hijos pequeños les hicieran demandas incesantes, particularmente cuando estaban asustados o enojados. Bowlby alegaba que éste era un proceso natural y que, aunque los padres se sienten por momentos abrumados y cansados, las exigencias del niño disminuyen con un sano desarrollo y el resultado es un niño más seguro de sí mismo. Cuando uno se da cuenta de lo grandes que son las necesidades de vinculación del niño pequeño, comprueba la enorme generosidad que se requiere por parte de los padres.

Dorothy Briggs escribió lo siguiente en su libro *Your Child's Self-Esteem*: "Nutres a partir de la abundancia, no del vacío".[9] El rebosamiento es lo que más importa cuando se trata de saciar el hambre de vinculación. Con una generosa provisión de cariño y cuidados invitamos a nuestros hijos a la relación y los abastecemos. Gracias a la abundancia, el niño descansa libremente bajo nuestro cuidado y da por sentado que ahí estamos para satisfacer lo que necesite. Nuestra generosidad es el complemento perfecto para su hambre de contacto y cercanía, y lo empuja a orbitar a nuestro alrededor. Sofía, de cinco años, le transmitió a su madre cómo experimentaba la generosidad de su cuidado y los efectos que eso tenían en ella:

> A veces sueño, cuando me estoy despertando, que tengo conmigo una medida de amor y tú también tienes otra. Tu medida de amor siempre es más alta que la mía, y entonces yo trato con todas mis fuerzas de hacer subir la mía hacia arriba para alcanzar la tuya. Justo cuando llego a igualarte, tu medida siempre brinca más hacia arriba. Trato de hacer que mi medida de amor suba más y más alto para alcanzar a la tuya, pero cada vez que lo hago, la tuya siempre es más grande otra vez. Nunca puedo alcanzar a tener tanto amor como tú tienes en tu medida, mamá.

Al oír esto, la madre se dio cuenta de que su invitación a la relación había triunfado sobre la búsqueda de conexión de su hija.

La forma y la expresión de una invitación generosa a la vinculación cambiarán dependiendo de cada situación. Por ejemplo, si un niño pequeño pide un abrazo, los padres pueden darle cinco o más; pero cuando el niño está enojado por una negativa de los padres, la generosidad puede consistir en crear el espacio para las lágrimas que tenga que derramar. Cualquiera que sea el escenario, necesitamos invitar a nuestros hijos a la relación buscándolos y sosteniéndolos, tanto durante las tormentas como en los buenos momentos. Satisfacer el hambre intensa de vinculación de un niño pequeño es un verdadero desafío para cualquier padre, pero debemos saciarla.

Los primeros años de vida son los años hambrientos. Los niños pequeños son buscadores incansables que sólo se sacian cuando se les permite deleitarse con la conexión humana. La vinculación es un objetivo primario para ellos, y un adulto fuerte, cariñoso, generoso, es la respuesta suprema para su logro. Aunque la mayoría de los padres, maestros, abuelos y cuidadores están de acuerdo intuitivamente sobre la importancia de las relaciones adulto-niño, habitualmente me hacen las siguientes preguntas:

- ¿Cómo se construyen vínculos fuertes con los niños?

- ¿Se puede estar demasiado vinculado?

- Si tuve problemas de vinculación cuando era un niño, ¿puedo aun así vincularme con mi hijo?

- ¿Es malo si no me he vinculado con mi hijo de inmediato en el momento en el que nació?

- ¿Puedo trabajar y dejar a mis hijos en una guardería y aun así tener una relación fuerte con ellos?

- ¿Qué pasa si soy padre soltero o madre soltera, y soy lo único que mi hijo tiene?

- ¿Cómo puedo hacer para que mi hijo se vincule con su maestro?, ¿con sus abuelos?, ¿con sus hermanos?

Estas preguntas son alentadoras, porque señalan un cambio en el enfoque de las relaciones entre niños y adultos. Lo que tiene que quedar claro es *quién* se supone que debe alimentar a los niños en sus relaciones, *cómo* deben ser alimentados y *cómo* sirve esto a su desarrollo. Lo que está claro es que los adultos son responsables de satisfacer el hambre relacional del niño. La respuesta de los padres a la necesidad de contacto y cercanía de sus hijos influye en la trayectoria de su crecimiento y en la realización de su potencial humano.

¿Cómo se ve una buena vinculación?

Una de las cosas de las que mi abuelo estaba más orgulloso con respecto a su jardín, era de su tierra. Atesoraba la tierra oscura y rica, una mezcla de material de composta con el que constantemente experimentaba y que contenía "los secretos de la maduración". Siendo niña, me preocupaba muy poco por su tierra y ponía más atención en ver cuándo estarían las frutas maduras y las verduras a punto. Al percibir mi impaciencia, él me recordaba que no debía subestimar la importancia de una buena base, incluso aunque no pudiera ver directamente los beneficios. Lo que él sabía intuitivamente era que cuanto más profundas son las raíces, mejor es la cosecha. En retrospectiva, me doy cuenta de lo mucho que entendía sobre la vinculación. Trabajaba cultivando raíces fuertes que alimentaban y sostenían la maduración. A él no le gustaban los atajos ni los medios artificiales para llegar ahí: mi abuelo era orgánico hasta la médula.

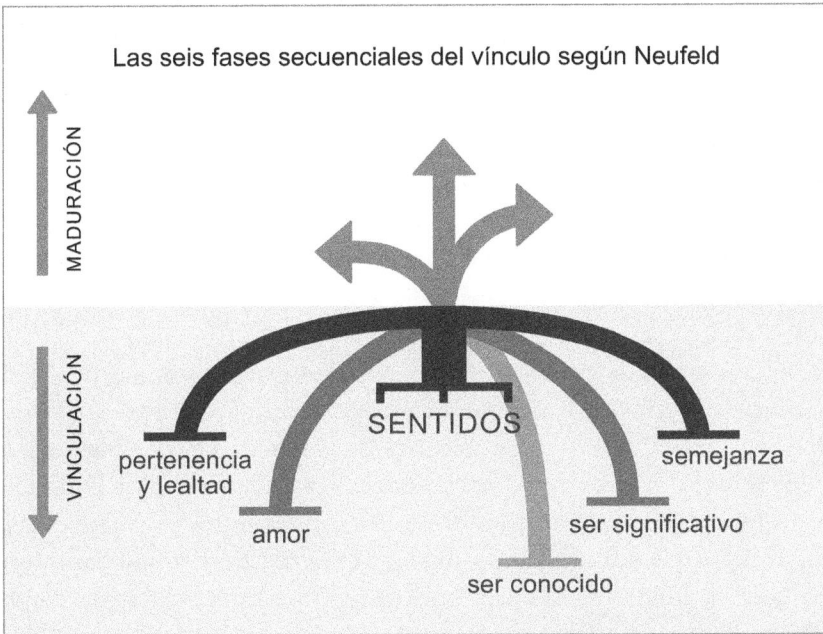

Figura 4.1 Adaptada del curso Neufeld: *El acertijo del vínculo*

"Las seis fases secuenciales del vínculo" según Neufeld describen cómo se despliega idealmente el vínculo durante los primeros seis años de vida. Cada fase secuencial debería añadir mayor complejidad y profundidad a la capacidad del niño de vincularse a los demás. Cada fase debería ofrecer una nueva forma de buscar a alguien y poder mantenerlo cerca. Cuantas más maneras tenga el niño de mantener sus vínculos cerca de él, mayor será el impulso para su maduración hasta convertirse en un ser separado, adaptativo y social. Aunque los niños nacen con capacidad de relación, sus instintos de vinculación tienen que ser activados mediante la provisión de un cuidado y cariño constantes y predecibles. Nunca es demasiado tarde para realizar el potencial de vinculación, aun si no se desarrolló durante los primeros seis años de vida.

1. Vinculación a través de los sentidos: al nacer

Durante el primer año de vida, los niños son seres sensoriales, que despiertan a su mundo exterior y se vinculan a través del tacto, gusto, olfato, oído y vista. Pueden tratar de tocar el pelo o las caras y dar besos pegajosos, como si trataran de devorar a las personas. Muchos bebés quieren que los carguen, mientras sus ojos buscan a sus cuidadores y emiten alaridos cuando pierden el contacto visual con ellos. El poder tranquilizador de un arrullo o de una canción de cuna surge de la sensación de sentirse cercano que experimenta el bebé al escuchar una voz conocida. Los bebés también empiezan a emitir sonidos dirigidos a sus cuidadores, que incluyen los murmullos, balbuceos y nombres: "*tata*", "*mama*". Están en sintonía total con los olores asociados a sus seres queridos, tales como el perfume de mamá: Si sus vínculos están fuera de la vista y del oído, puede que estén cerca de ellos a través del "olfato". La sensibilidad general y la receptividad sensorial de un niño modelarán el tipo de interacciones que para él son tranquilizadoras. Se necesita el contacto físico constante y regular con los cuidadores para desarrollar el vínculo a nivel de los sentidos. Aunque al nacer los bebés están preparados para reconocer los sonidos y los olores de su madre biológica, tienen que pasar, en promedio, de 6 a 8 meses para que sus cerebros estén suficientemente desarrollados para ligarse a una persona como vínculo primario.[10] Lo anterior también podría desarrollarse más tarde, después de los 6 a 8 meses, si ha ocurrido una separación como consecuencia de factores ambientales. El hermoso diseño de la vinculación es tal, que el vínculo primario no se da necesariamente con la persona de la que nació el niño, sino con la persona que lo cuida de manera constante. Los niños tienen tendencia a vincularse a la gente que les ofrece la mejor invitación y los cuidados más constantes. Este vínculo primario será clave para conformar la identidad temprana del niño y para desplegar su capacidad como ser relacional. Esa persona clave también será capaz de introducir al niño otras figuras de vinculación, construyendo así la villa que ayudará a criarlo.

2. Vinculación a través de la similitud (ser parecido): a partir del primer año de vida

Si todo se desarrolla bien, el niño de un año empezará a mantener sus vínculos a través de la imitación y la similitud. Los niños pequeños son imitadores naturales y adoptan los sonidos, preferencias y gestos de aquellos con quienes están vinculados. En síntesis, ser "igual que" alguien más es la manera de mantenerlo cerca. La madre de un niño de dos años, llamado Jamie, nos contó la siguiente conversación entre su hijo y su abuela un día durante el almuerzo:

Jamie: "Abuela, toma el mío".
Abuela: "Está bien, Jamie, yo tengo mi sándwich. Tú cómete el tuyo".
Jamie: "No, abuela, por favor".
Abuela: "De veras, Jamie. La abuela tiene bastante. No me gusta el tocino. Yo sólo como verduras".
Jamie (con aspecto enojado): "Abuela, por favor cómete el tocino".
Abuela: "Lo siento, querido, a la abuela no le gusta".
Jamie (echándose a llorar): "Oh, abuela, por favor, quiero que te guste el tocino. A mí me gusta el tocino".

Con frecuencia comentamos cómo los niños "aprenden" cosas de sus padres como si fuera una mera tarea cognitiva. Lo que se nos escapa es cómo el vínculo alimenta la necesidad emocional de ser igual que la gente más cercana. Los niños *son movidos por el deseo* de adoptar la misma forma que sus vínculos. La vinculación alimenta la búsqueda de imitar, de comer la misma comida y adquirir el lenguaje; de ahí el dicho de "aprender la lengua materna". Los valores que el niño adopta tienen más que ver con la persona con quien están vinculados que con el resultado de un aprendizaje. Si sus pares se han convertido en sus vínculos más cercanos, se mimetizarán y los copiarán, dando lugar a una relación inmadura. Aunque de manera intuitiva sabemos que el niño de un año es un imitador, pasamos por alto el significado de con quién quieren estar cerca a través de su imitación. Si uno quiere determinar con quién se está vinculando el niño de un año, tiene que considerar a quién se parece en su forma de hablar o de actuar. La siguiente conversación con los padres de un niño de dos años, reveló una figura particular de vinculación en su vida:

Deborah: "¿A quién se le parece tu hijo de un año cuando habla o actúa?".

Padre: "Aparte de mi esposa y a mí, no estoy seguro. Brayden hace muchos ruiditos como de taladros y martillos en acción y usa herramientas imaginarias en la casa".

Deborah: "¿Quién usa herramientas en tu casa?".

Padre: "Yo no. Mi esposa tampoco".

Deborah: "¿Brayden tiene abuelos que usen herramientas? ¿Ve algún programa de televisión con personajes que las usen?".

Padre: "No, no tiene. La única cosa que se me ocurre es que tuvimos una persona que nos hizo varios trabajos en nuestra casa el año pasado, y él usaba herramientas".

Deborah: "Creo que Brayden está vinculado a la persona que estuvo trabajando en tu casa".

Ambos padres se rieron al darse cuenta de esto, comentando que este trabajador les solía decir que Brayden le recordaba a su hijo. Los adultos a menudo piensan que el vínculo se da a través de roles y responsabilidades, pero el niño considera el vínculo a través de la lente de quien se deleita con él, se divierte y siente calidez hacia él. La vinculación a través de la similitud facilita una meta del desarrollo: la formación de una identidad funcional rudimentaria. El niño de un año se convierte en el conjunto de características y modales que son propios de la gente con quien se relaciona. La forma que adopta es la suma total de sus identificaciones con esos vínculos. Dada su inmadurez, se aferran a las ideas de otros hasta que forman las suyas propias. Estas asociaciones son las semillas de su identidad incipiente, sujeta a cambios al aumentar la sofisticación y la independencia. Por ejemplo, un niño pequeño varón puede querer usar barniz en las uñas como sus hermanas mayores, o una niña pequeña puede querer rasurarse como su papá. La madre de dos niños pequeños nos dijo: "Mis hijos siempre me preguntan si podrán llevar mi ropa o mis joyas cuando sean mayores. También me dicen que quieren usar zapatos que repiqueten como los que yo uso, y quieren perforarse las orejas también para poder llevar mis aretes". La "imitación" que adopta el niño de un año como un medio de vinculación ayuda a formarle una identidad incipiente y le da respuesta a la pregunta de "¿Quién soy?". A quienes buscan parecerse revela quiénes son las personas a quienes quieren tener cerca y es una forma de mitigar la separación de éstas.

3. Vinculación a través de la pertenencia y la lealtad: a partir de los 2 años

Los niños de dos años empezarán a vincularse a las personas y a las cosas a través de la pertenencia y la lealtad. Empezarán a mostrar un comportamiento territorial y posesivo hacia las personas y las cosas, afirmando que les pertenecen. Su deseo de poseer responde al propósito de conservar algo o a alguien cerca para evitar la separación. El vínculo a través de la pertenencia le da al niño un sentido más profundo de conexión al hogar y de pertenencia a un lugar. El niño puede también expresar gozo cuando son los padres quienes se manifiestan satisfechos de tener al niño en su poder, o afirman que el niño les pertenece de manera exclusiva, con frases como: "Ésta es mi hija" o "Éste es mi hijo".

Los sentimientos de posesividad surgirán de manera natural al vincularse a través de la pertenencia. De hecho, esta posesividad indica maduración en el niño como un ser relacional. La necesidad de poseer y los celos resultantes de tener que compartir a alguien son "algo normal y sano en los niños pequeños, que significa que aman, y que han hecho un progreso considerable en su travesía al alejarse de la completa inmadurez con la que empezaron".[11] Una madre recordaba cómo, al cumplir 3 años, la posesividad y los celos de su hija se volvieron en contra de su hermano:

Cuando Ben, el hermano de Brittany, salió de casa para irse con su papá, volteé y le dije a Brittany que yo tenía muchas ganas de pasar tiempo a solas con ella. Brittany me miró y dijo: "Mami, necesitamos una nueva mami". Me tomó por sorpresa, pero me las arreglé para preguntarle por qué ella sentía que era necesaria una nueva mami. Me contestó: "Quiero una nueva mami para dársela a Ben, así yo puedo quedarme contigo".

Aunque la posesividad de los niños de dos a tres años pueda dar lugar a batallas territoriales, sus deseos también deben ser tomados como un cumplido a la relación: ellos buscan tomar posesión sólo de la gente y de las cosas a las que se sienten vinculados. Para ellos, compartir algo o a alguien es mucho pedir, y por eso se muestran reacios a separarse de sus juguetes o de su gente.

Un niño bien desarrollado de dos a tres años deberá empezar a mostrar signos de lealtad después de la aparición del sentimiento de pertenencia. La lealtad implica quedarse cerca de alguien y obedecer reglas, seguir las indicaciones de alguien o tomar partido por alguien. Mostrar apoyo o ser devoto de alguien es una expresión de lealtad. Un padre describía la forma en que su hija Isabella, de tres años, recibía como anfitriona a las visitas:

> Cuando la gente llega a mi casa, oigo a Isabella decirles: "Quítate los zapatos, eso no está permitido" o "Cuelga tu abrigo". Isabella les dice que no corran en la casa y que sean amables con su hermano, aunque él grite y esté llorando. Incluso los lleva a dar un paseo por el jardín y les dice los nombres de todas las flores. La gente cree que es muy lista, pero ella sólo repite lo que nosotros hacemos y lo que nos oye decir.

La lealtad también se expresa normalmente cuando empiezan a tomar partido en situaciones de desacuerdo. Una madre relató la siguiente historia que sucedió en el coche mientras la familia iba a cenar fuera:

> Salimos a cenar y mi esposo iba conduciendo. Yo decidí darle algunas indicaciones amistosas y lo alenté a tomar un atajo al restaurante. A él no le parecieron oportunas mis instrucciones "de copiloto", y me dijo: "Creo que después de 20 años de manejar, sé dónde estacionarme y cómo conducir". Le dije que sólo trataba de facilitar las cosas porque la ruta que estaba tomando estaba muy congestionada. De repente, Nathan le gritó a su padre: "Papi, ¿por qué no le haces caso a mami? Ella sabe cómo llegar".

La lealtad de un niño pequeño es muy personal y es una de las mejores señales de que el vínculo se está llevando a cabo de forma correcta en un niño de dos años. La posesividad del preescolar no se da por casualidad, sino que es una condición necesaria que le permite aventurarse hacia adelante, seguro de ir acompañado de sus vínculos. La vinculación a través de la pertenencia y la lealtad es un contrapeso al sentimiento de separación que experimenta el niño a medida que se convierte en su propia persona.

4. Vinculación a través de ser significativo (ser importante): a partir de los 3 años

Aproximadamente a los tres años, lo ideal es que el niño empiece a vincularse a través de la significación. Llegado a esa edad buscará ser alguien especial y apreciado a los ojos de quienes lo miran. Buscará aprobación, tendrá hambre de ser visto y escuchado, y querrá ser importante para aquellos con quienes está vinculado. La invitación al contacto y a la cercanía por parte de la figura con quien está vinculado es como el oxígeno para un niño pequeño, y tienden a pararse más derechitos y a sentirse más importantes como resultado de esa cercanía. Todavía recuerdo el deseo que yo tenía de ser importante para mi madre: su sonrisa y calidez llenaban a rebosar mi corazón durante horas. La madre de una niña de tres años y medio nos contó la siguiente historia, revelando el hambre de su hija por ser significativa:

Recogí a Genevieve del kínder y, mientras íbamos caminando a casa, le dije que había visto en su clase a una niñita que me parecía adorable, tenía una hermosa sonrisa y se estaba divirtiendo mucho. Mientras hablaba de esta niñita y de lo especial que me parecía, Genevieve empezó a mostrarse molesta. Le pregunté si sabía el nombre de la niña y me dijo: "¡No!". Entonces le dije que la niñita de la que hablaba era ella y que la había estado observando desde la ventana de la clase. La sonrisa en la cara de Genevieve fue enorme cuando se dio cuenta de que había estado hablando de ella todo el tiempo.

Los padres pueden transmitir al niño que es significativo prestándole toda su atención, recordando lo que es importante para ellos, o transmitiendo alegría al estar con ellos.

Cuando el niño se vincula a través de ser significativo, se vuelve sensible a señales que indican que es apreciado, tenido en alta estima, que es importante, y percibe el deleite que sienten aquellas figuras con quienes está vinculado. Un niño observa lo que es importante para los padres y se esfuerza por obtener su aprobación, con el fin de satisfacer sus propias necesidades de vinculación. Por ejemplo, el niño puede empezar a buscar atención y elogios con exclamaciones como "fíjate en mí" o "mira lo que hice", para ser significativo: una obsesión por la vinculación. El problema es que no hay un verdadero descanso cuando el niño tiene que esforzarse para conseguir satisfacer sus necesidades de vinculación. Cuando el niño tiene que esforzarse para ser importante, no está descansando bajo el cuidado de la figura con quien se ha vinculado. Cuando el niño se esfuerza por ser amado, no puede jugar y madurar, y se angustiará tratando de ser visto como "suficientemente bueno", en lugar de sentirse suficientemente bueno, sólo por ser como es. Por esta razón el elogio puede ser problemático con los niños pequeños, pues pueden empezar a esforzarse para complacer a sus cuidadores a fin de sentirse significativos. Un sentido sano de sí mismo se construye sobre la sensación de saberse querido tal y como uno es, y de este modo la autoestima se desarrollará de forma natural.

Un niño que quiera ser importante para alguien, será más vulnerable que en las fases anteriores del proceso de vinculación. Cuando el niño busca ser importante para alguien, el rechazo o la falta de invitación de los demás puede ser doloroso y alarmante. La experiencia en un niño de tres años de no sentirse bien recibido o querido puede dar lugar a la vergüenza, el sentimiento de que algo está mal en su ser. Esto puede llevar al niño a que trate de ser más atractivo a los ojos de su espectador o de menospreciarse a sí mismo a fin de encajar en los parámetros de vinculación que se consideren aceptables. Para que la autoestima del niño tenga una base sólida, su sentido de ser significativo necesita estar separado por completo de su desempeño.

El niño de tres a cuatro años usa a sus figuras de vinculación como espejos psicológicos para reflejar su identidad emergente. Lo que ellos vean influirá en cómo se verá a sí mismo, especialmente con señales que son repetitivas e intensas por naturaleza. Por ejemplo, si un niño ve que sus padres disfrutan estando cerca de él, tendrá un mejor concepto de sí mismo que si se le dice repetidamente que es difícil de tratar o es un niño problemático. La necesidad de ser importante para alguien es un anhelo que lo conducirá a buscar ser significativo en donde sea si no lo es en el hogar: tal y como Penélope hizo conmigo. Los niños necesitan descansar de trabajar en la vinculación, y de leer en dónde hay una invitación al contacto y la cercanía y en dónde no la hay.

5. Vinculación a través del amor: a partir de los 4 años

Si el desarrollo se está llevando a cabo debidamente, el niño de cuatro a cinco años entregará ahora su corazón a sus vínculos más cercanos. Ésta es la edad de la intimidad emocional, cuando surgen en abundancia declaraciones como "yo te quiero más" o proclamaciones de que "me voy a casar con todos en la familia". Los corazones, como símbolo de amor, se convierten en su nuevo lema, y suelen aparecer con frecuencia en sus dibujos y proyectos. A esa edad, emerge del niño la ternura, la suavidad y un cariño profundo. ¡Ésta es una etapa maravillosa para los padres de un niño pequeño!

El amor es la emoción del vínculo: no se puede obligar a sentirlo y tiene que entregarse de manera espontánea. Si un niño cree que es amado porque es bueno, amable, ayudador o listo, se esclavizará para repetir esas actuaciones, con el fin de procurar satisfacer sus necesidades de vinculación. Cuando el niño atribuye que es amado por *lo que hace* en lugar de por *lo que es*, no puede descansar. La esencia de un vínculo incondicional consiste en transmitirle al niño que lo amamos tal y como él es. Hubo un tiempo en que yo les decía a mis hijas que las amaba y ellas desviaban la mirada y me contestaban que ya lo sabían. Cuando les preguntaba cómo sabían esto, me miraban con la cara en blanco y decían: "No sé. Sólo lo sé". Espero que nunca sientan que necesitan esforzarse para ser amadas.

La vinculación a través del amor conlleva una vulnerabilidad más profunda, especialmente a medida que surgen tiernas emociones de cariño, calidez y empatía. Cualquier persona a quien el niño entregue su corazón, tendrá el poder de lastimarlo emocionalmente. El niño puede estallar en frustración y alarma si cree que ya no le quieren, o no están a gusto con él o no les importa a sus cuidadores, o si éstos muestran una falta de calidez o afecto hacia él. Ésta es una de las razones por las que la vinculación se desarrolla secuencialmente: para que un niño de cuatro a cinco años sea selectivo al entregar su corazón. Éste se vinculará a través del amor solamente con quien sienta una sensación de semejanza, de pertenencia y de que es significativo: ésta es la forma que tiene la naturaleza de vincular de una manera segura.

El amor es una forma más profunda de vinculación que permite al niño de cinco años alejarse un poco más del lugar donde se sienten seguros e intentar cosas nuevas. La conexión a través de la intimidad emocional ejemplifica la danza exquisita entre el vínculo y la separación: mientras que el niño se aventura hacia delante, todavía sigue aferrado a un sentido de hogar en su corazón.

6. Vinculación a través de ser conocido: a partir de los 5 años

Con un desarrollo ideal, el niño de cinco años se desplaza hacia la fase final de la vinculación a través de ser conocido. Se traslada ahora hacia la intimidad psicológica y ésta es una de las formas más satisfactorias de relacionarse con otra persona. En esta etapa, el niño entiende que puede mantener sus pensamientos y sentimientos ocultos, y puede elegir si decide revelar el contenido de su conciencia a los demás. En resumen, puede guardar un secreto por voluntad propia. Cuando los niños se vinculan a través de ser conocidos, desbloquean una tendencia a revelar partes ocultas de ellos mismos a personas con quienes comparten una intimidad emocional. La esencia de la intimidad psicológica es la cercanía a través de la transparencia.

Los secretos desconectan al niño de su cuidador y se interponen en el camino que lleva a profundizar en la intimidad con él. El no ser capaz de expresar los propios sentimientos y pensamientos, puede llevar a una falta de vitalidad. El ser humano está programado para abrirse a los demás de una manera vulnerable. Esto no se debe confundir con abrirse con cualquier persona, como sucede en los intentos despersonalizados de las "obsesiones de vinculación", tan frecuentes en las redes sociales hoy en día. La necesidad de darse a conocer es exclusiva para los vínculos más cercanos. Lo que la alimenta es el anhelo por cruzar la división creada por el desarrollo de la conciencia de separación. La intimidad psicológica es un hambre de conexión del tipo más profundo.

La inclinación de los niños a mostrarse tal y como son es necesaria si los padres han de cuidarlos y quererlos. Esta inclinación asegura que el niño no les oculte cosas importantes, lo que será crítico en los años adolescentes. Un padre, desconcertado por la confesión de su hija una noche, le dio sentido al comprender su deseo de ser conocida tal y como era:

Me pareció extraño ver a Elle tapándose la boca con una mano, como si fuera a explotar por algo. Elle estaba claramente tratando de retener algo, pero era como si tuviera demasiada presión en su interior y necesitaba echarlo fuera. Finalmente le pregunté qué era lo que le preocupaba y me dijo: "Oh, papi, no lo quisiera decir, pero ¡tengo que hacerlo! Escondí los trenes de Óscar a propósito porque él no quería compartirlos conmigo".

La necesidad de Elle de que su padre conociera cómo era ella en realidad fue mayor que su miedo a confesar lo que había hecho indebidamente. Los secretos tienen el poder tanto de separarnos de quienes queremos que nos conozcan, como de acercarnos a ellos.

Los padres se sorprenden cuando su hijo empieza a mentir. La buena noticia es que el mentir demuestra la integración del cerebro y la capacidad del niño de prestar atención a pensamientos y sentimientos en conflicto. Esto indica el fin de la personalidad del niño preescolar, pero el reconocimiento de esta sofisticación se pierde a veces por el torbellino que se crea ante el descubrimiento de una mentira. En una cena, una de mis amistades me preguntó acerca de su hijo de seis años, a quien acababa de descubrir diciendo su primera mentira:

Megan: "Toby me miró directo a los ojos y me dijo que no había tomado ningún caramelo de mi bolsa, pero encontré los envoltorios escondidos en su cuarto. Me enojé mucho. Le prohibí que comiera postre durante una semana y le advertí que no me mintiera nunca más. ¿Qué tengo que hacer?".

Deborah: "Oh, Megan; Toby tiene ahora la capacidad de decir mentiras. ¡Esas son noticias maravillosas! Oír cómo puede mantener dos ideas juntas en su cabeza al mismo tiempo, la verdad y la mentira, es un logro fantástico en su desarrollo. Comprendo que estés molesta, pero ¿te das cuenta de lo que esto significa?".

Megan (mientras voltea a ver a otra amiga, boquiabierta, con los ojos desorbitados): "¿Es en serio lo que está diciendo?".

Deborah: "En serio, Megan; significa que su cerebro ha dado un paso en su desarrollo más allá de la forma de ver el mundo en su etapa de preescolar. Haz abierto la puerta al potencial de maduración: él ha crecido mentalmente lo suficiente como para esconderte su forma de ser. Sabe que mentir no está bien, pero ese no es el problema. No quiso abrirse contigo; ese es el problema. Uno de los antídotos para la mentira y el engaño es el deseo de ser conocido por los vínculos más cercanos. ¿Te cuenta él alguna vez sus secretos?".

Megan: "Sí, la mayor parte del tiempo; eso creo".

Deborah: "Entonces asegúrate de que lo siga haciendo sin problemas, incluso cuando falla. Ahora él puede decidir con quién quiere compartir su corazón. Así que necesitas conservar el fuerte lazo de relación con tu hijo para asegurarte de que eres tú esa persona".

Megan: "Bueno, pero entonces, ¿cómo se supone que tengo que lidiar con el hecho de que me haya mentido?".

Deborah: "¿Hablaste con él acerca de por qué tomó los dulces? Quiero suponer que él quería dulces, sabía que tú le dirías que no, y no quiso oír eso y no pudo resistir la tentación de tomarlos a hurtadillas. De esto se trata la vida; él necesita tener una relación con sus sentimientos e impulsos que lo tientan a tomar atajos y no aceptar un 'no' por respuesta a las cosas que él quiere, pero no puede tener".

Megan: "¿Cómo va a impedir esto que me vuelva a mentir?".

Deborah: "¿Lamenta él haberlo hecho, y no sólo porque tú le dijiste que pidiera perdón? Tienes que traer esto a la luz, de manera que él pueda reflexionar sobre lo que hizo y cómo percibe el conflicto. Éste es el mensaje que él debe internalizar: que esos impulsos y sentimientos los tenemos todos; y lo que importa es cómo respondemos a ellos".

Megan: "¡Uf! ..., no creo que quiera hablar conmigo de esto ahora. Ya le prohibí comer postre".

Deborah: "Estoy segura de que pronto tendrás otra oportunidad. La tentación de mentir nunca nos abandona".

No sólo compartir los secretos da lugar a la saciedad de las necesidades de vinculación, sino que también favorece el madurar hacia la individualidad. Cuando los niños se muestran abiertamente a sus vínculos más cercanos, se comprenden mucho mejor a sí mismos. Decir la verdad pavimenta el camino a la autenticidad y a la integridad en las relaciones, y equipa a los niños para crear amistades y relaciones sanas y duraderas más adelante en la vida. El camino a la autenticidad lo pavimentan los adultos que apoyan los niños a abrir su corazón de una manera vulnerable. La integridad personal se fomenta y crece cuando el niño tiene la libertad de abrir su corazón sin miedo a las represalias ni a la separación. Las siguientes condiciones propician el compartir sentimientos y pensamientos vulnerables:

- Un niño se vincula a los padres primero a través la intimidad emocional con el fin de desbloquear su tendencia a querer ser conocido.

- Un niño se siente seguro al mostrar sus sentimientos vulnerables porque ello no conducirá a una separación de sus vínculos.

- Un niño recibe de sus padres una cálida invitación para que abra su corazón con ellos. Por ejemplo: "Parece que hay algo que te inquieta", "Te veo de mal humor, ¿me quieres decir qué te pasa?", "Te veo un poco triste, ¿me lo quieres contar?".

- La expresión de los sentimientos y pensamientos de un niño se ve facilitada por el hecho de que los padres reflejen lo que han oído, sientan empatía y los reconozcan.

La meta suprema de la crianza de un niño pequeño consiste en abrir la puerta a las seis formas de vinculación en el contexto de una relación profunda y vulnerable con los responsables de su crianza. Esto sólo se puede conseguir si la conexión es sólida, predecible y está a salvo de interrupciones, y si el niño puede experimentar sus emociones de una manera vulnerable. Cuando estas condiciones se satisfacen y el niño se desenvuelve como un ser relacional, su desarrollo se verá impulsado hacia delante.

El vínculo alimenta la maduración para funcionar como un ser separado: un diseño hermoso y paradójico. Como parejas de baile enlazadas en pasos que se intercalan, el vínculo y la separación funcionan en conjunto. La capacidad de los niños de desarrollarse con todo su potencial humano depende de la profundidad de las raíces de vinculación que lo nutran. Conforme el vínculo se profundiza, el funcionamiento como un ser independiente se impulsa hacia la dirección contraria. Los niños pueden aventurarse a jugar sólo cuando están seguros de que cuentan con un lugar seguro al cual regresar. El vínculo es una de las fuerzas más grandes de la naturaleza humana, es la fuerza que nos atrae hacia el otro. Al mismo tiempo, se contrarresta con otras fuerzas que empujan a nuestros hijos a funcionar de manera independiente y a crear su propia individualidad. Es la combinación perfecta de fuerzas contrarias: mientras sostenemos a nuestros hijos, ellos quedan libres para jugar y madurar, y se convierten, finalmente, en seres independientes.

Cómo fomentar un vínculo fuerte
a través del ritual de colectar

Aunque los niños nacen con el instinto de vinculación, los adultos tienen que asumir un papel activo en entablarlo. Una de las maneras más elementales de transmitir el deseo de estar cerca es a través del ritual de la colectar [en el Modelo Neufeld es un ritual de saludo que tiene como objetivo activar los instintos de vinculación del niño al obtener su mirada, sonrisa y gesto de asentimiento]. Necesitamos invitar a nuestros hijos a la relación al colectar con sus instintos de vinculación; es decir, necesitamos esforzarnos para captar su atención. Para dar lugar a la danza de colectar, nos introducimos en su espacio de una manera amistosa y trabajamos para conseguir de ellos una sonrisa, el contacto visual o quizá una señal de asentimiento. Por ejemplo, uno podría decirle a su hijo: "Veo que estás construyendo una torre muy alta con tus bloques, ¡qué alta está! A mí también me gustan mucho los bloques". Cuando parezcan ser receptivos a nuestra atención, podemos ahondar más y ofrecerles un toque de contacto y cercanía. Si el niño parece receptivo, podemos continuar la conversación o invitarle a que comparta sus ideas: "¿Qué tan alta quieres que sea tu torre? ¿Te puedo ayudar?". Aunque el ritual colectar puede parecer insustancial, es una manera poderosa y natural de comunicar el deseo de estar cerca de alguien. Nuestra expresión de placer, alegría y afecto nos pone de frente y en el centro de la atención del niño y nos coloca en posición para hacernos cargo de él. El ritual de colectar es la representación constante del adulto como respuesta al hambre de contacto y cercanía del niño, forjando y fortaleciendo los lazos de relación entre ellos. Como lo resumiera Benjamin Spock: "Si hubiera una receta de cómo cuidar a un niño, ésta consistiría en disfrutarlo".[12]

No hay una manera correcta de colectar a un niño; colectar se basa tanto en prácticas culturales como en la disposición de cada persona. Algunos niños podrán ser colectados a través del sonido de la voz de una persona, mientras que otros preferirán el contacto físico o visual. Los ejemplos de colectar varían de acuerdo con el ambiente y de un adulto a otro, pero no faltan las ideas para simplemente situarse frente a un niño de una manera amigable. Lo que es importante recordar es que colectar a un niño tiene menos que ver con la estrategia o el procedimiento que se siga y más que ver con el deseo auténtico de estar cerca de él. Todavía recuerdo la manera maravillosa en que mi abuelo lograba colectarme cuando lo visitábamos. Nos esperaba a la entrada y tenía una enorme sonrisa cuando nos acercábamos en el coche a su casa. Recuerdo cómo sus ojos azules parecían brillar cuando me miraba: yo sentía que me amaba hasta la médula. Nos recibía en su casa con comida, bebidas y risas. Nos colectaba porque nos amaba, no porque tuviera que hacerlo así o porque siguiera las indicaciones tomadas de un libro. El encarnaba el gozo, la calidez y el deleite, y yo siempre me sentía arrebatada por las ganas de estar con él.

PROPORCIONAR UN TOQUE DE CONTACTO Y CERCANÍA DEL QUE EL NIÑO PUEDA SOSTENERSE

- Una señal de pertenencia o algo nuestro que sea especial
- Una semejanza o una similitud, algo que tengamos en común
- Una muestra de lealtad y una señal que le indique al niño que estamos de su lado
- Una señal de ser significativo, algo más allá de las expectativas de los roles de la relación
- Una muestra de calidez o deleite, algo que sugiera que nos gusta estar con él
- Una señal de que verdaderamente "lo comprendemos" como otros quizá no puedan hacerlo
- Alguna señal de que siempre es bienvenido en nuestra presencia

Figura 4.2 Adaptada del curso de Neufeld: *El acertijo del vínculo*

Uno de los errores más comunes que se comete con los niños pequeños es esperar a que sigan órdenes cuando no se les ha colectado. Al colectar con un niño, se consigue que concentre su atención en nosotros y que nos siga por su instinto de vinculación. En los niños pequeños, *necesitamos colectar con sus instintos de vinculación antes de darles instrucciones*. Dado que ellos prestan atención sólo a una cosa a la vez, pedirles que dejen el juego, llamarlos para que se metan a la casa, o darles cualquier otra indicación serán tareas mucho más fáciles si antes logramos colectarlos. Si la persona no está situada al frente y en el centro de la atención del niño, no podrá estar dentro de su campo de influencia.

Una madre vino a verme después de una presentación sobre los niños pequeños y me dijo: "Pero es necesaria mucha energía y tiempo para colectar a un niño pequeño, y yo no los tengo cuando amanezco en las mañanas". Le pregunté cómo se desarrollaban las mañanas para ella y me dijo: "Terriblemente: todos los días tenemos que pelear para salir por la puerta. Tengo que dejar a mi hijo mayor en la escuela y luego al más pequeño en el kínder. Siempre voy retrasada, y termino exhausta después de dejarlos. Lo único que funciona para movilizarlos es darles un tiempo para juegos electrónicos si se apresuran para estar listos, pero entonces no logro que dejen sus dispositivos para poder salir de la casa. Las mañanas son siempre una batalla". Le pregunté si sus hijos la seguían en otros momentos y dijo que sí, pero resaltó que el tiempo de las prisas de la mañana era el más problemático. Le sugerí que tratara de colectar a sus hijos en la mañana y organizara un ritual predecible para engancharlos; por ejemplo, leerles un cuento, decirles cuál será el plan del día, alimentarlos; simplemente que lograra captar su atención de una manera amistosa. Le transmití que era difícil competir por la atención del niño cuando éste tiene un dispositivo electrónico en sus manos; así que quizá se podrían dejar esos dispositivos para otro momento del día. Lo más importante para poder cambiar las cosas era la capacidad de mostrarles calidez, deleite y gozo a sus hijos cada mañana. Entonces ella dijo: "Pero me preocupa que no vayan a estar listos y yo vaya a llegar tarde, y voy a tener que esforzarme para colectarlos". Yo le contesté: "Parece que ya estás retrasada y tienes que esforzarte mucho al batallar con ellos. Mi sospecha es que las cosas no van a cambiar a menos que los guíes para superar esto. No digo que necesites esforzarte aún más, sino que debes hacerlo de manera diferente. ¿Puedes darte un espacio para experimentar el colectar a tus hijos en la mañana y hacer las cosas de diferente manera?". Dijo que lo intentaría y que me mantendría al tanto del resultado. Al día siguiente me dijo: "Traté de colectar hoy por la mañana y no lo podía creer, de hecho, funcionó. ¡Tuvimos una mañana maravillosa!". Sus ojos se llenaron de lágrimas y dijo: "No lo puedo creer. He estado luchando con ellos tanto y esto es lo que necesitaba hacer. Tengo que admitir que dudaba de que esto funcionara, pero ahora que funcionó, siento que he recuperado a mis hijos".

Lo que fue notable fue la capacidad de esta madre de usar el ritual de colectar para cambiar sus mañanas de una manera tan rápida. Ahora que lo pienso, creo que ella tenía mucho más poder como madre de lo que ella misma creía. Había trabajado probablemente muy duro para cultivar una relación con sus hijos, pero no sabía cómo aprovechar los beneficios. Esta madre me recordó que nunca se debe subestimar la fuerza del vínculo para atraer al niño de regreso a la órbita de los padres. Esto subraya *quién* debe nutrir a un niño desde el punto de vista relacional, *cómo* debe nutrirse al niño y *por qué* esto es tan importante. El ritual de colectar proporciona todos los ingredientes necesarios para responder al hambre de conexión de nuestros hijos.

Los pares como vínculos que compiten

Hoy en día, uno de los problemas más prevalentes del vínculo en los años de la primera infancia es el fenómeno de la orientación hacia los pares [compañeros]. La *orientación hacia los pares* es el término que se da al traslado de las necesidades de vinculación del niño hacia sus pares, por encima de los adultos que lo cuidan. Ésta es la tesis del libro de Gordon Neufeld y Gabor Maté: *Regreso al vínculo familiar.* Cuando los niños se orientan hacia sus pares, seguirán a sus amigos y preferirán estar con ellos cuando se trate de satisfacer sus necesidades de relación. Esto crea una competencia entre los vínculos hacia los adultos que cuidan de ellos y los de los pares respecto a quién se retendrá más el corazón del niño y, por lo tanto, actuará como su guía. Neufeld y Maté afirman lo siguiente: "Los niños orientados hacia sus pares actúan, especialmente cuando están cerca de ellos, como si no tuvieran padres. Ellos no mencionan a sus padres para reconocerlos como tales ni tampoco hablan de ellos. Pero los niños no son desleales hacia nosotros a propósito cuando así se comportan, sino que simplemente se dejan llevar por sus instintos, unos instintos que se han subvertido por razones que van mucho más allá de su control".[13] Los niños pequeños son particularmente propensos a la orientación hacia sus pares porque su inmadurez y su incapacidad para funcionar de manera separada los llevan a buscar de manera constante contacto y cercanía con alguien o con algo. La similitud y disponibilidad de sus pares en el kínder y la guardería los convierte en sustitutos naturales en la búsqueda no satisfecha de vínculo del niño. Si los adultos que cuidan a un niño pequeño no cultivan activamente la relación con él no podrán saciar su hambre de conexión, dejando entonces al niño en búsqueda de fuentes alternativas.

El problema con la orientación hacia los pares es que los amigos son un sustituto muy pobre en comparación con una conexión con los adultos. Su inmadurez los hace propensos a tener arrebatos y a ser volubles, y no son confiables en términos de ofrecer contacto y cercanía. La orientación a los pares puede dar lugar a numerosos problemas de comportamiento y de aprendizaje, tales como la falta de respeto y deferencia hacia los adultos que cuidan al niño, mostrar una preferencia clara por estar con los pares y frustrarse cuando los intentos de conectar con ellos se desbaratan; así como no seguir, ni poner atención, ni compartir los valores de sus cuidadores, y no acudir en busca de sus cuidadores cuando requieren ayuda. En su búsqueda por mantener la cercanía, los niños orientados a sus pares pueden adoptar las mismas costumbres y manierismos de sus pares, de manera que su propia individualidad queda asfixiada. El niño puede sufrir ansiedad y parecer menos seguro de sí mismo en general. Hay una gran diferencia entre tener amigos y depender de ellos para satisfacer el hambre de contacto y cercanía.

Los problemas de aprendizaje y comportamiento que se derivan de la orientación hacia los pares se hacen evidentes en una carta compartida por un padre de un niño de cuatro años, llamado Peter. Los cuidadores de la guardería de Peter se sentían frustrados por su falta de atención y su comportamiento en clase:

> Peter muestra una falta de respeto por los demás niños, así como por sus cuidadores. Por ejemplo, hoy, cuando la señora Mavis cantaba una canción a los niños durante el tiempo en que se sientan en círculo, Peter dijo en un tono burlón a la persona junto a él: "¿Por qué siempre canta con esa voz? Siempre canta así de mal, ¿verdad?", seguido de risas. También le dijo a un amigo sentado junto a él, acerca de otro niño que lo estaba oyendo: "¿No es terrible Noah?". Peter acostumbra a ser burlón con sus comentarios y trata de que otros niños le sigan y le apoyen. Su comportamiento perturba el ambiente de la guardería. Le hemos dicho que estas acciones son inapropiadas, pero él no parece escuchar y ni siquiera nos permite acercarnos.

Después de discutir el comportamiento de Peter en su casa y en la guardería, quedaba claro que el niño estaba orientado hacia sus pares. Como resultado, sus padres, junto con sus cuidadores, empezaron a trabajar para cultivar relaciones más profundas con él. Lograron reducir el contacto con los compañeros, trabajaron para colectarlo de manera sistemática, asumieron un fuerte liderazgo para leer cuáles eran sus necesidades, y se volcaron sobre él con gran generosidad, lo que incluyó organizar citas con mamá o papá. A medida que los adultos en la vida de Peter lograron entablar una buena relación con él, Peter empezó a prestar atención y sus burlas "desconsideradas" fueron desapareciendo.

Las semillas de la orientación hacia los pares se siembran en los años de la primera infancia, cuando los adultos no logran colectar de manera activa con los niños pequeños ni cultivan relaciones profundas con ellos. Penélope, la niña que me persiguió en el parque de juegos, corría un gran riesgo de verse orientada hacia los pares. Buscaba conexión donde pudiera encontrarla, y si sus pares hubieran sido la respuesta a esas necesidades, los adultos que se encargaban de su cuidado habrían perdido su influencia y su capacidad de guía. Su capacidad de cuidarla tanto física como emocionalmente se vería muy reducida. El impacto que tiene la orientación hacia los pares sobre el desarrollo a largo plazo puede incluir una multitud de problemas de aprendizaje y de comportamiento en la casa y en la escuela, así como consecuencias que podrían ser trágicas cuando los niños se acercan a la adolescencia. La orientación hacia los pares contribuye a que se sufran trastornos de salud emocional y mental, entre los que se cuentan las adicciones en la edad de la adolescencia.[14]

Los niños pequeños necesitan vincularse a los adultos que son responsables de ellos. La búsqueda por parte del niño de su padre, maestro o cuidador es el motor que empodera a esa persona para asumir plenamente el papel de cuidador. Como lo afirman Gordon Neufeld y Gabor Maté: "¿Quién va a criar a nuestros hijos? La clamorosa respuesta, la única respuesta compatible con la naturaleza es que nosotros, es decir, los padres y los demás adultos que intervienen en su cuidado, debemos ser sus guías, debemos ser quienes cultivemos su espíritu y les sirvamos de modelo. Necesitamos aferrarnos a ellos hasta que nuestro trabajo esté completamente terminado".[15]

5

¿Quién está a cargo?

Y se nos coloca en la tierra en un corto espacio,
Para que aprendamos a soportar el esplendor del amor.
WILLIAM BLAKE[1]

Nancy me consultó con respecto a sus mellizos de cinco años, James y Sarah, quienes habían "tomado el control de la casa". Nancy y su esposo se la pasaban de una crisis a la otra, yéndose de puntitas, esperando erupciones de frustración cuando decían "no" o que aumentara la resistencia cuando daban instrucciones a los mellizos. Los niños trataban de disciplinar a los padres cuando "metían la pata" y les imponían tiempo fuera y consecuencias. Los papeles se habían invertido, y no era por falta de amor parental, de voluntad o de deseo de estar a cargo. Los padres estaban agotados y los mellizos eran insaciables, todos eran presa de la angustia. Sus amigos le habían aconsejado a Nancy que fuera mucho más dura con los pequeños para "mostrarles quién manda ahí", pero el resultado fue contraproducente y dio lugar a explosiones de conducta negativa. Un terapeuta conductual le dio a Nancy una tabla de recompensas para reforzar a James y Sarah cuando prestaran atención y obedecieran. La tabla funcionó al principio... hasta que los mellizos la invirtieron y dijeron que le darían un premio a Nancy cuando fuera una "buena madre". Ninguna de las estrategias para la crianza servía: los trucos, premios, consecuencias, castigos y chantajes continuaron exponiendo su impotencia como padres. Ella trataba de guiar utilizando medios de control de comportamiento forzados y artificiales. Nada iba a cambiar en la casa hasta que no se enfrentara directamente a la pregunta de *por qué* sus hijos no la seguían. Necesitaba recuperar su posición alfa y cambiar los *instintos y las emociones* que impulsaban la conducta de sus hijos.

En nuestra primera cita, conversamos sobre las razones por las que James y Sarah habían pasado a tomar el mando, así como de los retos que se derivaban de su constante resistencia, frustración, ansiedad y comportamiento dominante. Analizamos cómo sus hijos la desplazaban de su posición alfa y de cómo necesitaba ella recuperar esa posición si quería atraerlos a que descansaran bajo su cuidado. Hablamos de lo que significa tener una presencia alfa, así como de las estrategias que podría usar para transmitir a los mellizos confianza en su cuidado. Analizamos cómo las respuestas del tipo gritos, tiempo fuera, castigos o "contar hasta tres" no eran sino medidas desesperadas que sólo mostraban su falta total de autoridad y poder. Se consultaba a los niños sobre demasiados temas; por lo que a Nancy se le animó a que tomara las riendas y anticipara las necesidades de los mellizos sin hacer preguntas. Después de confesarme que les había dicho a James y Sarah que "iba a buscar ayuda para aprender a cuidarlos", le sugerí que mejor no dijera nada sobre eso y les hiciera saber a los niños que ella ya sabía lo que tenía que hacer.

Dos semanas después, Nancy regresó conmigo y me contó que al volver a casa después de nuestra primera sesión, se encontró a James y a Sarah brincando en la cama y a su marido gritándoles para que dejaran de hacerlo. Los niños no le hacían ningún caso, pero cuando ella entró al cuarto, se quedó quieta en silencio, observándolos, con sus pies bien plantados, sus brazos cruzados y una mirada que les transmitía que era ella quien mandaba ahí. Los mellizos, al verla, dejaron de brincar, sorprendidos por su comportamiento, y dijeron: "¿Mamá?", y ella contestó: "¿De veras creemos que vamos a pasarnos la noche brincando en la cama?". Una vez captada su atención, les dijo: "Es hora de leer cuentos", y los llevó fuera del cuarto. Con el rabillo del ojo vio a su esposo que trataba de imitar su actitud, con los brazos cruzados y los ojos enfocados en los niños. Ella le preguntó: "¿Qué haces?", y él contestó: "Te estoy copiando. Eso estuvo muy bien. ¿Cómo le llamas a esta técnica?". Nancy le dijo: "La llamo estar a cargo". Y así, llevó a James y a Sarah a la cama.

La danza jerárquica del vínculo

Las relaciones entre los adultos y los niños tienen que ser *jerárquicas* para que se desenvuelva la danza del vínculo. Los padres tienen que guiar los pasos y los hijos tienen que seguirles. Esta danza es una danza *instintiva* que no puede lograrse dando órdenes. Se activa cuando el padre asume su posición de cuidador y crea las condiciones para que el niño dependa de él. El verdadero propósito del vínculo consiste en *fomentar la dependencia del inmaduro hacia quienes son responsables por él.* Un adulto necesita inspirar e invitar al niño pequeño a que dependa de él y esto lo logra tomando la iniciativa en esa danza de la relación, interpretando las necesidades del niño, y proporcionando abundantemente lo que hace falta para satisfacer estas necesidades. La relación de un adulto con un niño no debe ser de igual a igual ni tampoco debe basarse en la amistad; esa relación consiste en asumir la responsabilidad necesaria para conducirlo por el camino de la madurez.

Los niños no sólo necesitan estar vinculados a los adultos, sino que también necesitan que su relación sea la correcta. Una *relación correcta* es aquella en la que el niño acepta al adulto como su cuidador y sigue su guía. El niño necesita descansar bajo el cuidado y cariño que le ofrece el adulto y no decirle al adulto cómo debe quererlo o cuidar de él. Los mellizos de Nancy estaban vinculados a ella, pero no se relacionaban correctamente con ella: los niños eran quienes trataban de tener el mando. Al respecto, un padre me preguntó en una ocasión: "¿Por qué los niños siguen a sus padres?". La respuesta corta es porque el padre guía al niño a través de una hermosa combinación entre *cariño, cuidado y toma de responsabilidad.*

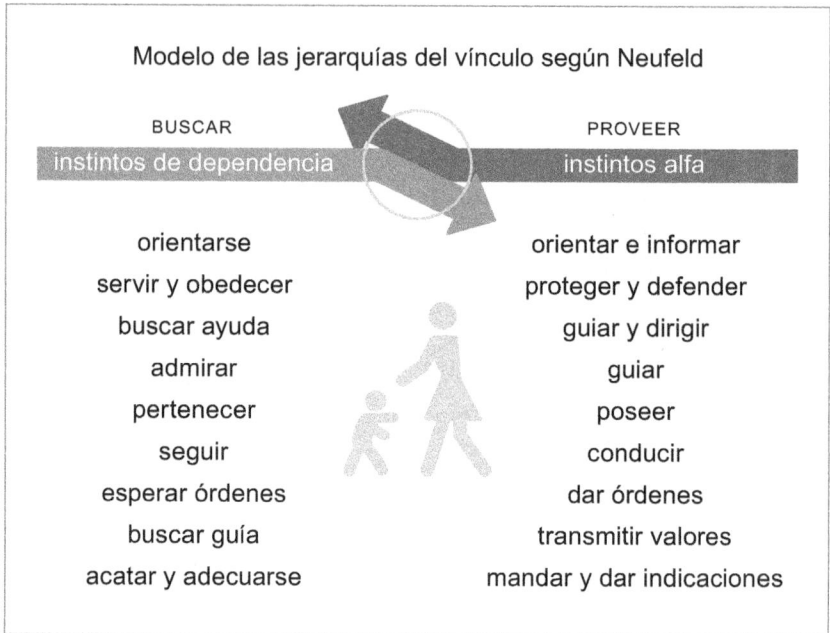

Figura 5.1 Tomada del curso de Neufeld: *Los niños alfa*

Las relaciones correctas son de una naturaleza similar a la danza, y los pasos están guiados por los impulsos y los instintos innatos del ser humano. Hay dos conjuntos de instintos que nos impulsan a la vinculación: (1) los *instintos alfa*: que nos llevan a asumir la responsabilidad de dar cariño y cuidado, y (2) los *instintos de dependencia*: que nos llevan a buscar y recibir el cariño y el cuidado. Los instintos alfa deben guiar a un padre a asumir la responsabilidad de proveer lo necesario para el niño, mientras que los instintos de dependencia deben guiar al niño a confiar en quien le proporciona cariño y cuidado. Cuando el adulto se coloca en el *papel de proveedor*, se deben activar los instintos del niño por adoptar el *papel de buscador*. Así es como el vínculo se sincroniza y se convierte en una danza. Tanto el padre como el hijo deben interpretar las señales del otro, y asumir su papel correspondiente. Thomas, un niño de tres años, lo resumió bien cuando le dijo a su padre: "Te voy a seguir siempre, papi".

Cuando el niño se vincula a los padres a través de los *instintos de dependencia*, estará motivado a confiar, dejarse orientar, dejarse cuidar, atender; servir y obedecer, y expresarán sus necesidades, buscando la guía del adulto. Vincularse de manera dependiente motiva al niño a cumplir las órdenes del adulto. Los padres se quejan cuando el niño no escucha ni obedece, como si el problema fuese del niño. Lo que no se cuestionan es si el niño está vinculado a los padres y si está movido a seguirlos.

Un niño pequeño no está programado para obedecer a alguien con quien no está vinculado: así es como la naturaleza actúa para que la orientación y la guía provengan de la figura de vinculación. Sin embargo, a los niños pequeños se los coloca sistemáticamente en situaciones en las que se espera que sigan las instrucciones u órdenes que se les dan sin que exista previamente ninguna relación; por ejemplo, en campamentos de verano, con nuevos maestros o cuidadores, o el contexto de una consulta dental o médica. La madre de Sophia, una pequeñita de cinco años, explicó que su hija se dirigió con malos modales a una madre a la que no conocía en el parque. Esa madre le había ordenado a Sophia que hiciera algo, pero la niña se volteó y le dijo: "Tú no eres mi madre. ¡No me puedes decir lo que tengo que hacer!". La falta no estaba en Sophia, sino en la expectativa de que ella aceptara órdenes indiscriminadamente. En consecuencia, la primera tarea, para alguien que sea responsable del cuidado de un niño, es construir una relación que fomente la dependencia. En las relaciones correctas, los niños pequeños abren sus oídos y sus corazones para dejarse influir, y no porque su cuidador tenga algún título o grado académico o derecho legal o autoridad sobre ellos.

Los instintos alfa llevan a un padre a asumir el asiento del conductor en la vida del pequeño. La activación de los instintos alfa lleva consigo un gran sentido de la responsabilidad, así como de culpa, cuando se cometen errores. Existe un elevado sentido de alarma y de protección que da lugar a respuestas del tipo "mamá osa" o "papá oso", junto con un cariño y cuidado profundos que hacen posible el sacrificio. Cuando el adulto asume el papel de proveedor, sus instintos alfa le deben motivar a defender, dirigir, cuidar, poseer, dar órdenes y compartir sus valores con el niño. Con frecuencia, los padres le dicen a un niño pequeño: "Éste es el plan del día", a la vez que pasan enseguida a darle orientación, informarle y darle órdenes. Los instintos alfa deben mover a un padre a ocultar sus propias necesidades, para que el niño pequeño no se sienta responsable de las emociones, el estrés, los malos momentos y los sacrificios del adulto. Un niño pequeño no debe hacerse cargo de sus padres, sino que debe entregarse confiado sabiendo que sus padres se ocupan de él.

Los niños pequeños instintivamente prestan atención a la jerarquía en las relaciones porque así es como ellos ordenan su mundo y encuentran su lugar en él. Fiona, de cuatro años, me lo explicó de esta manera: "Yo soy el jefe de mi hermanita y mi mamá es mi jefe. Mi mamá también es el jefe de mi papá". Lo que importa aquí es considerar la manera en que el niño pequeño interpreta la jerarquía, que no es necesariamente un reflejo de cómo la sociedad interpreta la autoridad y los roles. Un maestro, un padre o un cuidador de un niño puede contar con el título y la responsabilidad de tenerlo a su cargo pero, a menos que los instintos del niño lo perciban en una posición alfa, la dependencia del niño no se activará. El orden jerárquico de las relaciones humanas es lo que le da al niño el sentido de predictibilidad, estabilidad y fe para confiar en que alguien se está ocupando de él.

En el caso de los niños sensibles, conocidos como "niños orquídea", puede ser más complejo establecer una relación correcta, porque depender de otra persona los coloca en una posición muy vulnerable. Típicamente estos niños son más perceptivos y resultan más afectados por las señales que indican que un cuidador no sabe qué hacer con ellos, o que son muy difíciles de manejar. Para llevar a un niño sensible a la relación correcta, se requiere que el adulto alfa suministre el cuidado de una manera sólida, segura y generosa. Es importante darles tiempo para que acepten la relación y se sientan cómodos, ya que muchos niños sensibles no responden bien cuando se ven presionados.

El poder secreto del vínculo se encuentra en la manera en que nos lleva a la relación correcta con el otro. El vínculo es una danza jerárquica sincronizada, alimentada recíprocamente. Mientras más aporte el adulto, más el niño se entregará a su cuidado; mientras más dependa el niño del adulto, más fácil será resolver sus necesidades. Lo que importa es cómo la relación se internaliza y da lugar a una experiencia exclusiva y personalizada. Cuando se forman las relaciones correctas, no pueden ser replicadas fácilmente ni se puede competir con ellas, ya que son satisfactorias para ambas partes.

El niño alfa y la imposibilidad de depender

Un problema prevaleciente hoy día en el tema del vínculo en la primera infancia (además de la orientación a los pares, abordada en el capítulo 4), es representado por el niño alfa.[2] Los problemas alfa surgen en los niños cuando la jerarquía del vínculo se invierte; esto es, cuando el niño pasa a ocupar la posición alfa en lugar de mantenerse en una posición dependiente del adulto. Un niño alfa se ve movido instintiva y emocionalmente a dominar al adulto cuando deja de sentir que puede depender de que el adulto se haga cargo de su cuidado. En lugar de seguir al adulto, da órdenes diciéndole lo que necesita y cómo debe cuidar de él. En lugar de obedecer al adulto, el niño alfa espera que el padre acceda a sus deseos y exigencias. Ellos orquestan las interacciones con sus adultos, e incluso fingen sentirse desamparados para suscitar respuestas de preocupación. Los niños alfa están instintivamente impulsados a sentir que están a cargo, dispuestos a desplazar a sus padres de su papel alfa.

El problema alfa *no es un problema aprendido* y su propósito es servir a las necesidades emocionales del niño, ya que le ofrece a éste una mayor oportunidad de recibir cuidado y cariño. Éste era precisamente el problema de Nancy con sus mellizos James y Sarah: habían pasado a ocupar la posición alfa respecto a sus padres. El problema no se encontraba en los mellizos, sino en la falta de una relación correcta con sus adultos. Habían perdido la confianza en el cuidado y cariño que estaban recibiendo en casa. Ser dependiente de otra persona es una posición especialmente vulnerable y requiere confianza. Para un niño alfa, la vulnerabilidad de la dependencia es demasiado alarmante y, como consecuencia, su cerebro instintivamente lo mueve a la posición alfa, con el fin de asegurar su supervivencia emocional. El problema es que no podemos cuidar de un niño que no dependa de nosotros.

Cada niño alfa puede comportarse de manera diferente, pero generalmente resulta difícil cuidarlos, incluso llega a ser una pesadilla. Los padres suelen describir a un niño alfa como una personita insaciable e incontrolable. En lugar de seguir a sus adultos, pueden pasar a dar órdenes e incluso decirles: "Tú no eres quien me da las órdenes. Yo te diré qué hacer". Lo anterior no se debe confundir con lo que a veces exclama un niño de tres años: "Tú no eres mi jefe", o "Yo sé hacerlo solo". El problema alfa surge de una falta de dependencia profundamente arraigada, con características crónicas, en lugar de ser fluidas y variables. El niño alfa con frecuencia se confunde con un ser seguro de sí mismo e independiente, que esconde una desesperación subyacente. Los niños alfa han perdido la confianza en quienes cuidan de ellos, y su recurso instintivo es arreglárselas por sí solos.

Los niños pequeños que quedan atorados en la posición alfa se *resisten y se oponen* a lo que se les pida, porque no sienten que esté bien seguir a nadie ni depender de alguien. Los niños alfa manifiestan *altos niveles de frustración* porque sus relaciones con los adultos no son satisfactorias, y pueden ser agresivos cuando no se accede a sus demandas. Por ejemplo, la frustración de los mellizos de Nancy se volcaba en las relaciones con sus compañeros, y daba lugar a altercados y riñas. Los niños alfa pueden tener *problemas de alarma*, incluidas la ansiedad y la agitación, porque no se sienten seguros ni cuidados. James y Sarah mostraban ambos una buena dosis de ansiedad, que afectaba su capacidad de prestar atención y se interponía con el aprendizaje en la escuela. Los niños con este tipo de problemas pueden manifestar *problemas en la alimentación*, debido a que ser alimentados activa los instintos de dependencia, de los que ellos se defienden. James se negaba a comer en la mesa del comedor, y Sarah exigía a su madre que hiciera cierto tipo de comida cada noche.

CARACTERÍSTICAS COMUNES DE LOS NIÑOS ALFA

- Pueden ser mandones, controladores, exigentes, incluso con sus iguales o con aquellos de quienes deberían depender
- Buscan estar siempre en una posición superior o ser siempre el centro de atención
- Pueden sentirse obligados a asumir o hacerse cargo de situaciones cuando no es necesario que lo hagan
- Pueden querer mostrar superioridad ante sus iguales
- Pueden tener problemas para seguir indicaciones o pedir ayuda
- Están determinados a ganar en una interacción o a decir la última palabra, incluso con sus iguales o con aquellos de quienes deberían depender
- Tienen que estar al tanto de todo, todo el tiempo, o pueden actuar como sabelotodo

Figura 5.2 Adaptada del curso de Neufeld: *Los niños alfa*

Cuando se presenta un problema alfa, el niño pequeño se convierte en un cazador incansable con muy poca libertad para jugar y crecer hacia su individualidad. Un padre describió así la situación:

Logan no parece ser feliz y pasa mucho tiempo frustrado. No puede jugar solo y me exige que juegue con él. Se enoja cuando no hago exactamente lo que él quiere. Incluso si paso el día entero con él, se molesta cuando tengo otras cosas que hacer. Nada parece satisfacerlo y siempre tiene muchísima energía. Aun después de jugar hockey, montar en bici, ir al parque, sigue igual de acelerado por la noche; nunca parece estar cansado.

El padre de Logan estaba claramente frustrado, su desesperación y cansancio eran palpables. Cuando empezó a entender el problema alfa subyacente en la conducta de Logan, pudo abrigar esperanzas de que encontraría un camino para resolverlo.

El reto con el niño alfa consiste en que sus características y problemas se interpretan como conjuntos aislados en la conducta, desconectados de la relación invertida que los origina. Los padres y los profesionales de apoyo pueden equivocarse fácilmente al poner atención a los síntomas, en lugar de juntar las piezas del rompecabezas y traer a la luz el problema alfa. Como me dijo un psiquiatra cuando le expliqué el fenómeno del niño alfa: "¡Incluso he llegado a medicar a estos niños, y a mí ni me gusta medicar niños!". Un niño alfa generalmente se manifiesta como una personita fuerte e independiente, cegándonos a la desesperación que esconde su falsa valentía. Los niños alfa no parecen necesitar de nada y de nadie y se resisten a que las personas más cercanas les ayuden. Es más, su comportamiento no apoya el que salgan los instintos de cuidado alfa en sus adultos pues éstos pueden distanciarlos aún más. Lo bueno es que cuando logramos comprender la naturaleza de un problema alfa, podemos tomar medidas estratégicas para resolverlo. Cuando el adulto recupera el liderazgo en la danza del vínculo, el niño se sentirá libre para depender de él, y eso lo llevará a poder descansar, jugar y madurar de nuevo.

¿Por qué estamos criando niños alfa?

En términos del vínculo, muchos no entendemos que sentirse amado por un padre no es suficiente para el niño. Necesita sentirse cuidado y saber que ese cuidado perdurará. El niño necesita sentir que hay una solidez en sus padres en la que se puede apoyar y con la que puede contar. De lo contrario, instintivamente se moverá a tomar el control de la relación y estará preocupado por conseguir que sus necesidades de vinculación se cumplan.

Existen razones obvias por las que un niño puede perder la confianza en sus adultos: negligencia parental, egocentrismo o adicción. Sin embargo, situaciones alfa se encuentran también en hogares donde hay cariño, en los que hay padres dedicados a ayudar a sus hijos pequeños a madurar para que lleguen a ser individuos social y emocionalmente responsables, justo como Nancy. ¿Qué es lo que está contribuyendo al desmantelamiento de la jerarquía natural del vínculo entre los padres y los hijos de hoy?

Uno de los mayores retos enfrentados por los padres de niños pequeños es la falta de apoyo cultural al papel de cuidadores en la posición alfa. Cuando las respuestas para educar a un niño están contenidas en libros y no en los propios padres, no estamos empoderando a los padres para que asuman plenamente su papel ni los apoyamos para que se coloquen en el asiento del conductor. Cuando hay presión para que el niño madure más rápido, las prácticas de la paternidad se encaminan hacia prácticas como los deportes competitivos, y no a apoyar de valores como la paciencia, el tiempo y la certeza de que el buen desarrollo dará lugar a la madurez. Cuando los padres recurren a medir el progreso de su hijo contando el número de actividades en las que está involucrado, o el dominio que muestra con los dispositivos tecnológicos o cuáles son sus logros académicos, la respuesta a la maduración está completamente desconectada de la relación padre-hijo. Cuando los niños son presionados para ser independientes demasiado pronto, tomarán el control por necesidad.

Desafortunadamente, muchas de las prácticas de crianza que gozan de gran popularidad hoy en día contribuyen a crear el fenómeno alfa, ya que invierten la relación padre-hijo. Existen siete prácticas en particular que favorecen el surgimiento de problemas alfa.

1. La reacción del padre o la madre a sus propias experiencias de vida

Cuando el tipo de cuidado que el niño recibe está basado en la reacción de los padres ante sus propias experiencias de vida, se está haciendo muy poco por satisfacer las necesidades del niño. Por ejemplo, si un padre tuvo padres autoritarios, puede reaccionar siendo demasiado permisivo para así evitar infligir en su hijo las mismas heridas. En esta situación, se están cuidando más los sentimientos del padre que la necesidad del niño de contar con límites y restricciones impuestos de una manera compasiva. En otro escenario, si los padres carecieron del apoyo necesario para poder derramar lágrimas y sentir tristeza mientras crecía, pueden tener dificultades para ayudar a su hijo a enfrentar límites y restricciones, pues eso genera una sensación de malestar en los padres. Una madre me contó lo siguiente:

Es duro ver a mi hija que llora y se entristece por las cosas que yo le prohíbo. Cuando era niña, no se me permitía estar triste acerca de nada. El objetivo era que pensara de manera positiva y viera siempre el vaso medio lleno. Me criaron de forma que me sintiera mal cuando estaba triste, como si algo no funcionara correctamente dentro de mí. Lucho con estos sentimientos cada vez que tengo que fijar límites y darle espacio a mi hija para que se sienta frustrada, triste o molesta. Lo bueno es que cuanto más entiendo la gran importancia que esto tiene para ella, más capaz soy de hacerlo.

Si el cuidado está guiado por las necesidades insatisfechas del adulto, o como reacción a la historia de su propia infancia, los instintos alfa naturales de los padres se pueden ver desplazados y se predispone de esta forma al niño a que sea él quien tome el control.

El remedio para los adultos es apuntar hacia la reflexión y la transparencia cuando se trate de sus expectativas y motivaciones personales. Podemos empezar reflexionando sobre lo que funciona o no funciona para nuestro hijo y concentrarnos en entender sus necesidades; pedir retroalimentación de otro adulto cuando necesitemos una perspectiva diferente y formular cuáles son nuestras intenciones para con nuestros hijos.

2. La crianza bajo demanda

El papel del cuidador alfa es un rol activo en el que los padres asumen el control aceptando la responsabilidad de leer las necesidades del niño y las satisfacen con generosidad. Si los padres asumen un enfoque pasivo en la crianza de su hijo y simplemente satisfacen las demandas del niño, colocarán al niño en una posición en la que él mismo se tendrá que hacer responsable de satisfacer sus propias necesidades. Por ejemplo, cuando el niño dice: "Tengo hambre, necesito comer algo", los padres perdieron la oportunidad de leer sus necesidades y satisfacerlas. A veces los padres están muy ocupados o cansados, o descubren que no están interesados en algunas de las responsabilidades asociadas con el papel de cuidador. Sin embargo, si no asumen el liderazgo, crearán las condiciones para que el niño pase a ocupar la posición dominante en la relación.

3. La crianza igualitaria

Puede ser que estemos consultando demasiado a los niños sobre su crianza. Las preguntas como: "¿Qué quieres comer?", "¿Quieres quedarte a dormir en una pijamada?", "¿Quieres ir a ver a los abuelos o prefieres ir a pasear?", "¿Quién prefieres que te cuide?" y "¿A qué escuela quieres ir?", sólo sugieren que se le está otorgando al niño una autoridad que no debería tener. Cuando se pone a los niños a cargo de asuntos que tienen que ver con el contacto y la cercanía con sus vínculos o acerca de su crianza, esto atraerá problemas alfa.

Un niño tiene que dar por sentado que se le cuidará y no que se le convertirá en un asesor sobre sus propias necesidades. Esto no quiere decir que el niño no deba tener opciones, sino que esas opciones no deben ser sobre asuntos relacionados con su cuidado, tales como el alimento, la seguridad, o el contacto y la cercanía con sus figuras de vinculación. Las opciones sobre qué pantalones se quiere poner, qué cuento quiere leer, o con qué juguete quiere jugar les dan suficiente espacio para entrenarse en éste estira y afloja que es el madurar y convertirse en un ser independiente.

Los padres de una niña alfa de cinco años, llamada Mónica, estaban debatiéndose con muchos problemas. Éstos se originaban, en parte, porque el padre nunca quería decirle que no y le planteaba demasiadas preguntas sobre su crianza. Les pregunté a los padres si la madre podría tener una noche libre a la semana en la que pudiera salir y dejar al padre a cargo del cuidado de la niña. Las dos cosas que yo esperaba que él experimentara eran: (1) que dijera que no cuando fuera necesario y que fuera compasivo si Mónica llegaba a molestarse, y, (2) que no le preguntara a la niña cosas sobre su crianza y asumiera el mando en las interacciones durante la cena, el baño y al irse a la cama. El padre accedió y recibió de buen agrado la propuesta de cuidar de Mónica él solo. La primera noche, la madre recibió a las dos horas una llamada de crisis en la que Mónica le dijo que estaba enojada. La niña le dijo: "Mamá, tienes que venir a casa. No sé qué le pasa a papá, me ha dicho 'no' y está hablando muy chistoso. ¿Puedes venir a casa y componerlo?". La madre la tranquilizó y le dijo que papá sabía exactamente lo que estaba haciendo y que Mónica estaba bien cuidada por su padre. Conforme la mamá de Mónica salía cada semana, el papá fue asumiendo un mayor comportamiento alfa y los problemas de dominancia de Mónica disminuyeron.

4. Demasiada separación

La ansiedad de la separación es muy común entre los niños pequeños y refleja su necesidad irreductible de vinculación. Aunque la separación física es parte de la experiencia diaria del niño, si ésta es demasiada, o si la conexión padre-hijo es poco confiable o inconstante, se invertirá la relación adulto-niño. Cuando un maestro o un cuidador se ocupa de un niño pequeño, se tienen que desarrollar las relaciones correctas para evitar que el niño se mueva a una posición alfa. Aunque los adultos consideren que la labor del cuidador consiste en un servicio que se paga, los niños serán receptivos a sus cuidados sólo si tienen sustitutos en su crianza que sean sólidos y confiables. Los cuidadores me dicen que cuando el niño empieza, por error, a llamarlos "mamá" o "papá", es cuando saben que el niño se encuentra a gusto con ellos.

Un día, una madre me llamó angustiada cuando una maestra de preescolar castigó a su hija quitándole un medallón que tenía una fotografía familiar. Emma, de cuatro años, quedó desconsolada y ya no quería asistir a clase. Se negaba a pedir ayuda a sus maestras y ya no se comía su almuerzo ni seguía instrucciones. Cuanto menos obedecía, más tiempos fuera y castigos recibía por parte de sus maestras, lo que daba lugar a que Emma asumiera una actitud alfa hacia ellas. Sus maestras se resistieron a cambiar y no pudieron reconstruir su relación con Emma. Los padres no tuvieron otra opción que cambiar a la niña a otro centro preescolar para poder resolver el problema de actitud alfa.

La historia de Emma transmite cuan crítico es que los adultos logren activar los instintos de dependencia del niño. Esta activación se da sólo cuando el niño está seguro de que, bajo el cuidado de sus adultos responsables, no estará expuesto al ridículo ni a la separación de las personas y cosas con las que está vinculado. Cuando se disciplina a los niños pequeños de manera que, para conseguir su obediencia, se usen sus necesidades de vinculación o se creen situaciones de alarma de separación, se está haciendo muy poco para favorecer una relación fuerte con el cuidador. Una discusión más larga acerca de la disciplina y los niños pequeños se expone en el capítulo 10.

5. La intimidación o acoso (bullying) por parte de los padres, hermanos, pares o maestros

La experiencia de ser herido emocional o físicamente por un adulto o por otro niño alimenta la creación de problemas de tipo alfa. Por ejemplo, si un maestro de preescolar no puede dominar a un bully en clase, los demás niños probablemente sentirán que el aula no es un lugar seguro. Si los padres no se movilizan para escudar y proteger al niño frente a la intimidación de un hermano, la herida mayor no proviene del hermano, sino de la incapacidad de los padres de mantener un hogar seguro. La violación de la protección es lo que mayor impacto tiene en el niño y le crea angustia emocional junto con problemas de tipo alfa.

6. Sensibilidad abrumadora y vulnerabilidad extrema

Algunos niños nacen demasiado sensibles para su mundo, con una mayor receptividad sensorial que les produce sentimientos, pensamientos y estímulos abrumadores. Un niño sensible puede tener sentimientos intensos y pasar de un estado de ánimo lleno de pasión a uno de desesperación. Sus reacciones fuertes pueden agobiar a los adultos, como se refleja en frases que suelen decir los padres, tales como: "¡Eres demasiado para mí!", "¿Por qué eres tan dramático?" y "¡No sé qué hacer contigo!". Este tipo de expresiones pueden debilitar el liderazgo de los padres, ya que le transmiten al niño el mensaje de que no lo comprenden o no saben cómo cuidar de él. Los niños sensibles necesitan padres alfa muy fuertes que puedan conservar una posición como cuidadores confiables frente al niño, pese a sus tremendas emociones o conductas difíciles.

7. Experiencias o situaciones alarmantes

Los eventos y experiencias alarmantes pueden revertir las relaciones correctas de padre-hijo al sugerir que éstos no pueden mantener al niño seguro a pesar de sus buenas intenciones. He ayudado padres a retomar el liderazgo después de que sus hijos habían sufrido fracturas de huesos, accidentes de coche, tratamientos de endodoncia, cirugías, o asaltos, o cuando alguien ha fallecido. Lo bueno es que, cuando el adulto asume una posición sólida como cuidador, el niño puede descansar de nuevo bajo su cuidado, si bien frecuentemente esto toma tiempo y paciencia.

Contener al niño alfa

Si no logramos ver la raíz del problema alfa en la relación invertida de vinculación, podemos terminar atacando los síntomas de resistencia u oposición, frustración o agresión, ansiedad o agitación, o problemas de alimentación, de manera que se agudice aún más el problema alfa subyacente. La única solución duradera es que el adulto recupere el liderazgo en la danza de la vinculación. El reto consiste en que todo funciona al revés con un niño alfa: escucharán a las personas con quienes no están vinculados y no obedecerán a aquellos que son más cercanos. Así, a los vínculos más cercanos les toca soportar el embate de su peor conducta y se desconciertan, ya que son generalmente los que cuidan más al niño. Los instintos naturales de cuidado de los padres hacia un niño alfa no pueden guiarlos, debido a que el niño carece del sentido de dependencia. También existe el reto de tener que oír comentarios críticos acerca de su forma de criar a sus hijos y de recibir consejos que nunca pidieron. Todo eso coloca a los padres en un papel de dependencia, en lugar de apoyarlos para que logren colocarse en el asiento del conductor. La mayoría de los consejos que suelen ofrecerse no logran comprender cuáles son las raíces instintivas y emocionales del problema alfa.

Dada la intensa resistencia y oposición del niño alfa, junto con su frustración y agresión, es común escuchar que necesitan una "mano dura" para que aprendan la lección. Los problemas alfa no surgen de lecciones fallidas, sino de la falta de confianza en un cuidador. Si la respuesta de los padres es abusar de la dependencia del niño, quitarle cosas, castigarlo o tratarlo autoritariamente, harán muy poco para lograr que el niño dependa de ellos. Al mismo tiempo, los padres no pueden ceder a las exigencias ni tampoco fracasar en su desempeño como guías para atravesar todas las tormentas que se presenten. La posición desde la que un padre debe dirigir a un niño alfa es desde una dominancia cariñosa, el adulto está al mando y el niño no sentirá esto como algo adverso o emocionalmente hiriente. Es a través de la calidez, la generosidad y la capacidad de fijar límites mientras que se maneja un enojo, que el adulto puede demostrarle al niño de manera convincente que él es la mejor opción que jamás podría tener.

Las ocho estrategias siguientes pueden ser útiles para que los padres recuperen el liderazgo en la danza de vinculación y eviten perderlo. Se puede buscar el apoyo de profesionales que entiendan el problema alfa, y recurrir al uso de los recursos adicionales que podrán encontrar en el Instituto Neufeld, los cuales se enumeran al final de este libro, incluido el curso sobre los niños alfa.[3]

1. Transmitir una fuerte presencia alfa

Guiar, asumiendo la responsabilidad y transmitiendo una presencia alfa sólida es una de las estrategias más importantes para contener a un niño alfa. Esto significa que los padres asumen la responsabilidad de corregir la relación, de mantener al niño fuera de peligro y de no poner al niño en situaciones donde les sería muy difícil lidiar con él. Los padres del niño alfa necesitan conectarse con su propio deseo de cuidar a su hijo y entablar la relación con el pequeño desde ese sitio. Puede que los padres no sientan interés por conectarse a causa del comportamiento del niño, pero establecer esa conexión es un paso crítico hacia adelante para resolver un problema de tipo alfa. Si un niño con el complejo alfa observa que desconcierta o desafía a su adulto, dejará entonces de confiar en el cuidado que se le ofrece. Un niño alfa se frustrará cuando alguien no cede a sus exigencias, pero si siente que supera o abruma al adulto, esto sólo va a reforzar su actitud alfa. El adulto necesita transmitir que él es la respuesta que el niño busca cuando se trata de contacto, cercanía y cariño.

2. Hacer que sea fácil y seguro para el niño depender de los padres

Si han de guiar a un niño alfa, los padres necesitan hacer que sea seguro depender de ellos. Será difícil construir una relación de confianza cuando se usa la autoridad para forzarlo a que obedezca quitándole cosas o negándole privilegios que se habían acordado previamente. La relación antagonista causada por el uso de castigos, tiempo fuera, amenazas y hacerle sentir las consecuencias sólo agravará la actitud de un niño alfa. Los padres deberán maniobrar a través de su conducta tormentosa y transmitirle que pueden manejar la situación.

La estrategia clave con el niño alfa consiste en no aparecer desplazados de su posición de cuidadores, no herirlos en la interacción ni parecer pasivos al dar una respuesta. Cuando Nancy empezó a hacerse a un lado en las batallas con sus mellizos y se negó a negociar con ellos como si fueran sus iguales, empezó a cambiar el tono en el hogar. Por ejemplo, cuando Sarah tomó el juguete de James y le pegó con él, Nancy se hizo cargo de la situación y le dijo: "Los hermanos no están para gritarles ni pegarles, Sarah. Ahora les voy a quitar los juguetes y hablaré de eso con ambos más tarde. Vamos a hacer algo diferente ahora". A veces regresaba al incidente más adelante durante el día o cuando tenía un momento de privacidad con cada niño. Reconocía sus sentimientos de enojo y, si parecían estar receptivos, les daba instrucciones para manejar situaciones similares en el futuro.

La mayoría de los incidentes se manejan mejor fuera de los momentos en que ocurren, pero a veces los padres se ven forzados a actuar. En estos momentos, es necesario mantener una actitud alfa de cariño y manejar la situación hasta salir con bien de la tormenta. Por ejemplo, una madre me contó que su hijo de tres años y medio luchaba contra ella por todo, pero especialmente cuando tenía que usar una chamarra cuando hacía frío afuera. Decidió esperar pacientemente a que su hijo la obedeciera, advirtiéndole que irían al parque cuando el niño tuviera la chamarra puesta. Dominic gritó y chilló, pero la mamá mantuvo la calma y le dijo que sabía que esto pasaría. Después de gritar un rato, el cerebro de Dominic finalmente entendió que desafiarla era en vano y que su madre no iba a cambiar de opinión. Aunque su madre tuvo éxito al conseguir que Dominic usara su chamarra, el mensaje más importante fue que su madre estaba a cargo y, además, era seguro depender de ella.

El punto clave en términos de poder depender de un padre, es que no se puede sacar ventaja de las necesidades, los miedos, la inferioridad, la pequeñez, los miedos y la dependencia del niño. Aunque para encontrar el camino a través de situaciones complicadas son necesarias la paciencia y la creatividad, proteger la dignidad del niño y la de los padres puede significar un enorme avance en lo que respecta a corregir una relación invertida.

3. Leer las necesidades y tomar el liderazgo

Uno de los retos con un niño alfa son las exigencias continuas a sus cuidadores. No se puede cuidar a un niño cuando él es el que manda en casa. El objetivo es satisfacer sus *necesidades* en lugar de sus *exigencias*. Una estrategia es superar sus peticiones dándole más de lo que pide. Por ejemplo, si un niño alfa les pide a sus padres que lo vistan, en lugar de simplemente satisfacer su solicitud, el padre o la madre puede leer su necesidad y mejorar su respuesta: "Justo iba a traer tus pantalones y calcetines porque sabía que querías que te ayudara a vestirte. Hasta tengo lista tu chamarra favorita". Cuando los padres superan las exigencias del niño y le dan lo que le hace falta para su necesidad subyacente, se logra comunicar que los padres lo comprenden, que se puede contar con ellos y que están a cargo de la situación. Por ejemplo, las mañanas de Nancy con James estaban llenas de exigencias y frustración, entonces ella tomó el liderazgo y se le adelantó. En cierto momento, James le dijo: "No sé lo que me está pasando. Tenía en mi cabeza un tablero de 'sí/no', y cada vez que tú querías que dijera sí, el tablero se movía al no. Cada vez que tú querías un no, el tablero se movía al sí. Estoy asustado, mami, mi tablero de 'sí/no' está desapareciendo". Conforme James dejaba de resistirse, era mucho más fácil cuidar de él. En la medida en que Nancy se sentía más eficaz como madre, su confianza para guiar a James fue creciendo. Cuanto más aumentaba su confianza, más inclinado estaba James a seguirla, restableciendo así la danza de una relación correcta.

4. Favorecer una expresión válida de los instintos alfa

Darle al niño una válvula de escape a sus instintos alfa puede ayudar a reducir la intensidad de estos instintos en la relación padres-hijos. Estas válvulas de escape pueden fomentarse a través de actividades estructuradas o de juego. Por ejemplo, Nancy inscribió a James en clases de piano, que le encantaban. Entonces James empezó a competir consigo mismo para ver qué tan lejos que podía llegar y a qué rapidez. Nancy inscribió a Sara en karate, en donde su competitividad se desenvolvía a través de un deporte personal. Nancy también encontró que una de las actividades de juego favoritas de Sarah era montar una clínica veterinaria, en la que ella era responsable de salvar a todos los animales. Sarah mangoneaba a sus empleados imaginarios y los instruía en la forma correcta para curar a los animales heridos. Preparaba escenarios en los que ella era la única que podía salvar la situación. En su juego, Sarah podía expresar sus instintos alfa, evitando que Nancy recibiera el embate de algunas de sus órdenes y exigencias. La clave está en encontrar las áreas en las que los niños pequeños pueden estar a cargo y que no compitan con las responsabilidades de cuidado de los padres.

5. Fomentar las relaciones jerárquicas naturales

Cuando los niños están incrustados en jerarquías naturales de vinculación, sus instintos de dependencia pueden ser activados de manera apropiada mediante roles y contextos. Por ejemplo, Sarah y James tenían primos mayores a quienes adoraban y seguían de muy buen grado. Sus primos no respondían a sus maneras mandonas y tomaron firmemente la iniciativa cuando tenían que realizar juntos actividades, tales como deportes. Los abuelos, tías, y tíos de Sarah y James también fueron elementos fundamentales para corregir la jerarquía de vinculación de los mellizos dándoles a conocer pasatiempos, numerosos juegos y paseos en grupo.

Los padres dejaron de colocar a Sarah y a James en grupos de juego de la misma edad y, en cambio, se enfocaron en la relación con cada uno. Empezaron por separar a James y a Sarah entre sí, y dedicaron mucho más tiempo a cada uno por separado. Buscaron oportunidades para que Sarah y James estuvieran con niños más pequeños que ellos, con el fin de que dieran rienda suelta a sus instintos alfa de una manera sana y afectuosa. El enfoque se cambió para modificar el ambiente de los mellizos y sumergirlos en una jerarquía relacional natural, en lugar de tratar de cambiar su comportamiento. El cambio del contexto sirvió para transmitirles cuál debería ser su lugar en la jerarquía y activar sus instintos de dependencia.

6. Hacerse cargo de las circunstancias y de las decisiones

Guiar al niño significa transmitirle que el padre sabe bien lo que él necesita sin tener que consultarlo con él, y asumir la responsabilidad de las circunstancias o las decisiones que tienen que ver con el niño. Por ejemplo, en un día en que salieron de compras, Sarah le exigió a su mamá que le comprara una regadera para las plantas. Nancy le dijo que iba a pensarlo y que le daría su respuesta cuando acabaran las compras. Al final del paseo, Nancy se volvió hacia Sarah y le dijo: "Ya lo pensé y decidí que quiero comprarte una regadera, porque te vas a divertir mucho con ella cuando estés en el jardín". Sarah replicó que ya no quería la regadera, aunque sus ojos llorosos y el gesto de su labio tembloroso decían otra cosa. La mamá siguió asumiendo su papel y le dijo a Sarah que iba a comprarla de todos modos, porque sabía que Sarah querría jugar con esta más adelante. El reto para Sarah era que aceptar la vulnerabilidad de depender de su madre era demasiado para ella en ese momento, y sus instintos alfa rechazaban el intento de su madre por cuidarla. Las acciones de la madre le transmitían a Sarah que ella estaba a cargo y que era seguro depender de ella.

Cuando se trata con un niño, también es importante esconder los propios temores y necesidades, particularmente cuando ellos están atorados en la posición alfa. De lo contrario, el niño leerá los miedos o preocupaciones de los padres y posiblemente actuará con el impulso de querer dominarlos o cuidarlos. Además, decirle de antemano al niño alfa las intenciones o la estrategia que tienen los padres para tratar con ellos, sólo aumentará su resistencia. Por ejemplo, si los padres dicen: "Me haces sentir enojado cuando me gritas y te niegas a hacer lo que te pido", los gritos y la resistencia del niño probablemente aumentarán. Ser explícito sobre las instrucciones o direcciones no hará sino invitar a que los instintos alfa del niño lo empujen a tomar el control y actúen con un comportamiento contrario, como una forma de confirmar su dominio. Ser menos explícito funcionaría mejor, por ejemplo, podría decírsele al niño: "¿Cómo estará hoy el clima cuando caminemos hacia la escuela?", en lugar de decirle: "Toma tu chamarra. Vamos a la escuela". Aunque muy probablemente serían pocos los padres que no se sentirían frustrados si el niño no obedeciera, la clave está en no revelar la impotencia que sienten.

Uno de los retos más difíciles al tratar con un niño alfa es no tomar su comportamiento como algo personal y no reaccionar hacia ellos con emociones descontroladas. Los padres pueden sentirse exhaustos, molestos y desesperados. A veces no podrán incluso creer lo duro que es el papel de padres, podrán batallar para sacar a flote el amor por el niño, y pelear con su pareja acerca de cómo salir adelante con éxito. Es difícil mantener la esperanza de que las relaciones correctas prevalecerán en medio de todos los comportamientos y desafíos problemáticos. Los padres tienen que dar un paso atrás y comprender cuál es la raíz del problema alfa. Esto les permitirá anticipar los problemas, preverlos, y mantener en la mira el objetivo final de cómo están tratando de alterar el rumbo.

7. Preparar el escenario para ser la respuesta para el niño

Una estrategia eficaz con el niño alfa es encontrar aquellas oportunidades en las que el niño tiene que depender de los padres, incluidos enseñarles un pasatiempo o sacarlos a dar un paseo. Muchos niños alfa se niegan a salir de casa porque ése es su "reino" o porque se les ha hecho una petición expresa de que se preparen para salir. A pesar de sus protestas, llevarlos a un lugar o a una actividad nueva puede desvanecer su actitud alfa, aunque sea temporalmente, y darles a los padres una oportunidad de tomar el liderazgo. Los padres a menudo señalan lo maravilloso que es su hijo en estos paseos y cómo se desalientan cuando las características alfa reaparecen al regresar a casa. Toma tiempo contener a un niño alfa, y los avances suelen ser pequeños. Como ejemplos de estos pequeños avances, Nancy empezó a llevar a James a atrapar ranas, y él estaba encantado de contar con un tiempo solo con ella y de aprender sobre algunas de sus criaturas favoritas. Nancy también aprovechaba a su favor la dependencia de los mellizos cuando estaban enfermos o se metían en problemas. Mostrar una sólida protección en esas ocasiones favoreció que los niños desarrollaran un sentido de confianza y dependencia a su lado.

Cuando Nancy encontró sus instintos alfa dentro de sí, fue algo hermoso y conmovedor. Venía a mi consultorio a contarme cómo había sorteado situaciones delicadas, y me consultaba sobre aquello que no podía entender, y lo que requería su comprensión. Nancy hizo un gran esfuerzo para ganar su lugar correcto en las vidas de James y Sarah al tomar el control, y lo logró, no mediante técnicas estudiadas o recitando mantras o instrucciones, ni mediante el uso de sobornos, amenazas o castigos. Lo que ella encontró fue mucho más convincente y le servirá de lleno cuando sus hijos lleguen a la adolescencia. Al sacar a la luz sus instintos alfa, Nancy activó los instintos de dependencia de los mellizos y comenzó a atraerlos alrededor de su órbita. Grande fue su sorpresa al ver que el instinto alfa que ahora utilizaba con tanto acierto habían estado dentro de ella todo el tiempo. Cuando el esposo de Nancy comprobó su éxito, también empezó a asistir a mis sesiones de terapia con el fin de comprender mejor a sus hijos y tomar posesión del asiento del conductor.

Necesitamos danzar nuestro camino a una relación correcta con nuestros hijos a través de ciertas medidas: (a) ACEPTAR QUE *el* TRABAJO en la relación es nuestra responsabilidad; (b) ASUMIR *un papel* ALFA, tomando el liderazgo y saber leer cuáles son las necesidades del niño; y (c) PROVEER *más de lo que se busca*, de manera que nuestra provisión de cariño y protección satisfaga sobradamente el hambre de conexión del niño. Los padres se revisten de una gran dignidad y enriquecimiento cuando reclaman su lugar legítimo en la vida del niño. Desde ese lugar encontrarán la confianza para comprender al niño, la fortaleza para guiarlo y el valor para confiar en que su cuidado y cariño son suficientes. Nos convertimos en elementos irreemplazables cuando danzamos con nuestros hijos en relación correcta.

6

Sentimientos y heridas

MANTENER EL CORAZÓN DEL NIÑO SUAVE

El corazón tiene razones que la razón ignora.
BLAISE PASCAL[1]

Claire se detuvo frente a un pequeño estudio de fotografía en la ciudad de Oaxaca en México. Observó las paredes adornadas con retratos de niñitos que sonreían, reían a carcajadas, lloraban, fruncían el ceño, o escondían el rostro con timidez. Las emociones de cada niño estaban dispuestas en círculo alrededor de una foto central, dando una apariencia artística. Claire se preguntó por qué alguien querría congelar berrinches y enojos, cuando la mayoría de los padres prefieren evitarlos totalmente. Encontró al dueño y le preguntó por qué captaba a los niños en esos estados, y él le respondió francamente: "Los retratos representan todas las emociones y facetas de la vida. Algunos serios y reflexivos, otros alegres, otros tristes. *Así es la vida*". Claire se sorprendió por su explicación: sintió que aquel fotógrafo había roto un tabú o alguna tradición sagrada al convertir el mal humor en una forma de arte. Se preguntaba quiénes serían los padres detrás de aquellos retratos y cómo habían llegado a valorar las emociones de sus hijos, incluso las confusas.

Los retratos dejaron una impresión duradera en Claire. ¿Qué tenían que decirnos aquellas fotos acerca de nuestra relación con las emociones de los niños y la búsqueda de la felicidad? ¿Por qué aquellos padres no se preocuparon en calmar a sus hijos, y por qué celebraban aquellos estados alterados? Claire sintió que esos niños eran muy afortunados al tener como guías a personas que estaban dispuestas a ayudarles a entender el lenguaje del corazón. Los retratos encarnaban lo que cada niño necesitaba: un guardián para sus sentimientos vulnerables y corazones suaves.

Las vidas emocionales de los niños pequeños

Al ser criaturas emocionales, los niños pequeños son predeciblemente impredecibles. Tienen mundos emocionales inmensos, pero pocas palabras para describirlos. Están llenos de energía emocional pero no tienen manera de controlarla. Captan las emociones de los demás, pero no comprenden las propias. Tienen buenas intenciones de comportamiento, pero pierden estas intenciones en medio de la intensidad de su experiencia emocional. Tienen expresiones emocionales no templadas que desafían a la razón. Los padres de cualquier niño pequeño que esté haciendo un berrinche o resistiéndose, no se tardarán en comprobar su inmadurez emocional. Por ejemplo, cuando Thomas de tres años, frustrado, pegó su a padre, éste le sugirió que mejor usara las palabras para desahogarse. Thomas obedeció y le dijo: "Me voy a hacer pipí encima de ti, papi".

Lo bueno es que es muy fácil leer los estados emocionales de los niños. El cuerpo del niño irradia felicidad o frustración, sus risitas exudan alegría, sus pies brincan como resortes cuando están contentos o patalean cuando sienten rabia. La manera de sentir del niño puede ser apreciada por todos. El reto se presenta porque esa expresión emocional puede ser extremada, intensa, ruidosa, desagradable, caótica, y puede presentarse en el lugar y el momento menos apropiado. Un berrinche se desata en el supermercado, y las resistencias aparecen cuando viene de visita la familia política. Las emociones de los niños afloran libremente sin tener en cuenta los programas de cada día ni los niveles de paciencia de los padres. La pregunta es: ¿Qué hacemos cuando las emociones del niño entran en ebullición y explotan? No podemos responder a esta pregunta sin considerar antes lo que se necesita para fomentar la salud y la madurez emocional. Necesitamos hacernos cargo de la expresión emocional desinhibida, descontrolada y caótica del niño a lo largo de su adolescencia y mientras avanza a la madurez emocional en la edad adulta. Tenemos todo un maratón emocional frente a nosotros.

El estudio de las emociones humanas se ha visto obstaculizado por su naturaleza invisible y efímera. El enfoque conductista planteado por el psicólogo estadounidense B.F. Skinner trataba los sentimientos como variables perturbadoras que debían eliminarse mediante programas de refuerzo y un condicionamiento operante.[2] Los puntos de vista de Skinner han tenido un impacto duradero: conducen al actual y variado menú de enfoques en la disciplina que tratan de extinguir y calmar las emociones del niño cuando estallan y erupcionan.

Para complicar más las cosas, la racionalidad y la madurez se han equiparado a la carencia de expresión emocional, aunque pocos son los neurocientíficos que apoyarían esta idea hoy. Los neurocientíficos coinciden en que el cerebro humano tiene emociones preestablecidas y programadas desde el nacimiento.[3] Esta visión de la emoción se opone a la teoría de la pizarra blanca, según la cual el comportamiento humano es algo que se aprende, y los impulsos innatos y emocionales no existen. Las emociones tienen un propósito y un trabajo por cumplir: deben empujarnos y movernos para garantizar la supervivencia y la maduración.

Antonio Damasio, un destacado neurocientífico, ha explicado que la parte racional del cerebro se construye sobre, y está en conjunción con, el centro emocional del cerebro o sistema límbico.[4] Los nuevos descubrimientos están abriendo el camino para reconceptualizar el papel de las emociones, incluido el mapeo de su neuroquímica, conductos neuronales, y su papel en la integración cerebral. Afortunadamente, la neurociencia está revelando el papel crítico de las emociones dentro de una maduración y desarrollo sanos. En *The Healing Power of Emotion*, Diana Fosha, Daniel Siegel y Marion Solomon afirman: "Al haber sido programados para conectarnos entre nosotros, lo hacemos a través de nuestras emociones. Nuestros cerebros, cuerpos y mentes son inseparables de las emociones que los animan. Las emociones se encuentran en el centro de la relación entre el pensamiento y la acción, entre uno mismo y los demás, entre la persona y el entorno, entre la biología y la cultura".[5] En pocas palabras, las emociones son el motor del desarrollo humano.

¿Qué son las emociones?

Una emoción se define como algo que nos perturba y mueve hacia la acción. Las emociones son algo que nos sucede, más que algo que esté bajo nuestro control consciente. El cerebro tiene sus propias razones para activar las emociones, a pesar de lo irracionales que puedan parecer en la superficie. No podemos razonar con una emoción como si fuera algo lógico: hay un proceder en su locura, un propósito detrás de su activación. Los monstruos aparecen a la hora de dormirse, como lo pueden asegurar la mayoría de los niños de tres años, y hay muy pocas explicaciones que logren impedir que aparezcan. Una madre le dio a su hija de tres años un atrapa-sueños para que se llevara sus pesadillas, pero su hija le dijo: "Mamá, está defectuoso; los monstruos siguen saliendo delante de mis ojos cuando estoy dormida". Otra niña lo vio de manera diferente y le dijo a su padre: "Los monstruos no se comen los dedos de los pies si te pones calcetines en la cama", y "No duermo con las manos en la cabeza porque van a venir los gorilas y me harán cosquillas en las axilas". Un niño pequeño siempre encontrará soluciones "lógicas" a aquello que lo perturbe emocionalmente.

LAS EMOCIONES SON LA FORMA EN QUE EL CEREBRO MUEVE A UN NIÑO A...

... TENER PRECAUCIÓN cuando enfrenta algo que lo alarma

... BUSCAR UNIÓN cuando tiene hambre de contacto, de cercanía y conexión

... DETENERSE cuando se topa con la futilidad

... AVENTURARSE cuando se siente seguro en casa

... ALEJARSE de aquellos con quienes no está vinculado

... CUIDAR a sus vínculos

... RESISTIRSE cuando está fuera de sus vínculos

... EMERGER como una persona separada cuando el hambre de vinculación ha sido saciada

Figura 6.1 Tomada del curso de Neufeld:
El corazón es importante: la ciencia de la emoción

Las emociones crean un potencial de acción que impulsa al niño a satisfacer una necesidad o a solucionar un problema. En pocas palabras, las emociones no son problemas; si no que suministran el ímpetu y la energía necesarios para solucionar los problemas. Si queremos comprender cómo se agita un niño, tenemos que considerar cómo se está moviendo. Si el niño corre hacia los padres para protegerse, es probable que una señal de alarma lo haya empujado hacia ellos. Sus acciones hacia la exploración y el descubrimiento están alimentadas por un deseo de aventurarse y crecer. *La emoción es el motor que impulsa los actos humanos: es aquello de lo que se le ha escapado al paradigma conductista, en su esfuerzo por cuantificar y medir la conducta humana.* Aunque la emoción puede ser invisible a simple vista, no podemos negar su existencia o su capacidad de activarnos e impulsarnos. Pregunte a cualquier padre que ame profundamente a sus hijos: no existen palabras para expresar aquello que lo mueve a cuidarlos y sacrificarse por ellos.

Las emociones son críticas para el desarrollo integral de un niño; son los motores que lo impulsan la maduración y formar su individualidad. No se necesita enseñar a un niño a actuar con madurez, tanto como se necesita enseñarle cómo sentir las emociones correctas para alcanzar a esa madurez. Un niño necesita ser movido a la precaución, al cariño y cuidado, a sentirse triste cuando se enfrente a las futilidades de la vida, a confiar, a tener confianza en sí mismo y valor, y a tener esperanza. Sus sentimientos más vulnerables, particularmente los del cariño y la responsabilidad, son los que hacen del niño un ser compasivo y plenamente humano. Un corazón suave siente las emociones de una manera vulnerable y es movido por ellas.

Cinco pasos para alcanzar la salud emocional y la madurez

Los padres de un niño son sus primeros guías para ayudarle a comprender los impulsos, emociones y sensaciones que ocurren en su sistema emocional. El objetivo es desarrollar su capacidad para regir sus emociones bajo un sistema de toma de decisiones, intenciones y reflexión, de forma que puedan *empezar* a compartirlas responsablemente. Si el desarrollo se lleva a cabo bien, esto se desenvuelve con la integración del cerebro entre los 5 y los 7 años de edad, o entre los 7 y los 9, en el caso de los niños más sensibles. Los padres tienen que facilitar las condiciones para que los niños crezcan y logren alcanzar la madurez emocional, en lugar de ordenarles que actúen como si ya fueran emocionalmente maduros.

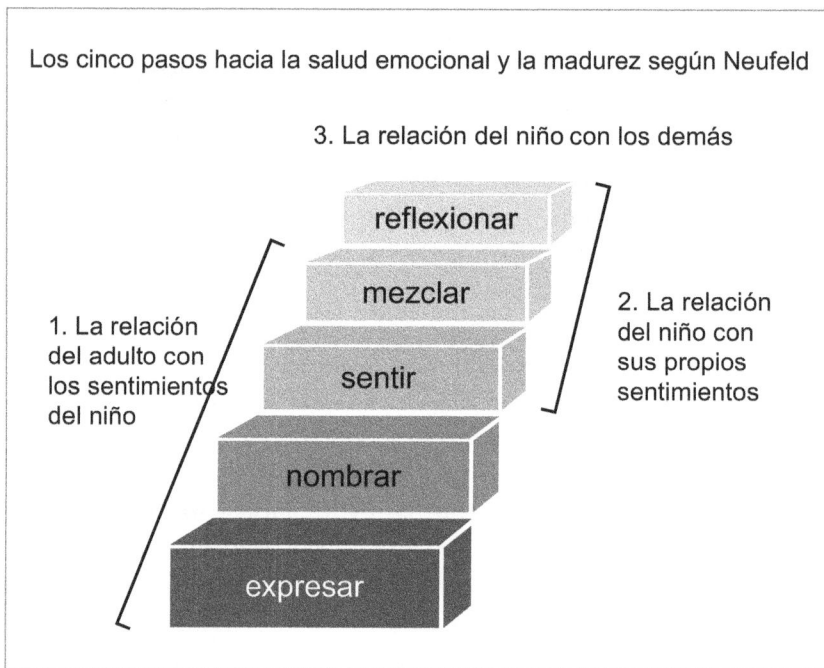

Los cinco pasos hacia la salud emocional y la madurez según Neufeld

3. La relación del niño con los demás

reflexionar

mezclar

1. La relación del adulto con los sentimientos del niño

sentir

2. La relación del niño con sus propios sentimientos

nombrar

expresar

Figura 6.2 Tomado del curso de Neufeld:
El corazón es importante: la ciencia de la emoción

Los cinco pasos para lograr la salud emocional y la madurez, de Neufeld, consisten en un desarrollo secuencial del niño como un ser emocional. Con el tiempo, el niño desarrolla una relación con sus emociones gracias a los adultos que le introducen a sus sentimientos. Los cinco pasos secuenciales no se pueden brincar y se despliegan atravesando una serie de fases cada vez más sofisticadas: expresar, nombrar, sentir, mezclar y reflexionar. Los padres tienen que desempeñar tres papeles críticos al guiar al niño a través de estos cinco pasos y moldear su potencial como seres emocionales:

1. Los padres son *guías* que facilitan la expresión emocional y ayudan al niño a que aprenda los nombres de sus sentimientos.

2. Los padres son *escudos* que preservan el corazón suave de su hijo y le ayudan a ser consciente de sus sentimientos.

3. Los padres son *agentes de templanza* que deciden cómo restituir el equilibrio y la fluidez del sistema emocional del niño, ayudándolo a mezclar los sentimientos y a reflexionar sobre ellos.

1. Los padres como guías emocionales

La emoción busca salir y expresarse, al igual que el agua de una represa busca liberarse. El propósito de la emoción es impulsar al niño hacia adelante, pero requiere de un canal por donde correr y un lugar donde fluir. Para un niño pequeño, la experiencia de esta energía emocional es como navegar en una balsa en dirección a los rápidos. No sirve de nada pelear contra la fuerza del agua y el niño no puede hacer otra cosa sino abandonarse o ser arrastrado por su fuerza. El único recurso que le queda es buscar a un guía al que aferrarse, y seguirle mientras sortea las crestas, las olas y las cascadas. El niño pequeño necesitará confiar en el guía para maniobrar a través de las zonas más turbulentas y poder llegar a salvo a las aguas tranquilas. La vulnerabilidad de la dependencia aparecerá con frecuencia, y empujará al niño a preguntarse si puede contar con el cuidado de ese guía. Esta "travesía emocional" es algo que sucede a diario, incluso a cada hora, a los niños pequeños y a quienes tienen el papel de guías. La relación correcta se simboliza con la balsa, que el adulto conducirá para seguir adelante.

Las emociones están supuestas surgir y fluir a través de nuestros hijos. Aunque su existencia no sea un problema, puede que sean la causa de muchos problemas. Los padres necesitan guiar el sistema emocional del niño para asegurarse de que permanezca fluido, abierto y vibrante. Los padres están naturalmente posicionados para facilitar la expresión de las emociones del niño y tendrán que invitarle a que libere esas emociones, así como ofrecerle las palabras adecuadas que correspondan a los estados emocionales. Para ser guías, los padres tendrán que usar su propio sistema emocional para así comprender el estado emocional del niño. La capacidad de leer las emociones en los demás surge de la resonancia límbica: "Esa armonía sin palabras que vemos por todos lados y damos por hecho entre la madre y el lactante, entre el niño y su perro, entre los amantes que se toman de la mano en la mesa de un restaurante".[6] El niño pequeño debe buscar el refugio emocional en el cuidado que le ofrecen sus padres. Ellos son su brújula cuando está perdido o confundido. La relación correcta se fortalece cuando los padres son capaces de leer las emociones del niño, invitarle a que las exprese y comunicarle que lo van a cuidar. La habilidad para leer las emociones de un niño es la forma en que los padres se convierten en guías; y también es la forma en que los niños aprenden indirectamente sobre las emociones que existen dentro de ellos.

La expresión emocional aporta la materia prima con la que los padres pueden enseñar el lenguaje del corazón. El ser humano posee una cualidad única con respecto a los demás mamíferos: somos capaces de *nombrar* nuestros estados emocionales. El nombre que le damos a la apreciación subjetiva de nuestro estado emocional es lo que llamamos *sentimiento*. Los sentimientos son las palabras que usamos de manera consciente para comunicar aquello que nos mueve internamente. Cuando los niños pequeños cuentan con nombres-sentimientos para describir sus emociones, esas palabras abren la puerta hacia una mayor vulnerabilidad, consciencia e interpretación. Los padres tienen que invitar a la congruencia entre el corazón del niño y aquello que dice, la cual estará a la raíz de su integridad y autenticidad. Cuando no respetamos aquello que el niño guarda en su interior, lo empujamos a alterar quiénes son para permanecer cerca de nosotros. Disminuimos y contaminamos su individualidad por preservar nuestras emociones y todos aquellos sentimientos que no sabemos manejar.

Cuando el niño se ve motivado a expresar sus emociones, también recibe el mensaje de confiar en que su corazón le brindará información valiosa. Cuando los padres validan las emociones del niño, le transmiten fe y seguridad de que puede confiar en sus agitaciones silenciosas cuando toma una decisión. Cuando ayudamos a nuestros hijos a relacionarse con sus sentimientos, tendrán la capacidad de compartirlos responsablemente con los demás. Nuestros hijos necesitan compartir su ser, al igual que necesitan un corazón que sienta, una boca que exprese, y la convicción de que la inmensa riqueza de la vida proviene precisamente de vivirla de una manera vulnerable. Cuando los padres respetan las emociones de su hijo, crean la posibilidad de relaciones futuras en términos de intimidad emocional y psicológica.

El problema de invitar a la expresión emocional

El problema que surge cuando invitamos al niño a expresar sus emociones es que la expresión de estas puede ser confusa, difícil, burda, caótica y poco civilizada. ¿Cómo puede un padre mantener una expresión neutral y dejar que las emociones del niño fluyan cuando lo que sale de éstas es desagradable, inaceptable, enajenante e hiriente? Por ejemplo, Jasper, de cinco años, le gritó a su papá: "¡Llévame a la estación de policía para que ahí me disparen!". O Marina, de seis años, quien le dijo a su mamá: "¡Tu piel y tus huesos son un desperdicio en tu cuerpo!". La mamá de Ethan nos contó que su hijo de tres años le gritó a su papá: "¡Te odio! ¡Te quiero sacar los ojos y con una sierra cortarte en pedacitos!". Usé un día el ejemplo de esta última historia con un grupo de padres y me quedé consternada viéndolos reaccionar asombrados, horrorizados y haciendo exclamaciones del tipo "¡Qué terrible!". Me quedé atónita porque yo pensaba que Ethan de tres años había sido bien expresivo con su frustración viciada, claro en sus intenciones y muy articulado. Donde yo había visto potencial humano, los padres sólo vieron delincuencia.

No me preocupaba la inmadurez de Ethan, al contrario, quería entender la razón que había agitado con frustración viciada. Le pedí a su madre que me contara la historia de lo que había pasado antes de sus palabras agresivas, y me quedó claro que estaba enojado porque su padre había tenido que ir a trabajar después de haber estado en casa unos días de vacaciones. Ethan quería seguir jugando con su papá y su frustración se convirtió en algo viciado cuando se le dijo que aquello no era posible. Escogió una sierra como arma porque la actividad favorita cuando estaba con su padre era verlo aserrar leña. Lo que Ethan necesitaba era que alguien le diera espacio para expresar sus sentimientos y que le diera palabras para expresar lo que estaba en su corazón. Este proceso emocional y liberación sólo podrían ser facilitados por alguien con quien Ethan tuviera una buena relación, que comprendiera sus sentimientos, que reconociera lo que para él era difícil de aceptar, y que pudiera suavizar su frustración con calidez. La respuesta a las emociones de Ethan era simplemente cuidarlo y quererlo. Necesitaba escuchar cosas como "Nada está bien para ti ahorita. Quieres jugar con papá y él no puede", o "Estás frustrado porque papá tiene que ir a trabajar ahora". En cuanto Ethan derramó sus lágrimas, su corazón se suavizó y acabó aceptando una de las verdades más duras de la vida, o sea que a veces no podemos mantener junto a nosotros a las personas que amamos. ¿Por qué querríamos castigar a un niño que está pasando trabajo lidiando con estos sentimientos? Lo que Ethan quería era contacto y cercanía con su padre: lo que obtuvo fue una conexión con su madre, quien lo guio hasta la raíz de su frustración y, al final, a sus lagrimas.

A los padres puede resultar difícil comprender a las emociones de su hijo, pero invitarlo a que exprese sus sentimientos no requiere que los entendamos. A la base de la duda y del miedo que sienten los padres a darle espacio a su hijo para que se exprese, está la idea de que, si "le dan un dedo", él "se tomará la mano". Los padres temen que la expresión emocional nunca se va a detener; tomará el poder y nunca terminará. La energía emocional no se detiene hasta que esté liberada. Las emociones contenidas pueden crear erupciones mayores y ser más explosivas. Cuando el sistema emocional se agita, continuará presionando para encontrar un canal de escape, buscará cualquier cosa que reduzca la presión interna. Las emociones tomarán mucho más que "la mano", si tratamos de oprimirlas.

Los padres también pueden creer, equivocadamente, que las emociones se aprenden, y deben desaprenderse con refuerzo y consecuencias. La nueva ciencia de la emoción ha demostrado que esto es incorrecto. Nosotros no le enseñamos al niño a comportarse frustrado, alarmado, cariñoso, triste... El niño nace con la capacidad de sentir esas emociones y se mueve instintivamente a partir de ellas. El papel de los padres es el de guiarlo a través de sus emociones para que, con el tiempo, pueda conseguir estabilidad, equilibrio y autocontrol.

La cuestión que tenemos que considerar es qué le hubiera pasado a Ethan si sus padres le hubieran dicho: "Cuando hables así no vamos a estar cerca de ti", o "Vete a tu cuarto y regresa en tres minutos", o "Eres muy malo con tu papá, ¿qué clase de niño grosero dice cosas como ésas?". Estas palabras habrían creado un dilema emocional en Ethan. Si expresar su frustración interna implicara perder a la gente que él más quiere, entonces su cerebro habría seguramente orquestado un escenario de sacrificio muy complicado. La alarma de estar separado de sus vínculos habría hecho que su cerebro reprimiera u ocultara aquellas emociones que amenazaban sus relaciones. Como por arte de magia, Ethan se comportaría después de su tiempo fuera como un niño "calmado" y "bueno como el pan". La alarma creada por ser enviado a otra parte habría extinguido su frustración y lo habría doblegado a volver a la relación con sus padres. Sin embargo, la frustración subyacente no habría quedado resuelta, él habría seguido agitado, incapaz de expresar lo que le pasaba, y hubiera tenido muy poco entendimiento y consciencia de sus emociones. El gato, el perro o cualquier otro niño a su alrededor, habrían sufrido las consecuencias de su frustración, pero no sus padres, dado que su cerebro se movería estratégicamente para proteger esta relación. Los tiempos fuera y la disciplina basada en la separación "funcionan" porque secuestran el sistema emocional del cerebro mediante la creación de una alarma de vinculación. Si este tipo de respuesta se usara con frecuencia, Ethan tendría, no sólo un problema de frustración, sino también uno de alarma. La separación es la más poderosa de las experiencias y modela el cerebro emocional.

EL PROBLEMA DE REPRIMIR LA EXPRESIÓN EMOCIONAL

¿Qué significa para un niño cuando su cerebro tiene que reprimir la expresión de sus emociones para poder preservar la relación con sus padres? ¿Cuál es el costo en términos de salud y madurez emocional que hay que pagar cuando se reprime la expresión en un sistema que está construido para fluir? El costo incide en la relación que el niño forma con sus emociones y en su evolución como ser emocional. Conforme los padres responden a las emociones del niño, le trasmiten cuáles de ellas son aceptables, y así se va labrando el corazón del niño. Si el niño desea una relación con los padres, su cerebro se modelará inconscientemente para adaptar su expresión emocional de acuerdo con lo que se le pide. Las emociones que no son bien recibidas pasan a la oscuridad, fuera de los parámetros considerados aceptables, dejando a la vista el contorno de un molde prefabricado en la forma de su corazón. Por ejemplo, si el niño ve que a su papá no le gusta que esté triste y trata de hacerlo pensar de forma positiva, puede que el cerebro del niño bloquee los sentimientos de tristeza con el fin de hacer que la relación con papá funcione. Entonces, puede que el niño tenga que batallar en la infancia y hasta en la edad adulta, con los sentimientos de tristeza, si nadie más fue capaz de invitarle a que los expresara y le ayudara a nombrarlos. Reprimir la expresión de los sentimientos puede conducir también a problemas de conducta alfa y a un montón de dificultades emocionales. Constituye una receta perfecta para la depresión.

Parámetros del vínculo

intenso · melancólico
fastidioso · frenético · conflictuado
molesto · tímido · calmado · gruñon
malhumorado · amoroso · decepcionado
reticente · triste · extrañando
inseguro · cariñoso · entusiasta
alarmado · cooperador · iracundo · dolido
celoso · irritable · inseguro · cruel · inquieto
posesivo · feliz · desanimado · encolerizado
demandante
crítico · interesado · dependiente
solitario
aburrido · enojado · pesimista · tímido
odioso · nervioso · frustrado · opositor
miedoso · desalentado

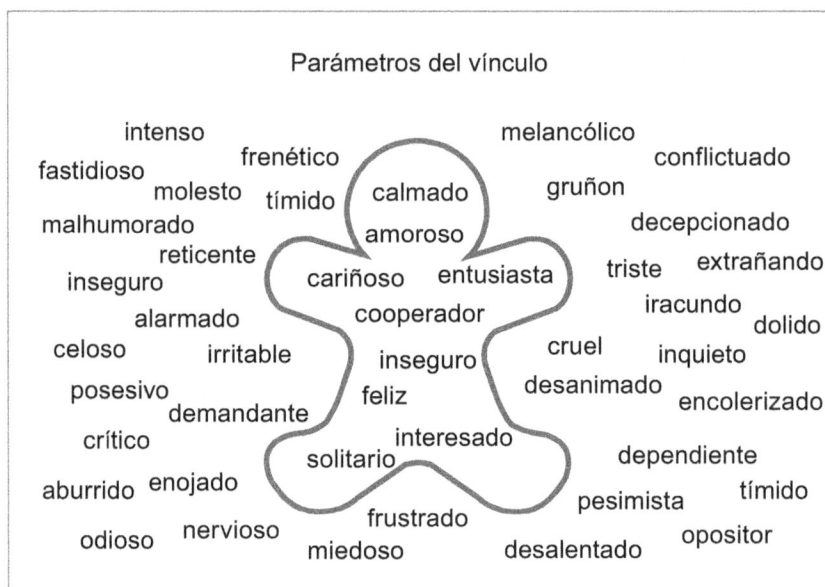

Figura 6.3 Tomada del curso de Neufeld:
El corazón es importante: la ciencia de la emoción

El mayor sacrificio que resulta de reprimir la expresión de las emociones se registra en la integridad del mundo interior del niño y en el sentido de vitalidad que se deriva al ser capaz de expresar los sentimientos vulnerables. Cuando los padres sólo transmiten calidez y deseo de estar cerca del niño cuando éste se conforma a la imagen que les complace a ellos, éste pierde la posibilidad de confiar y descansar en su relación de cuidado y cariño. Lo que se pone en marcha es una preocupación por propio desempeño. El espíritu del niño se ve aplastado, disminuido y definido por el peso de las obligaciones sociales y parentales que le imponen tener un comportamiento apropiado. Por ejemplo, Zoe, una niña de seis años, llegó a casa un día después de la escuela, y dijo que su maestra le había dicho "linda" por haberle ayudado en clase. Zoe dijo: "Quiero mucho a mi maestra Lusik. Voy a ser siempre linda con ella". Afortunadamente, su madre comprendió la necesidad que Zoe tenía de que se le brindara una gran invitación a expresar todos sus sentimientos y le contestó: "¡Si vas a ser tan linda en la escuela, vas a tener que ser súper gruñona en casa, porque nadie puede ser así de linda tanto tiempo!". Quería que Zoe entendiera que su relación con su madre era tan fuerte que podía soportar el peso de cualquier emoción ella necesitara expresar.

El antídoto a la expresión reprimida es transmitir al niño que todas sus emociones son bienvenidas y que no van a llevarlo a una separación de sus vínculos. Por ejemplo, un niño que observaba a su madre mientras ella se ocupaba del berrinche de su hermana mayor, le preguntó: "¿No estás contenta de tener sólo una hija así?". La madre le contestó con valentía: "Podría tener a cien hijos que gritaran y cuidarlos a todos. Si tu también necesitas hacer un berrinche, adelante". Ella me dijo que el niño no aceptó la oferta, pero que se alegró mucho de haber tenido la oportunidad de transmitirle que también podía ocuparse de su frustración.

Los niños necesitan recibir una generosa invitación a expresar el contenido de su corazón. Las partes complicadas, caóticas, dolorosas, aquellas que lastiman, todas ellas forman también parte de nuestros hijos. Tenemos la responsabilidad de aceptar todas estas partes y no sólo de las que nos gustan. ¿Cómo van a tener nuestros hijos una relación con las partes más "inaceptables" de ellos mismos, si nosotros no los guiamos ahí? ¿Cómo podemos volvernos los guardianes de sus corazones, si no podemos reconocer sus emociones o las nuestras? ¿Cómo podemos conducirlos hacia maneras civilizadas y responsables de compartir sus sentimientos, si no les permitimos expresarlos? El mensaje más poderoso que podemos darles es que nuestra relación puede sostener el peso de lo que son y de todo lo que surja de ellos. En los momentos en que están llenos de palabras hirientes, caos y desorden emocionales, necesitamos ofrecerles una invitación a la conexión que pueda sobrepasar cualquier cosa que surja entre nosotros.

Los niños necesitan espacio para ser inmaduros y poder expresar el remolino de emociones puras y desenfrenadas que existen en el interior de sus corazones. Las emociones no son buenas ni malas; lo que importa es cómo llegamos a reconocerlas, y a usar palabras sentimientos para expresarlas de una forma responsable. El objetivo es llevar el mundo emocional del niño bajo un sistema de autocontrol, intención, toma de decisiones y reflexión, pero esto no *empezará* a adquirir forma sino hasta que se presente el cambio de los 5 a los 7 años (o de los 7 a los 9, para los niños más sensibles). Incluso entonces el niño luchará, como los adultos también lo hacen, para templar sus reacciones frente a las emociones fuertes. Los niños no pueden llegar a la madurez emocional sin un guía: esta es una de las maneras en que las relaciones correctas están supuestas encargarse del cuidado de los corazones vulnerables y conservarlos suaves.

2. Los padres como escudos de corazones vulnerables y suaves

El corazón es un hermoso símbolo para representar la vulnerabilidad que proviene de la capacidad de sentir nuestras propias emociones. El murmullo constante de los latidos del corazón es como el pulso emocional que sentimos mientras nuestros hijos maduran. No sólo nuestros cuerpos pueden lastimarse, sino también nuestros sentimientos. Si no tuviéramos sentimientos, no conoceríamos lo que significa estar asustados, perdidos, tristes, confundidos, ni conoceríamos el aguijón de la traición y la decepción. Tampoco sentiríamos amor, responsabilidad, satisfacción, esperanza o el deseo de compartir cariño o jugar libremente.

Las emociones impulsan la maduración y los sentimientos buscan la consciencia, dando impulso a la vida. También nos hacen vulnerables a ser heridos emocionalmente. Los niños pequeños a veces se sienten heridos por otros. Por ejemplo, Simón le dijo a su madre: "Mi hermana me empujó e hirió mis sentimientos", y "No quiere jugar conmigo. ¡Es muy mala!". Las emociones humanas nos colocan frente a un dilema: no podemos experimentar estados eufóricos como el amor y la alegría sin correr el riesgo de experimentar la desesperación y la pérdida. El amor es la puerta a través de la cual se abren los sentimientos de pérdida. Los sentimientos de desesperación aparecen como consecuencia de la pérdida de algo que nos importa profundamente.

¿Cuál es la respuesta a la paradoja presentada por las emociones humanas? ¿Cómo podemos preservar los sentimientos vulnerables y mantener nuestros corazones suaves frente a tanto dolor? La respuesta se da en los escudos protectores, y hay dos posibles que nos ayudan a filtrar el mundo y nos dan una cubierta protectora para el corazón humano, de manera que permanezca suave y conserve la capacidad de expresarse: (1) los mecanismos emocionales de defensa, centrados en el cerebro, y (2) las relaciones correctas con adultos a cargo que nos proporcionan cariño.

LOS MECANISMOS DE DEFENSA EMOCIONAL

Lo que la psicología profunda ha argumentado durante siglos, y que los neurocientíficos ahora respaldan, es que existen en defensas emocionales que se encargan de proteger a un corazón vulnerable.[7] El cerebro está equipado para activar defensas con el propósito de inhibir y defenderse contra los sentimientos vulnerables, cuando estos constituyen una carga demasiado dura que soportar y sobrepasan la capacidad del sistema. Las defensas son, pues, mecanismos protectores que nos permiten seguir actuando en aquellas situaciones en las que los sentimientos podrían impedirnos hacer lo que necesitamos hacer.

Las defensas son movidas estratégicamente por la parte emocional del cerebro que nos permiten supervivir cuando el entorno es demasiado hiriente. Por ejemplo, si los padres gritan o atemorizan continuamente al niño para conseguir que obedezca, el estado de alarma constante puede activar defensas emocionales, de manera que el niño no parecerá afectado en medio de tanto torbellino emocional. En esas condiciones, los padres tendrían que gritar aún más fuerte para crear un estado de alarma en su hijo y sobrepasar sus murallas de defensa emocional. Las defensas emocionales aparecen espontáneamente y no están bajo un control consciente directo.

Las defensas emocionales necesitan mantenerse fluidas, en un movimiento de vaivén constante, para que el desarrollo continúe su curso. Cuando las defensas se quedan atoradas pueden surgir problemas de desarrollo en cuanto disminuye la cantidad de sentimientos vulnerables que se experimentan. Cuando los mecanismos de defensa se atoran, el niño deja de experimentar los sentimientos vulnerables que necesita sentir para seguir madurando; en particular los sentimientos de cariño y cuidado hacia los demás y la sensación de ser cuidado y querido. En lugar de tener un corazón suave que sea movido a las lágrimas o que manifieste miedo cuando sea apropiado, el niño puede parecer endurecido, con pocas señales de emociones vulnerables.

Los sentimientos vulnerables de los que se defienden en general son: la futilidad, sentirse herido, la dependencia, la plenitud, el sentirse ridículo, la vergüenza, la alarma, el cariño, el cuidado y la responsabilidad. Tanto el cariño y cuidado como la responsabilidad son necesarios para expresar empatía, y si el niño se protege contra ellos, entonces estos sentimientos estarán ausentes en sus interacciones con los demás. Cuando se han activado defensas emocionales, es difícil que el niño vea o escuche cosas que pueden lastimarlo. Esto incluye el no ser capaz de ver sus propios errores, no recordar sucesos que evoquen sentimientos de vulnerabilidad, no ser capaz de ver que se aproxima una complicación o un rechazo, e importantes problemas de atención. En pocas palabras, no verá ni escuchará nada que le haga sentir mal.

LOS SENTIMIENTOS VULNERABLES CONTRA LOS QUE ES MÁS PROBABLE DEFENDERSE

- Sentimientos de **futilidad** (tristeza, decepción, pena, dolor)
- Sentimientos de **dependencia** (vacío, necesidad, extrañar, soledad, inseguridad)
- Sentimientos de **timidez** y retraimiento
- Sentimientos de **pudor** incluido sonrojarse
- Sentimientos de **vergüenza** (de que algo anda mal en mí)
- Sentimientos **hirientes** (sentimiento de ser herido, angustia, dolor)
- Sentimientos de **alarma** (aprehensión, inseguridad, ansiedad y temor)
- Sentimientos de **preocupación y cariño** (compasión, empatía, devoción, preocupación, entrega, satisfacción de necesidades, atesoramiento, dedicación)
- Sentimientos de **responsabilidad** (sentirse mal, tener remordimientos, hacer que las cosas funcionen con un fin, tomar el liderazgo en relación con algo, hacer las cosas mejor)

Figura 6.4 Tomada del curso de Neufeld:
El corazón es importante: la ciencia de la emoción

Los adultos generalmente no advierten cuando se han perdido los sentimientos vulnerables de un niño. Notan, en cambio, los problemas de conducta que surgen de la ausencia de sentimientos de alarma, futilidad o cuidado y cariño. Por ejemplo, un niño que no depende de sus padres o que declara constantemente: "No me interesa" o

"No me importa". Si estas defensas son temporales y circunstanciales probablemente plantearán pocos problemas al niño desde el punto de vista de su desarrollo. Pero si son continuas o necesarias debido a un ambiente hiriente, pueden ser costosas en términos del desarrollo integral del niño. Cuando los sentimientos están adormecidos a un nivel crónico, el corazón del niño se "endurece" y los sentimientos vulnerables desaparecen, afectando su potencial para madurar como ser social separado y adaptativo.

Cuando su madre tuvo que irse por razones de trabajo, Annie, de cuatro años, fue a vivir con su abuela durante tres semanas. De repente, Annie dejó de ver cosas que normalmente la alarmaban. Jugaba con los niños del vecindario que se burlaban de ella de manera despiadada, pero ella o no se daba cuenta o no se mostraba afectada por sus bromas pesadas. Annie también empezó a tener accidentes y a orinarse en los calzones a pesar de estar ya entrenada para ir al baño. Incluso negaba con firmeza que fuera ella quien había mojado sus calzones cuando las manchas húmedas aparecían. La vulnerabilidad de estar separada de su madre y de haber sido dejada bajo el cuidado de una abuela con la que no se sentía profundamente vinculada, fue muy angustiante para Annie desde el punto de vista emocional. Su cerebro compensaba inhibiendo sentimientos y sensaciones angustiantes y vulnerables. Esto permitía que Annie soportara la separación, pero creó muchos otros problemas. Afortunadamente, cuando su madre volvió y le dedicó el tiempo necesario para colectarla, y regresarla a su rutina diaria, sus defensas emocionales fueron disminuyendo y sus sentimientos suaves volvieron. Conforme el sistema emocional de Annie empezó a descongelarse, dejó de orinarse y lloró por haber sido dejada bajo el cuidado de su abuela.

También cuando presiente que una persona puede llegar a herir, el cerebro levanta defensas emocionales para alejarse y evitar vincularse a ella. Por ejemplo, un padre me llamó muy preocupado cuando Aiden, un niño de cuatro años, se alejó corriendo de él en el parque, después de pelearse con su hermano y de que su madre le hubiera confrontado con palabras duras. Aiden se había echado a correr cruzando sin mirar una calle transitada y había desaparecido. Cuando finalmente lo volvieron a encontrar, estaba escondido en su cuarto. Aiden se negaba a salir y no dejaba que nadie se le acercara. Mientras lo esperaban afuera de su cuarto y le decían que estaban ahí pero que no lo iban a presionar, sus defensas emocionales disminuyeron lentamente y volvió a aparecer. Los padres estaban alarmados por su comportamiento y buscaron ayuda para comprender qué le había pasado. Cuando se dieron cuenta de la sensibilidad de Aiden y lo mucho que le herían las palabras duras, empezaron a usar maneras menos emocionalmente impactantes para tratar con él. Con frecuencia, cuando se cuida a un niño particularmente sensible el desafío consiste en no herirlo emocionalmente. Al oír el tono de frustración en la voz de sus padres o viendo cómo empiezan a fruncir el ceño, el cerebro del niño lo saca rápidamente de la relación antes de que esta lo lastime. Puede que el pequeño se eche a correr, se esconda, no escuche ni obedezca, o haga lo contrario de lo que se le pida y se convierta en alguien imposible de manejar.

Para un funcionamiento emocional óptimo, el niño debe ser capaz de expresar un rango de sentimientos vulnerables, tales como sentir cansancio cuando necesita descansar, vergüenza cuando se siente expuesto, ser cauteloso cuando está alarmado, lamentarse cuando le suceden cosas desagradables, estar esperanzado cuando tiene expectativas, preocuparse por los demás, o estar dolido cuando se le ha lastimado. Las señales que indican que el cerebro del niño ha activado defensas emocionales incluyen las siguientes:

1. Deja de hablar acerca de lo que le angustia o de sus sentimientos heridos.

2. Deja de sentirse inseguro o alarmado cuando debería estarlo.

3. No percibe los rechazos o no se retira de situaciones peligrosas.

4. No se adapta a las carencias o pérdidas en su vida, y esto va acompañado de frustración y agresión en aumento.

5. Ya no siente el vacío o algún deseo, sólo un estado crónico de aburrimiento.

Cuando el cerebro del niño es movido a defenderse contra lo que le lastima demasiado, les tocará a los adultos en su vida trabajar en su relación para suavizar el corazón del niño.

Relaciones correctas con adultos responsables y cariñosos

Las relaciones correctas con los adultos son los mejores escudos para proteger el corazón vulnerable del niño. Los padres se empoderan en su función de escudos protectores cuando el niño los utiliza como brújula para recuperar su eje emocional. Un niño pequeño se dirige hacia sus padres para tener una comprensión de lo que le aflige, previniendo así que su cerebro inhiba sus sentimientos vulnerables. Una relación correcta con los padres ofrece al niño alguien hacia quien volverse y que puede quitarle el dolor de la vergüenza (cuando siente que algo está mal en su ser), que reduce el sentimiento de separación (cuando es rechazado, o no es bien recibido ni invitado), y que baje la alarma (cuando se siente inseguro física o emocionalmente). El amor es el mejor escudo para el corazón vulnerable del niño: un diseño muy hermoso.

Los padres y los adultos tienen que captar el corazón del niño y mantenerlo bajo su cuidado. Si los padres se convierten en la fuente de dolor y el niño se ve obligado a lidiar con demasiada carga de separación, vergüenza y alarma, probablemente no se acercará a ellos a la hora de pedir ayuda para lidiar con sus emociones. Sólo hace falta un adulto para proteger el corazón del niño, aunque será mejor que haya más personas para que se cree una red emocional más amplia para el pequeño.

Como escudos, los padres pueden ayudar al niño a expresar sus sentimientos de manera vulnerable, poniéndose de su lado. El acto de ponerse de su lado significa invitar al niño a que les diga cómo se siente, reflexionar sobre lo que han escuchado y hacerle saber que entienden cómo se siente. Cuando los padres se ponen del lado de sus sentimientos y sus experiencias, transmiten al niño que comprenden aquello que lo conmueve, y que ellos están ahí para ayudarle. Una de las cosas más importantes que pueden hacer los adultos es ayudar a su hijo a traer a la consciencia su mundo emocional interno. Cuando los padres se ponen del lado del niño, lo están guiando a través de sus experiencias emocionales.

Ponerse del lado de las emociones del niño significa contenerse para no hacer lo contrario, o sea, devaluar sus sentimientos con frases como: "No es para tanto, vete afuera a jugar" o "No te preocupes si cometes errores, es parte del aprendizaje". Cuando desautorizamos o menospreciamos sus sentimientos, dejamos de crear el espacio que el niño necesita para reconocer, nombrar y entender sus miedos, deseos y frustraciones. Otras respuestas que tampoco ayudan al niño incluyen los intentos de racionalizar sus sentimientos a través de la lógica, tales como "No permitas que te moleste lo que diga la gente. Sus palabras no pueden herirte", o "¿Cómo dices que nunca te compro nada? ¿Cómo puedes ser tan desagradecido? El otro día te compré...". Nuestros sentimientos no desaparecen con una explicación; de hecho, tenemos que observar de cerca y a la luz del día nuestra envidia, tristeza o pérdida. Otras respuestas que no ayudan incluyen las recomendaciones de cómo deberían manejar algo, o aprovechar la oportunidad para enseñarles una lección: "Si mantuvieras tus cosas más ordenadas, sabrías dónde encontrarlas cuando las necesitas". Ponerse del lado de los sentimientos del niño debe comunicar un deseo profundo y genuino por conocer lo que está en el interior de su corazón y asumir la responsabilidad de ayudarle a través de sus diferentes reacciones emocionales.

Por ejemplo, una madre me contó que su hijo en edad de kínder se volvía malhumorado cuando tenía que ir al colegio y había empezado a repetir mucho la palabra "estúpido" cuando se dirigía a los demás. Ella se molestó con él y le dijo que dejara de decir groserías. Como el niño no cambiaba de conducta, ella lo amenazó con quitarle el iPad durante una semana, a lo cual él le respondió propinándole un golpe. Ella me preguntó qué debería haber hecho, y entonces la llevé de la mano a través de los sentimientos que hubiera logrado traer a la superficie si se hubiera puesto del lado de su hijo. Ella le podía haber dicho: "Ya veo que estás de gruñón por tener que ir a la escuela hoy", o "Es difícil regresar a la escuela el lunes después de un fin de semana divertido en el que puedes jugar y no tienes que trabajar", o "Te veo frustrado esta mañana, ¿qué te pasa?" Ponerse del lado de la frustración de su hijo le hubiera ayudado a disminuirla, a aumentar su conciencia sobre ella, y a ayudarle a aprender las palabras adecuadas para explicarla. Los niños pequeños carecen de toda sofisticación para entender su mundo emocional, y ponernos de su lado ayuda a los padres a llevar a la consciencia los sentimientos vulnerables y a señalarle al niño cómo compartirlos responsablemente.

Los demás niños son una de las principales fuentes de heridas emocionales en los niños pequeños. Necesitan adultos que los protejan y que sepan cuidar sus corazones vulnerables para que no se endurezcan por las heridas causadas por la interacción con sus pares. Los padres de Jack, de seis años de edad, vinieron a pedirme ayuda.

Como era un hijo único, sus padres siempre organizaban citas de juego, bajo la falsa suposición de que necesitaba interacción con sus pares para aprender a socializar. Cuando Jack entró al kínder, le encantaba pasar el tiempo con sus compañeros y cuando llegó a primero de primaria, la orientación de su comportamiento era abiertamente hacia sus pares. Pedía continuamente estar con sus compañeros y se frustraba y se aburría cuando no estaba con ellos; no escuchaba a sus padres ni a sus maestros y les hablaba de manera irrespetuosa. Cuando los padres comprendieron que la raíz del problema era la orientación hacia sus pares, cambiaron rápidamente de estrategia para recuperar y reforzar su relación con él. Las citas de juego de Jack con sus amiguitos se redujeron y fueron remplazadas por citas en las noches con sus padres. Redujeron su tiempo de guardería después de la escuela y también aquel dedicado a dispositivos tecnológicos Propiciaron una relación más estrecha entre Jack y su maestro, sus tías, tíos, abuelos y primos más jóvenes para fomentar una jerarquía natural de vinculación. En unos meses lograron un avance significativo y estaban encantados de que Jack empezara a escucharlos y a acudir a ellos en busca de ayuda.

Un día, al regresar con su papá a casa después de la escuela, surgió la siguiente conversación acerca de un niño mandón de su clase:

Jack: ¿Crees que tengo "cuadritos", papá?

Papá: ¿"Cuadritos"? ¿A qué te refieres?

Jack: Caden dijo que tenía que alzar mi camisa para ver si tenía cuadritos. Lo hice y dijo que yo no tenía y todos se rieron.

Papá: Oh, Jack, eso debe haber sido bastante duro. ¿Cómo te sentiste al respecto?

Jack: Me sentí muy confundido, porque no sabía qué quería decir. Caden siempre es malo conmigo. Eso no me gusta.

Papá: Ya veo que te sentiste ridiculizado y lastimado. No mucha gente tiene cuadritos, Jack, y lo que significa es que quienes los tienen es porque hacen mucho ejercicio y tienen un abdomen muscular. Mírame. ¿Tengo yo, acaso, cuadritos? No. Mira, tengo un poquito de loncha por aquí. Y así está bien. Tú eres como yo y como la mayoría de la gente.

Una semana más tarde Jack se subió al coche con su papá después de la escuela y le dijo: "Caden vino conmigo y me dijo que yo no tenía cuadritos. Le dije que en realidad nadie tiene y que yo estoy bien así como soy. Caden se me quedó mirando sin saber qué decir y luego se marchó". Después de que el papá de Jack me contó esta historia, pasó sin más a comentar sobre otros temas, pero lo detuve y le dije: "¿Te das cuenta de lo que hiciste por tu hijo?". Se le veía confundido por mi pregunta, entonces le dije: "Tu hijo ya nunca más va a ir a la escuela sin tener la única cosa que siempre tiene que llevar en su mochila". Todavía se le veía inseguro, y le dije: "Tú. Jack ya nunca más se va a ir a la escuela sin ti. Él sabe que lo quieres tal y como él es y que él es como tú. Se trata ahora de mantener fuerte y sólida la relación que has recuperado". Nos detuvimos ambos un momento porque era hermoso ver, clara y perfectamente, que ese padre se había convertido en el escudo protector del corazón de su hijo.

En los últimos 35 años, la investigación sobre la resiliencia ha demostrado el vínculo existente entre la salud emocional de un niño y su éxito social con sólidas relaciones con los adultos responsables y cariñosos.[8] Aún cuando el niño tenga que enfrentarse al *bullying*, pobreza, adicción o enfermedad mental en el hogar, el factor de protección más importante con el que puede contar para su bienestar emocional es la presencia de adultos sustitutos, como los abuelos u otros responsables que encuentra en la escuela o a la iglesia.[9]

La resiliencia es una de las cosas más valiosas que necesitamos cultivar en nuestros hijos.[10] Desafortunadamente, el mensaje según el cual las relaciones son la respuesta a la vulnerabilidad humana no se ha trasladado a la práctica. Existe todavía un movimiento dedicado a enseñar a los niños las herramientas, técnicas y estrategias para ser resilientes, como si fuera algo que tuvieran que aprender como una materia escolar más. El niño no es responsable de mantener su corazón ileso o suave. La resiliencia surge naturalmente de las relaciones correctas en las que los adultos actúan de escudos emocionales frente a las aflicciones. Lo que importa es con *quién* acude el niño cuando está molesto, a *quién* le cuenta sus secretos, con *quién* derrama sus lágrimas y en *quién* confía para que lo guíe. El niño necesita decididamente ver, sentir y escuchar el mensaje de que los padres creen en él y que puede apoyarse confiadamente a ellos. Los padres tienen que confirmarle que sentirse herido forma parte de la vida y que la respuesta es aferrarse a alguien que le está dando todo su apoyo. Cuando un niño siente que le importa a sus padres, lo que otras personas piensen de él le importará mucho menos. No necesitamos salvar a nuestros hijos de las heridas que el mundo les pueda infligir: esto es imposible. Nuestra tarea, en cambio, es asegurarnos de que no los enviemos a enfrentarse al mundo con las manos vacías. En la raíz de la resiliencia, de la vulnerabilidad emocional, y de los corazones suaves, se asienta una sencilla verdad: *aquel a quien* el niño le entregue su corazón tiene el poder de protegerlo con el suyo. Tenemos que tomar el liderazgo en la danza de vinculación, para que nos convirtamos en el escudo que los corazones suaves de nuestros hijos necesitan.

3. Los padres como agentes de templanza

Debido a su inmadurez, los niños pequeños carecen del autocontrol interno sobre sus emociones. Un sistema emocional maduro les permitirá comprender y comunicarse más responsablemente con los demás, pero para ello, es necesario el adecuado desarrollo del cerebro. El reto en los niños pequeños consiste en que sólo experimentan una emoción a la vez. Ellos no pueden mezclar e integrar los sentimientos hasta que su cerebro madure y sus emociones puedan reconocerse una a una. En consecuencia, tienen poca capacidad de templarse frente a las emociones fuertes. La respuesta a la impulsividad emocional de un niño pequeño consiste en el vínculo con un adulto que tenga autocontrol y pueda actuar como agente de templanza para la energía emocional del niño.

La palabra *templar* significa, servir como una fuerza neutralizadora que actúa de contrapeso, para moderar, modificar, mitigar, aliviar, reducir, aligerar o suavizar. Se trata de la palabra perfecta para describir las acciones de los padres frente a las emociones fuertes de sus hijos pequeños. Templar es un papel activo y no coloca la responsabilidad de la emoción sobre los hombros del niño. Templar las emociones del niño requiere leer el estado emocional del niño y determinar la mejor manera de moverlo hacia la estabilidad y el equilibrio emocionales. El reto para el adulto consiste en no perderse en la respuesta emocional de su hijo o en no perder el control de sus propias emociones en el proceso.

La imagen que me viene a la mente cuando considero la velocidad y la fuerza de las emociones en los niños pequeños es la de un tren. Cuando un niño está verdaderamente alterado, puede tener la energía de un tren que avanza por las vías a velocidad vertiginosa.

Muy poco se puede hacer por frenar y pararlo, ¡y no digamos evitar el riesgo de descarrilamiento! Frente a tal energía emocional, los padres se sienten paralizados y generalmente le dicen al niño que pare o que se detenga, con muy escasos resultados. Una madre preguntó en una presentación: "¿Qué debo hacer cuando mi hijo me está pegando y aventándome cosas?". Su amiga sentada a su lado le contestó: "Agacharte y quitarte de su camino". Aunque todos nos reímos por el comentario, la realidad es que esa recomendación de la amiga puede evitar que el niño le pegue a su mamá, pero no va a transmitirle la confianza en su cuidado, ni tampoco protegerá a otras personas vulnerables de la horrible frustración del niño. Sabemos que debemos dejar que la energía emocional del niño corra, pero ¿cómo asumimos la responsabilidad para ocuparnos de ella?

El papel de los padres es asumir el liderazgo al decidir cuándo, dónde, cómo y quién tratará las emociones del niño. Esto es lo que un agente de templanza hace: interpreta lo que le pasa al niño y considera la estrategia más efectiva, según las circunstancias del momento, para que el niño logre expresar, sentir y recuperar el equilibrio emocional. *¿Cuándo* atender las emociones del niño? Puede hacerse en el momento preciso, o más tarde, cuando haya disminuido la intensidad, o en ambas ocasiones. *¿Dónde* atender las emociones del niño? Puede hacerse en un espacio privado o público. Por ejemplo, podemos escoger distraerlo mientras estamos de compras, pero invitarlo a que se exprese abiertamente cuando regresemos a casa. *¿Cómo* acompañar al niño hasta que exprese sus sentimientos vulnerables? La solución puede consistir en hablarle directamente, leerle un libro de ilustraciones o ayudarle a que se exprese a través del juego. Mucha gente puede ayudar al niño a que exprese sus sentimientos, pero los padres deben decidir *quién* tiene una relación suficientemente profunda para traer los sentimientos vulnerables a la superficie.

La energía emocional debe fluir; eso no es negociable. Pero la responsabilidad de crear descanso dando contrapeso y neutralizando las emociones del niño pequeño corresponde a los padres. Por ejemplo, la madre de Kai contó que había encargado un modelo de aviones a escala, una afición que el niño compartía con su padre. Tan pronto como Kai lo supo se puso muy contento y empezó a preguntar repetidamente cuándo llegarían. Al cabo de 48 horas, la madre perdió la paciencia y le dijo: "Te he dado la misma respuesta cien veces. No van a llegar hasta la semana próxima. ¡Deja de seguir haciendo la misma pregunta una y otra vez! ¿No entiendes que hay que esperar?". Pero Kai no era capaz de tener paciencia, ya que esto requiere la mezcla de dos sentimientos: frustración y consideración. El deseo de sus aviones era fuertísimo para él. Todo lo que Kai sentía era un deseo enorme: lo que le faltaba eran las lágrimas como respuesta a tener que esperar por algo que él quería tener de inmediato. Su padre fue el que respondió a las preguntas incesantes de Kai acompañándole en su enojo y diciéndole: "Sé que te encantan estos aviones y que estás entusiasmadísimo y tienes muchas ganas de que ya te lleguen por correo. Es muy difícil tener que esperar. Sé que estás muy frustrado porque aún no llegan". Cuando su padre adoptó este enfoque, derritió la frustración de Kai en lágrimas. Mientras las lágrimas de Kai se derramaban, se dio cuenta de la futilidad de preguntar acerca de los aviones y de cuándo llegarían, y dejó de hacerlo.

Lo que la historia de Kai ejemplifica es cómo los niños pequeños carecen de la capacidad de crear un orden en su sistema emocional cuando están más agitados. Decirle al niño "¡ya basta!", puede reducir o modificar su expresión, pero no ayudarle a entender qué sentimientos tiene y qué hacer con ellos. Es por esta razón que los padres deben convertirse en agentes de templanza y cambiar el enfoque de "¡basta!" por otro que consista en crear un efecto neutralizador para la energía emocional del niño.

Lo que los niños pequeños verdaderamente quieren que entendamos acerca de ellos es que su inmadurez emocional puede conducir a comportamientos impulsivos, agresivos, desconsiderados y egoístas. Necesitan ayuda y guía para transformarse en seres emocionalmente maduros y llegar a ser capaces de relacionarse con los demás de manera responsable. Esto significa que el adulto necesita tener una estrecha relación con los sentimientos del niño. Los padres necesitan ayudar a sus hijos a aprender el lenguaje del corazón, darles tiempo hasta que el control de los impulsos en su contenido emocional esté presente, y templar sus fuertes reacciones. Los niños no pueden evolucionar y madurar como seres emocionales sin que exista una relación con los adultos que los escude y conserve sus corazones suaves.

7

Lágrimas y berrinches

COMPRENDER LA FRUSTRACIÓN Y LA AGRESIÓN

Dios sabe que nunca debemos avergonzarnos de nuestras lágrimas, porque son la lluvia sobre el polvo cegador de la tierra que recubre nuestros corazones endurecidos. Después de haber llorado, me sentí mejor que antes, más arrepentido, más consciente de mi propia ingratitud, más amable.
CHARLES DICKENS[1]

Un mensaje frenético de su suegra interrumpió una junta de trabajo de Elise. Con una voz controlada pero cargada de pánico, su suegra, quien cuidaba de su nieto de tres años y medio, le explicó que Nathan estaba en pleno berrinche en la acera con gritos y lágrimas, y negándose a seguir caminando. Cuando Elise le preguntó qué había pasado, la abuela le respondió: "Estaba tratando de llevarlo a almorzar sushi, como me pediste, pero él tiene otros planes. Me está gritando que quiere 'hamchurguesas'. Cometí el error de pasar con él frente a un restaurante que las sirve, y ahora ya ni quiere escucharme. ¿Puedes hablar tú con él, por favor?". Elise le dijo: "Todo lo que tienes que hacer es decirle que no y consolarlo. No le pasa nada si llora". Su suegra hizo una pausa, lo suficiente para que Elise pudiera oír a su hijo gritar: "¡Quiero papas fritas! ¡Quiero hamchurguesas!". La abuela le respondió: "Grita demasiado y está muy enojado; no puedo decirle eso. Me rompe el corazón oírlo llorar y tener que decirle que no. Le puedo dar el teléfono a Nathan para que tú le digas que no".

Al escuchar el llanto de su hijo y la desesperación en la voz de la abuela, Elise supo que sería imposible que almorzaran sushi. No podía arreglar el problema desde lejos, pero tampoco podía correr el riesgo de transmitirle a Nathan que su suegra no era capaz de manejar la situación. Elise le propuso una alternativa: "Dile a Nathan que cambiaste de opinión y que ahora lo que realmente quieres es comer hamburguesas como él. Dile que vas a tomar una decisión ejecutiva de abuela y lo vas a llevar ahí". Elise escuchó un respiro de alivio de la abuela y confió en que su plan bastaría para convencer a Nathan de que todavía había alguien a cargo mientras salían del atolladero.

La fuerza de la frustración de un niño pequeño puede hacer que un adulto se rinda y corra a refugiarse, pero esta actitud tendrá un precio en la capacidad del adulto de guiar al niño a que acepte los límites y las restricciones. Frente a las lágrimas y los berrinches, los adultos tienen que saber cuándo deben hacer un cambio para el niño, cuándo deben ayudarle a aceptar las cosas que no se pueden cambiar, y a tener la sabiduría para reconocer la diferencia.

La fuerza de un niño pequeño y los huracanes del preescolar

Los niños pequeños son agentes de cambio, feroces y tenaces, que se van a esforzar por conseguir lo que quieren a toda costa. Sus demandas están motivadas por la emoción, pero desconectadas de las restricciones que impone la realidad. Si una galleta es deliciosa, entonces una bolsa entera de galletas debe ser "deliciosísima". Sus deseos y anhelos no están limitados por el hecho de saber que no siempre van a conseguir lo que quieren, ni tampoco saben lo que es bueno para ellos. Pueden discutir como abogados, negociar como vendedores y demostrar que un chillido es el sonido más irritante que pueda haber para el oído humano, peor que el agudo rechinido de una sierra para madera.[2] Estas características no son ninguna broma cruel hecha a propósito contra los padres, sino herramientas del desarrollo perfectamente diseñadas que permiten a los adultos ayudar a los niños a adaptarse al mundo en el que viven. Los niños no nacen con un conocimiento programado sobre límites y restricciones, y por una buena razón: para dar espacio a la flexibilidad, la versatilidad y la maleabilidad mientras están adaptándose a su ambiente. El reto consiste en que los adultos sean quienes tienen que presentarles al niño las futilidades en la vida y sortear la frustración hasta que el niño las acepte. Si esto no se logra, pueden nacer problemas de comportamiento alfa y una falta de resiliencia para enfrentar las adversidades.

Los niños pequeños pueden tener erupciones de frustración de una manera única y peculiar, que consiste en gritar, chillar, patalear, morder, golpearse la cabeza, rasguñar, pellizcar, vomitar o una combinación de todo lo anterior. Como lo explicaba un padre: "En el momento en que mi hijo de dos años no consigue lo que quiere -un chocolate, la silla de su hermana, un juguete, o cualquier cosa en la casa, incluida la cola del perro- pega, muerde y avienta todo lo que tenga a la mano. También grita con todas sus fuerzas. Y derrama lágrimas, pero estas son lágrimas de mucho enojo". Irónicamente, la inclinación particular de un niño a expresar su frustración viciada suele coincidir con aquello que, para quien lo cuida, es lo que más aversión le provoca. Así, los padres que "no soportan ver vomitar" tienen niños vomitones, mientras que a los padres cuyo oído es especialmente sensible, les tocan niños chillones. Una madre que había adoptado a una niña recién nacida, me preguntó: "Nosotros no gritamos en casa. Mi esposo y yo somos padres muy tranquilos, pero mi hija ha empezado a tirarse al piso y a gritar a todo pulmón. Estoy preocupada, ¿tendrá algún problema de salud mental?". A pesar de que la tranquilicé diciéndole que los berrinches son comunes en los niños pequeños, me preguntó: "¿Qué debo hacer cuando se pone así?".

Los padres saben que la primera infancia es una época violenta, debido a la falta de control de los impulsos y a las fuertes emociones de sus hijos pequeños. Gordon Neufeld lo expresa así: "Es una suerte para nosotros que tengan un cuerpo tan pequeño y mala puntería".[3] Su frustración puede hacer erupción en segundos, trayendo consigo desafíos inesperados y un comportamiento salvaje. Los padres pueden desconcertarse al verse atacados de tal manera por su hijo, como me lo explicó una madre en un mensaje telefónico: "¡Como le había dicho que no le iba a comprar una cierta cosa que quería, hoy mi hija de tres años me ha pegado en la cabeza; gritaba y pataleaba mientras la sacaba de la tienda! ¡Me di cuenta a este punto de que necesitaba mejores estrategias para lidiar con ella!". Lo bueno es que las reacciones no templadas de un niño pequeño deben empezar a desaparecer a medida que se lleva a cabo el desarrollo ideal, es decir, alrededor del cambio que tiene lugar entre los 5 y los 7 años. Las formas físicas de agresión pasarán a transformarse en formas verbales, y entonces el niño empezará a estremecerse y sacudirse, pero las erupciones de agresión serán cada vez menos frecuentes. Así lo contaba un niño de cinco años, después de sentirse mal por haber gritado: "Traté de detener mis gritos, pero mi cuello y mi boca no pudieron resistir".

La *mezcla de sentimientos y pensamientos* que llega con el cambio entre los 5 y los 7 años produce una resolución natural de la frustración no templada del niño. Cuando el niño se siente *frustrado* con alguien y, al mismo tiempo, es *alarmado* por el pensamiento de lastimar a esa persona, el conflicto entre estos dos sentimientos hará que temple su reacción. Cuando puedan sentir tanto *el impulso de atacar* a alguien como *el cuidado por no lastimarlo*, manifestarán un mejor autocontrol. La mezcla de sentimientos y pensamientos detiene las erupciones, y permite que las palabras se conviertan en la respuesta adecuada para expresar la frustración. Bajo la guía de los adultos, sus palabras también se transformarán en formas más civilizadas de expresión y así una frase como "Papi, cara de popó, te odio", se transformará en una como: "Estoy frustrado. No me gusta lo que me contestaste".

La frustración es considerada frecuentemente como una emoción problemática por estar asociada con la energía de ataque y los actos de agresión. Sin embargo, la frustración no es algo que desaprender, sino que es una emoción programada en los seres humanos por una buena razón. Es una poderosa fuerza que tiene una misión que cumplir: la frustración es la emoción del cambio. Su propósito es ocasionar un gran impacto y no es algo de lo que podamos huir ni que podamos extinguir. La frustración es lo que nos moviliza a trabajar más para conseguir lo que queremos, o a cambiar las cosas que no nos funcionan. Seremos de enorme utilidad a nuestros hijos si les ayudamos a dominar esta fuerza y a manejarla dentro un sistema de intención y toma de decisiones, para cuando sean jóvenes adultos. Entonces serán capaces de salir adelante y de efectuar cambios de una manera civilizada y responsable. Serán capaces hacerse responsables y hacer que los otros también asuman sus responsabilidades, por aquello que no funciona y tiene que cambiar. Tenemos que ayudar al niño a comprender esta poderosa reserva de energía emocional que existe dentro de él. La frustración sustenta nuestra capacidad de cambiar al mundo que nos rodea y a nosotros mismos conforme maduramos.

¿Cómo ayudar a los niños con su frustración?

La frustración es una fuerte emoción que motiva a los niños pequeños a cambiar lo que no les funciona. Sin embargo, tienen que estar equipados para vivir en un mundo en el que no siempre consiguen lo que quieren. A veces ellos son los que tienen que cambiar, y los padres tienen que ayudarles a abandonar sus planes, y a darse cuenta de que pueden sobrevivir sin salirse con la suya. Para lograr esto, los adultos tienen que aceptar que no hay nada malo en que el niño tenga sus deseos y anhelos, por ejemplo, comer galletas para el desayuno o no irse a la cama a su hora. Lo que es imperativo es que los adultos no se queden cortos en su responsabilidad de presentarles las futilidades de la vida, que son muchas, como ayudar al niño de tres años a dormir cuando reclama: "No me quiero ir a la cama. Soy una criatura nocturna, como mi hámster".

Ayudar al niño a que acepte algo es fútil, *no* es un proceso lógico, porque se trata de un proceso *emocional*. Los pequeños no son buenos jueces a la hora de entender lo que es fútil, y necesitan ayuda para poder descifrar qué objetivos se pueden lograr y cuales no. Pueden ser incansables en su lucha por conseguir algo que quieren y los adultos tendrán que asumir un papel activo para ayudarles a descansar de sus empeños inútiles. Los esfuerzos por convencer a un niño pequeño de que se olvide de algo de manera razonable y lógica suelen fracasar. Tenemos que dirigirnos a su corazón y no a su cabeza para que le quede registrado el concepto de la imposibilidad de cambiar algo. Tienen que *sentir* que se están enfrentando a los límites y restricciones de la vida. Tenemos que dejarles claro en su *corazón* que hay cosas que no van a suceder. Tenemos que ayudarles a que escuchen nuestro "no" y a que estén dispuestos a aceptarlo *emocionalmente*. Como en un laberinto, el niño tiene que experimentar su encuentro con un callejón sin salida; para que pueda buscar otro camino. Así lo expresó un niño de cuatro años cuando se dio cuenta de que su padre no iba a cambiar de opinión: "Papi, no me gusta que me digas no. Te voy a acusar con mamá".

ENOJADO

sentimientos de
frustación

↘ ↓ ↙

TRISTE

sentimientos de
futilidad

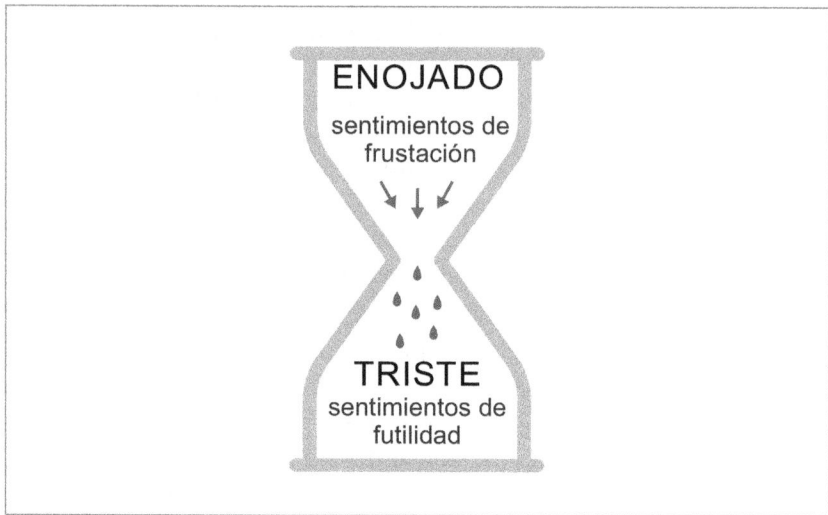

Figura 7.1 Adaptado del curso de Neufeld: *Entendiendo la agresión*

Un niño puede aceptar que es inútil tratar de cambiar algo sólo si se le motiva a que sienta tristeza, decepción y pérdida; cuando no puede llevar a cabo un cambio. Si el corazón del niño es suave y puede abrigar sentimientos vulnerables, el enojo eventualmente se moverá a la tristeza. Los sentimientos de frustración deben convertirse en sentimientos de futilidad. Son las lágrimas de tristeza (que no deben confundirse con las de enojo) las que señalan el fin de su búsqueda fútil y nos transmiten que el cerebro del niño ya recibió el mensaje de que algo no iba a cambiar. El incansable lloriqueo, la crepitante energía llena de frustración del niño pequeño se transformará, como por arte de magia, en tristeza o decepción. Los sentimientos de frustración deben llegar a un punto muerto y la energía emocional se debe transformar en rendición. A este punto el niño descansará. Cuando el niño acepta lo que no puede cambiar, sus ojos quizá se llenen de lágrimas y empiece a derramarlas. Es a través del camino de las lágrimas, de sentirse triste o decepcionado acerca de lo que no puede cambiar, que el niño empieza a aceptar la futilidad en la vida y se vuelve más resiliente e ingenioso.

Beatrice era una niña de tres años a quien le fascinaban los dulces y los pedía continuamente, sobre todo para el desayuno. Después de oír "no" muchas veces, y de derramar muchas lágrimas tristes y recibir mucho consuelo por parte de su madre, Beatrice aceptó el veredicto y dejó de pedir dulces. La madre se sorprendió un mes más tarde, cuando Beatrice pidió otra vez un dulce para el desayuno. Un poco frustrada, la madre replicó con sarcasmo: "Claro, puedes comer tantos dulces como quieras para el desayuno. Galletas y pastel, también. ¡No se te olvide el helado del congelador! Toma tu tazón y llénalo hasta arriba". Beatrice reaccionó abriendo los ojos de par en par y se quedó boquiabierta hasta que con un soplido le dijo a su mamá: "¡Mamá, tendrías que morirte para que todo eso sucediera!". La mamá se tranquilizó al ver que Beatrice se había adaptado, y que su espíritu no se había hecho trizas en el proceso. Beatrice sabía que no habría dulces para el desayuno, pero eso no significaba que hubieran dejado de quererlos.

La importancia de las lágrimas de tristeza

La decepción o las lágrimas de tristeza son la manera en que nos enteramos de que el niño ha registrado la futilidad. Como lo afirma la psicóloga de desarrollo, Aletha Solter: "Cuando los niños lloran, el dolor ya ha sucedido. No lloramos cuando hay dolor, sino cuando estamos en el proceso de superar el dolor".[4] Según los neurocientíficos, la capacidad de derramar lágrimas frente a la aflicción emocional sólo se da en el ser humano, lo cual apoya la afirmación de Darwin según la cual esta es una forma de expresión especialmente reservada para nosotros. Las lágrimas se han asociado con el alivio, la disminución de la tensión y la recuperación de la salud. En la investigación realizada por William Frey, éste descubrió que las lágrimas de tristeza expulsan elementos tóxicos de desecho procedentes del sistema circulatorio.[5] Cuando se derraman lágrimas, también se libera oxitocina, la sustancia química del vínculo que inhibe al cortisol, sustancia química relacionada con el estrés biológico. Cuando los niños lloran y reciben consuelo de sus figuras de vinculación, esto también aumenta los niveles de oxitocina y disminuye las sustancias relacionadas con el estrés.[6] En un niño pequeño, las lágrimas son el mejor indicador de un sistema emocional que está funcionando bien.

Uno de los problemas con las lágrimas, es que su expresión no está respaldada en igual manera para niños y niñas. Las definiciones actuales de la masculinidad impulsan los padres a reprimir las lágrimas y los sentimientos vulnerables en niños varones.[7] Curiosamente, eso no siempre ha sido así. Las lágrimas solían ser un signo de virtud y buen carácter en los hombres.[8] Cuando no se invita a que las lágrimas fluyan, pueden quedarse atoradas, y la frustración del niño podría manifestarse a través formas de expresión menos vulnerables, como la agresión física.

A pesar del efecto restaurador de las lágrimas tanto para las niñas como para los niños, éstas se encuentran amenazadas en un mundo que divide la emoción en categorías positiva y negativa, en donde la felicidad y la calma deben perseguirse a expensas de la tristeza y del enojo. William Blake escribió: "La alegría y la aflicción están bien entretejidas",[9] sugiriendo que una vida satisfactoria consiste en sentimientos felices y tristes. Cuando comunicamos a nuestros hijos que están haciendo algo mal cuando están tristes, boicoteamos tanto las lágrimas como la oportunidad de descansar de las cosas que no pueden cambiar. Si no aceptamos las lágrimas del niño vamos a limitar su capacidad de adaptación y resiliencia. Los padres creen a veces que las lágrimas son una señal de que están haciendo algo mal, cuando en realidad son una indicación de que el niño les ha confiado su corazón.

Quizás a la raíz de la resistencia social y cultural frente a las lágrimas se encuentra la idea de que son índices de vulnerabilidad y dependencia. El biólogo evolucionista Oren Hasson alega que la aparición de las lágrimas comunica una disminución de las defensas que hace que nos volvamos más dispuestos a recibir consuelo y cuidado.[10] En un mundo que celebra la independencia y empuja a los niños pequeños a que maduren a toda prisa, las lágrimas son la antítesis de este mensaje. Las lágrimas señalan dependencia y transmiten un hambre de ser atendidos y cuidados. La sobrevivencia emocional del niño requiere que se sienta atado a un adulto amoroso.

Los niños pequeños no deben hacerse cargo de sus sentimientos; apenas empiezan a aprender a nombrarlos y no tienen control sobre ellos. Tenemos que dejar de cargar sobre los hombros del niño nuestra responsabilidad por su malestar con frases como: "Controla tu humor", "Cálmate", "¿Por qué no puedes comprender esto?", "Te lo he dicho cien veces...", "Deja de ser así", "Párale", "Tienes que pensar más positivamente", y la típica frase: "¿Por qué lloras? Te voy a dar algo para que llores de verdad". Tenemos que hacernos cargo de su frustración y sus lágrimas; son la señal más clara que nos da el niño de que necesita ayuda. Nuestra meta consiste en ayudar al niño a comprender qué es lo que hay detrás de sus lágrimas, pero los niños no comparten sus emociones con cualquiera. La capacidad de ayudar al niño a llorar nos lleva de nuevo a la danza de vinculación y si ese niño depende de su cuidador.

Lo hermoso de las lágrimas es que siempre están buscando la oportunidad de expresarse, como la frustración. A veces la puerta hacia la tristeza se abrirá de una manera muy peculiar: un dedo lastimado, un juguete roto, un osito de peluche perdido. Algunos padres se sorprenden del volumen e intensidad de las lágrimas de su hijo una vez que se abre una salida. Cuando comprendemos que las lágrimas aguardan el momento de expresarse, es más fácil ponernos de su lado durante incidentes que parecen triviales pero que darán lugar a que aparezcan. Una madre nos contó que vio a su hijo autista echarse a llorar inesperadamente:

Alex acababa de salir de un año de intensas alarmas, fobias horribles, mucha angustia, mucho más de lo que yo creía posible que experimentara un niño de cuatro años. Un día estaba sentado frente a la computadora y encontró un tema musical, un madrigal melancólico. Se conmovió tanto con aquella belleza triste que empezó a llorar. Le brotaba un llanto suave, melancólico, profundo; no la protesta tortuosa, gritona, que había estado escuchando todo el año. Hacía mucho tiempo que no había escuchado a alguien llorar de esta manera.

La madre se conmovió hasta las lágrimas por la expresión emocional de su hijo, asombrada de que la música hubiera sacado tan fuertes sentimientos del corazón de su hijo, y se sentía profundamente agradecida de que eso hubiera ocurrido. Uno de los mejores regalos que podemos dar a nuestros hijos es valorar sus lágrimas de tristeza y darles el espacio para que fluyan libres.

Un niño pequeño es un ser adaptativo, a la espera de desplegarse en todo su esplendor bajo el cuidado correcto de sus padres. Se trata de un proceso desordenado que puede ser también ruidoso, caótico, violento, impredecible, cansado y gratificante, a medida que los frutos de la adaptación van cobrando vida ante nuestros ojos. El mejor regalo que podemos dar a un niño pequeño es ayudarle a tocar su tristeza y a que broten sus lágrimas cuando se enfrenta a cosas que no pueden cambiar. Entonces podrá aprender de sus errores, ser transformado por aquello que él no puede cambiar y usar su frustración para cambiar lo que sí puede cambiar. A veces, la fuerza emocional detrás de la frustración puede ser apaciguada solamente por la rendición que procuran nuestras lágrimas conforme abandonamos nuestra búsqueda por cambiar lo imposible. Las lágrimas llevan al niño al descanso, para que así pueda jugar y madurar. Tenemos que ser los agentes que ayuden a que surjan las lágrimas y quienes den el consuelo que nuestros hijos necesitan.

Futilidades comunes en la infancia

Cuando nuestro hijo se enfrenta a aquello que no puede cambiar, sus sentimientos de disgusto y enojo necesitan transformarse en sentimientos de tristeza. Las que siguen son quince entre las más comunes futilidades a las que debe enfrentarse un niño pequeño, más cuatro que son las más difíciles de aceptar.

1. *Tratar de aferrarse a las buenas experiencias.* Cuando un niño se está divirtiendo, no quiere que esto se acabe, y ¿quién podría culparlo por eso? Tener que marcharse de la casa de la abuela, o parar de jugar o de celebrar una fiesta de cumpleaños puede provocar respuestas de frustración. Por ejemplo, cada vez que tenga que pasar por un cambio, o tenga que despedirse, sentirá tristeza y frustración.

2. *Tratar de que algo que no funciona, funcione a toda costa.* Un niño pequeño cree que un adulto puede arreglar cualquier cosa que no funcione, desde un juguete roto hasta el mal tiempo. Nos puede pedir que quiere que salga el sol en un día nublado, o que una tienda que está cerrada abra sus puertas. Sus expectativas tienen muy poco que ver con la realidad y sólo tienen que ver con lo que él quiere.

3. *Tratar de poseer a uno de los padres –o a cualquiera, de hecho–.* En cuanto nace y se le corta el cordón umbilical, el ser humano nunca más volverá a estar tan cerca de alguien. Esto no le impide tratar de adjudicarse y reclamar la exclusiva posesión de la gente. Compartir a su ser amado con alguien más es difícil y puede provocar duras batallas territoriales.

4. *Tratar de enviar de regreso a un hermano por donde vino.* Adaptarse a un nuevo hermano o hermana normalmente implica una gran frus-

tración y muchas lágrimas por todas las cosas que pueden cambiar, como recibir una menor atención, soportar más ruido y compartir su espacio. Gabriella de cuatro años le dijo a su mamá embarazada: "Si tienes una niña, la llamaré por nombre 'Basura' y la tiraré al bote. Si tienes un niño, lo llamaré 'Bebé' y le compraré un regalo especial".

5. *Querer ser más listo de lo que se es*. Una de las futilidades que experimenta un niño pequeño cuando va a la escuela es aceptar cómo se diferencia de otros niños. Puede querer leer o aventar la pelota como otro niño, o frustrarse cuando compara sus talentos con aquellos de los demás. No nacemos con la idea de que todos somos diferentes y que muchas de las cosas que aprendemos lo hacemos a golpe de prueba y error. Lo que el pequeño ve es la brecha que hay entre donde él está y donde quiere estar.

6. *Querer ser perfecto o evitar el fracaso*. Un niño pequeño sentirá frustración cuando cometa errores o cuando las imágenes que tiene en su cabeza no cobran vida como había imaginado. Las torres se caen al piso y cualquier imagen es mejor en su imaginación, de manera que caerá irremisiblemente en erupciones de frustración. Enfrentarse a la imperfección humana es frustrante y provoca el llanto.

7. *Tratar de controlar las circunstancias*. Hay muchos sucesos en la vida que no podemos controlar, como el paso del tiempo y la pérdida de las cosas que amamos. Esto es para un niño pequeño algo muy frustrante y alarmante. Una madre escribió al respecto:

Recuerdo a mi hija cuando tuvimos pollitos la primera vez. Teníamos uno pequeño que no se veía muy sano desde el principio. Mi hija le puso por nombre Humphrey. Durante los tres días siguientes, hicimos todo lo posible para que ese pollito sobreviviera. Ella lloraba por ese pollito desde antes de su muerte porque en realidad estaba muy mal. Cuando el pollito murió, me di cuenta de que en mi interior sentía que era mejor pretender que aquello no había sucedido, decir por ejemplo que el pollito "se había escapado" o que "se había muerto durante la noche", y esconder la evidencia del pollito muerto para evitar que mi hija se disgustara. Sin embargo, decidimos dejarlo para que ella lo viera muerto en la mañana. Ella lloró y lloró sin parar. Enterramos a

Humphrey con una pequeña ceremonia, y mi hija lloró y siguió llorando y llorando. Estuvimos hablando de Humphrey durante meses y todavía le salían las lágrimas. La siguiente vez que se murió otro pollito, como un año después, Jasmine derramó unas cuantas lágrimas y dijo: "La segunda vez es más fácil".

8. *Querer que el tiempo pasado regrese o deshacer lo que está hecho.* Un niño pequeño a menudo cambia de opinión y trata de tomar una decisión diferente de manera retroactiva. Se comerá todo el helado de chocolate sólo para decirte enseguida que en realidad lo quería de sabor a vainilla. La idea de la permanencia y de que no se puede deshacer lo que se ha hecho, es difícil de comprender para el niño y le crea frustración.

9. *Querer que las cosas se den por arte de magia o desafiar a las leyes de la naturaleza.* La primera infancia es la época en que se aprenden las leyes de la naturaleza. El padre de un niño pequeño me contaba que su hijo se frustraba mucho cuando lanzaba su pelota al aire, deseando que se quedara a una altura determinada, sólo para molestarse al ver que la pelota volvía a caerse al piso. Ver la enorme distancia entre su imaginación y la realidad puede ser frustrante.

10. *Querer ganar todo el tiempo.* Cuando un niño pequeño juega, siempre quiere ganar; no importa cómo, incluso haciendo trampa. Cambiará las reglas de modo que se ajusten a lo que él quiere o hará otras nuevas en ese momento. He oído a niños decir: "Si ganas significa que estás perdiendo, y si pierdes significa que eres el ganador". Una madre se quedó pasmada por mi sugerencia de que los niños no siempre deben ganar. Me preguntó: "¿Me estás diciendo que no debo dejar que mi hijo de cinco años me gane al ajedrez cuando jugamos? Es muy pequeño". Le respondí preguntándole que dónde sería el mejor lugar para que su hijo aprendiera a no ser siempre el ganador. Reflexionó sobre mi pregunta y acabó estando de acuerdo en que sí tenía un papel que desempeña preparando a su hijo para que supiera perder en el patio de juegos de la escuela.

11. *Querer ser mayor o más grande de lo que se es.* Cuando un niño se compara con los demás, quizá quiera ser más alto, de más edad o más grande. Un niño de cinco años le preguntó a su padre: "¿Le puedo

decir a la gente que tengo seis años aunque no los tenga?". Cuando su padre le preguntó por qué, contestó: "Porque todos en mi clase son mayores y yo quiero tener seis años también". El padre contestó sabiamente: "Eres como eres y eso no lo puedes cambiar".

12. *Querer ser el mejor y el primero en todo.* Los niños pequeños tienen instintos alfa que buscan expresar, y quieren ser los primeros y los mejores, y aventajar a los demás. Un "mal perdedor" es aquel niño a quien no se le ha ayudado a aceptar la imposibilidad de querer ser siempre el primero en todo. La competencia por un lugar entre los niños pequeños se pone de manifiesto cuando tratan de meterse delante del otro en las filas del colegio. Es importante que se le impida al niño ser siempre el primero y que se le ayude a darse cuenta de que también puede sobrevivir a eso.

13. *Querer que lo quieran en donde no sucede así.* A veces sucede que un niño no esté invitado a una fiesta de cumpleaños o a un juego. En ocasiones, puede que sus hermanos no quieran jugar con él. Hay veces en que los adultos tienen que ayudar al niño a localizar su sentimiento de tristeza y derramar lágrimas cuando se enfrenta al rechazo. Con frecuencia los adultos se apresuran a tratar de suavizar una relación problemática con los compañeros, insistiendo en que todos los niños tienen que ser amigos, con el intento de evitar que se hieran los sentimientos del niño. Aunque esto es comprensible, especialmente para un niño que quizás enfrente un gran rechazo de parte de sus compañeros, también es importante que el pequeño sea capaz de entender dónde no es bien recibido y pueda aprender a responder en consecuencia.

14. *Querer saber lo que va a suceder.* A veces los niños pequeños quieren saber qué va a pasar, a menudo como resultado de alguna situación de alarma y sentimientos de incertidumbre, como cuando asisten al primer día de clases en preescolar. Ayudar al niño a que llore a causa de los cambios que se avecinan y asegurarle, para tranquilizarlo, que estará bien atendido, le aliviará su incertidumbre y frustración sobre lo impredecible y lo desconocido.

15. *No querer sentirse disgustado o enojado.* Un niño pequeño tiende a evitar disgustos, como el sentirse triste o aburrido. Así, buscará

distraerse o exigirá que se le dé algún estímulo. Parte del papel de los padres es ayudar al niño a lidiar con las cosas desagradables que suceden en la vida diaria, como perder un globo o quedarse sin el helado que se cayó al piso, y no tratar de evitarlas a toda costa.

Las cuatro futilidades más difíciles de enfrentar

1. *La futilidad frente a los límites y las restricciones.* En cuanto un niño pequeño empieza a caminar, sus intereses y deseos cobran vida al explorar su entorno. Normalmente a los niños no les gusta que se les impongan límites ni restricciones y prefieren hacer lo que ellos quieren. Insistirán en que quieren jugar en lugar de tomar una siesta, salir sin una chamarra, o vaciar estantes y cajones. Cada vez que los adultos pongan límites y restricciones a un niño pequeño, sin duda sentirá frustración. Es importante que no siempre se use una distracción al problema u otras medidas a fin de evitar el disgusto, y ayudarle al niño a que se desahogue llorando.

2. *Tratar de controlar las acciones y decisiones de los demás.* Cuando los niños pequeños no son capaces de controlar lo que los demás hacen, pueden frustrarse por su incapacidad de alterar los resultados. Una niña de cuatro años le dijo a su amiguito que dejara de hacer desorden en la mesa mientras jugaban a las casitas con sus osos de peluche. Él no le hizo mucho caso, a pesar de sus repetidas advertencias de que parara de desordenar la mesa. En un momento en que la niña perdió la paciencia le gritó a su amiguito y empezó a darle piquetes con los cubiertos de plástico. Él empezó a gritar, incapaz de detener las "cuchilladas" que recibía, y gritó: "No fui yo, fue mi oso de peluche". En ese momento, la niña empezó a darle piquetes con su tenedor a ese oso de peluche. Es duro para los niños darse cuenta de que no pueden controlar lo que otras personas hacen.

3. *Imposibilidades que derivan de su propia naturaleza.* Los niños pequeños suelen querer adquirir maestría en cosas que su cuerpo apenas está aprendiendo a hacer, tales como amarrarse los zapatos, ajustarse un cinturón de seguridad, escalar una pared, colorear dentro de las líneas o escribir su nombre. A veces los niños tienen discapacidades que hacen que el movimiento o el aprendizaje sean un desafío para ellos. Las limitaciones físicas o emocionales pueden

ser frustrantes y con frecuencia necesitan llorar para adaptarse a lo que es posible. Los niños más sensibles con frecuencia tienen que derramar muchas más lágrimas por todas las cosas que no funcionan como ellos quieren.

4. *La imposibilidad de lograr algo*. La satisfacción surge de lograr algo que deseamos o anhelamos, pero esto no siempre es realista o posible. A veces los niños pequeños no consiguen lo que quieren, como el cachorrito o el gatito que le pidieron a Santa Claus para Navidad. Ellos tienen deseos, anhelos, exigencias y necesidades que no se satisfacen, y esto les crea frustración. Así lo expresó un niño: "¡El cumpleaños de mi hermano es el peor día de mi vida!". Una de las frustraciones más difíciles de enfrentar, en lo que respecta a necesidades insatisfechas, es la separación de alguien de quien quieren estar cerca, como sucede cuando uno de los padres no puede estar con ellos. Esto creará una situación de alarma, así como la búsqueda de su ser querido, y es un tema que se trata con mayor detalle en el capítulo 8.

Cómo ayudar al niño pequeño a adaptarse a las futilidades en su vida

¿Cómo ayudamos a un niño cuando la frustración hace erupción y se derrama hacia afuera? ¿Cómo desarrollamos una relación con su frustración de una manera que le ayude a adaptarse a las cosas que no puede cambiar en su vida? *La glorieta de la frustración de Neufeld* (*The Neufeld Frustration Roundabout*) demuestra los tres posibles resultados de la frustración y cómo los padres pueden ayudarles a adaptarse a aquello que no pueden cambiar. La frustración tiene tres posibles resultados cuando se desata: (1) el niño trata de *cambiar* aquello que no le funciona, (2) el niño se *adapta* a lo que no puede cambiar, o (3) el niño es movido a *atacar*.

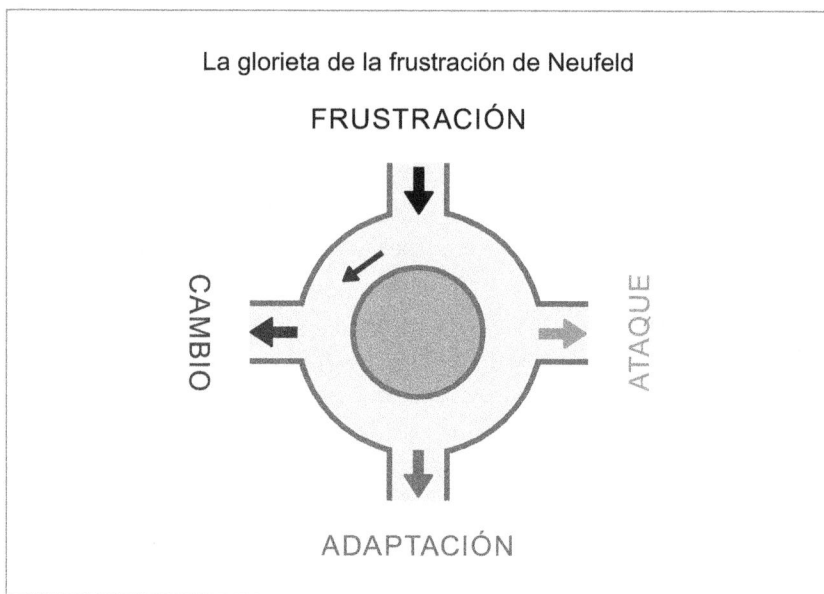

La glorieta de la frustración de Neufeld

FRUSTRACIÓN

CAMBIO

ATAQUE

ADAPTACIÓN

Figura 7.2 Tomada del curso de Neufeld: *Entendiendo la agresión*

1. El niño es movido a cambiar lo que no le funciona

Cuando un niño pequeño está frustrado, una de las primeras cosas que hace es tratar de lograr un cambio implorando, rogando o chillando. Su frustración desaparecerá si los padres acceden a lo que pide, pero ésta es una decisión que los padres tienen que tomar cada vez que se presenta un caso concreto. Las consideraciones incluyen el momento, el lugar, y quién dirá que "no" y se encargará de lidiar con el disgusto que nacerá de este. Los padres no deben decir que no sólo para demostrar un razonamiento. La capacidad de adaptación del niño se pondrá a prueba cuando esté cansado, hambriento o enfermo, y esto hará que su frustración lo abrume aún más fácilmente.

Si el niño no puede aceptar un "no" por respuesta a algo en concreto, como comer dulces en el desayuno, entonces los padres pueden aprovechar este tema para ponerlo como ejemplo de futilidad hasta que el niño haya aceptado los límites y las restricciones. Si los padres siempre acceden a sus peticiones, o lo distraen del tema, o lo sobornan para evitar su disgusto y sus lágrimas, el niño tendrá pocas experiencias para adaptarse y esto impactará negativamente en su capacidad de resiliencia. Si el niño ve que los padres están continuamente temerosos o inseguros sobre cómo manejar su frustración, es probable que surjan también problemas de tipo alfa. Es importante que los padres sepan leer al niño y la situación para determinar cuándo decirle no y cuándo satisfacer sus deseos.

Si los padres no están dispuestos a acceder a lo que pide el niño, la frustración de éste se dirigirá a cambiar la opinión de los padres, empezando con preguntas como: "¿Por qué no puedo?". Un niño pequeño puede ser un agente de cambio implacable que se niega a aceptar un "no" como respuesta. El peor error que puede cometerse es decirle al niño *por qué* se le dijo que "no". Los padres pueden quedar atrapados en una conversación lógica con el niño, con argumentos a favor y en contra, y negociaciones varias. Frente a las interminables preguntas de "por qué" que hacen los niños, los padres pueden sencillamente reflexionar con ellos sobre lo frustrante que es no encontrar la respuesta que quieren.

Dos padres vinieron a verme acerca de los continuos debates que tenían con su hijo pequeño cada vez que le decían "no", lo que conducía a berrinches interminables. Después de un examen detenido, quedó claro que estaban atrapados en una conversación lógica convertida en un círculo vicioso.

Teddy: Por favor, papi, ¿me puedo comer otra galleta? Están tan ricas.
Papá: No, te acabas de comer una ahora y te comiste una hace rato también.
Teddy: Pero tú dijiste que podía comer una después de cenar.
Papá: Ya te di una al acabar de cenar. Eso es todo.
Teddy: Pero ¿por qué no puedo comerme otra? Son muy chiquitas.
Papá: Porque lo dije yo. Las galletas no son buenas para ti.
Teddy: Comí todas mis verduras. Por favor, ¿me puedo comer una?
Papá: Ni una galleta más. Ya te dije que no son buenas antes de irte a dormir.
Teddy: Mamá me deja comer más galletas. Quiero otra más.

Les pregunté a los padres si podrían decirle no de manera firme pero cariñosa, y evitar discutir y explicar sus razones a Teddy. Él no era capaz de escuchar su "no", porque cuando discutían con Teddy, él pensaba que aún tendría una oportunidad de hacerles cambiar de opinión. Los dos padres empezaron a reírse de mi sugerencia y me dijeron: "Deb, los dos somos abogados, eso es lo que hacemos todo el día: discutimos, debatimos, somos lógicos. Es muy difícil regresar a casa con un niño de preescolar. Para tratar con él se requiere un conjunto de habilidades muy diferentes". Estuve total y sinceramente de acuerdo con ellos, y los animé a que dijeran "no" sin negociar, para que ayudaran a Teddy a darse cuenta de que había cosas cuya lucha era inútil.

2. El niño se adapta a lo que no puede cambiar

Si queremos que el niño se adapte a algo que es fútil, entonces tenemos que cerrar la puerta al cambio y abrir la puerta a la adaptación. Cerrarle la puerta al cambio significa que le ofrecemos al niño un "no" claro y directo, cuando pide o reclama algo, y limitando al mínimo de explicaciones. Si la respuesta se internaliza y se registra emocionalmente la futilidad, el niño puede adaptarse, puede sentir decepción o tristeza, y puede incluso empezar a llorar. Las lágrimas de tristeza señalan que la puerta a la adaptación se ha abierto y que el niño ha sufrido un cambio como consecuencia de aquello que no puede lograr. Después de haber derramado esas lágrimas, el ingenio del niño, así como su resiliencia, aparecerán. Una vez que el niño haya aceptado la respuesta de los padres y se haya adaptado, será el momento indicado para compartir las razones del "no", puesto que ya no estará motivado a discutir contra esas razones.

Cuando un niño pequeño está frustrado y no puede lograr un cambio, el objetivo será moverlo "del enojo a la tristeza". Para que esto suceda, el niño debe ser capaz de llorar por tristeza y tener una buena relación con un adulto afectuoso que lo oriente a sentir ese sentimiento de tristeza. El adulto tiene que saber sostener al niño pequeño en su sentimiento de frustración hasta que pueda abrirse la puerta hacia la adaptación. Esto es más un arte que una ciencia, e implica una maniobra de danza de tres pasos, en la que los padres se convierten en agentes dobles, tanto de futilidad como de consuelo.

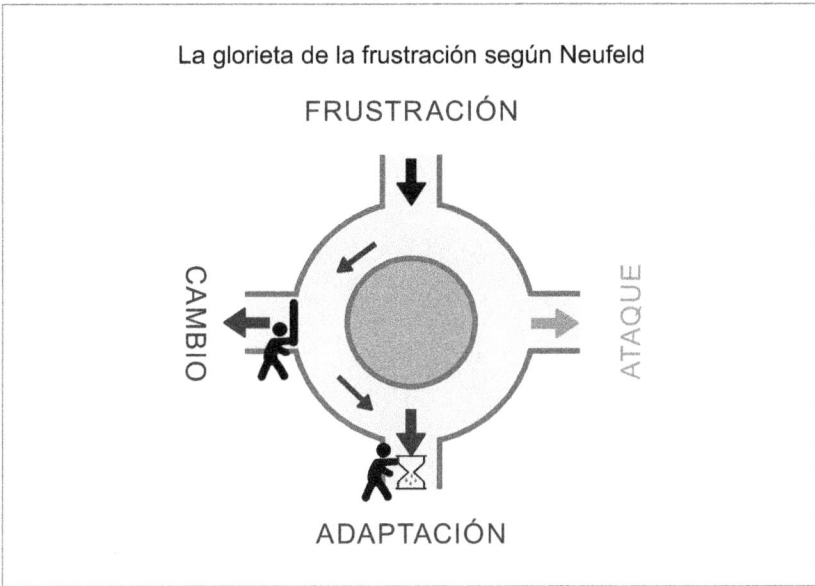

La glorieta de la frustración según Neufeld

FRUSTRACIÓN

CAMBIO

ATAQUE

ADAPTACIÓN

Figura 7.3 Tomada del curso de Neufeld: *Entendiendo la agresión*

PASO UNO Para presentarle al niño lo que es fútil, los padres tienen que ser claros acerca de cuáles son las cosas que no pueden cambiarse. Por ejemplo: "No, no vamos a devolver a tu hermana y su nombre no será Basura".

PASO DOS Sostener al niño en la experiencia de la frustración significa ayudar a que aflore la frustración y ponernos de su lado, en lugar de rebatirla discutiendo con él, o de querer anularla o castigar al niño por sentirse así. Por ejemplo, podría decírsele: "Sé que es difícil tener una hermanita recién llegada. Ya sé que quieres que las cosas vuelvan a ser como antes". El niño podría contestar: "¡Sí! No me gusta tener una hermana, ¡llévatela de aquí!". De nuevo, se trata de sostener al niño en la futilidad por querer cambiar algo que no va a cambiar. "No, nos vamos a quedar con tu hermana. Sé muy bien que estás frustrado con todos los cambios". Es muy importante que los padres no traten de convencer al niño de que le guste su hermana o convencerlo de que tiene que ser un buen hermano o que tenga que ayudar con el nuevo bebé. No se trata de hablar con él para que no se sienta frustrado, sino de acompañarlo en su frustración en una danza hasta que sienta tristeza por aquello que no puede cambiarse.

PASO TRES Cuando el niño sea más receptivo y la futilidad sea registrada, hay que tratar de que aflore aún más la tristeza: "Sé que te sientes triste por los cambios. Sé que te gustaba que sólo fuéramos nosotros dos, y ahora somos tres". El niño quizá siga quejándose: "Llévatela, por favor. No quiero ser un hermano mayor", mientras empieza a derramar lágrimas. Idealmente, los padres deben ser capaces de interpretar el momento en que la frustración del niño se suaviza y él empieza a rendirse. Lo que los padres deben intentar ofrecer ahora es todo lo que haga falta para que el niño supere ese tope: un abrazo, una caricia, el silencio solidario, la paciencia, o palabras como: "Estoy contigo y sé muy bien que es difícil para ti".

LA DANZA DE LOS TRES PASOS PARA LA ADAPTACIÓN

- **PASO UNO:** Presentar la futilidad, lo que no puede cambiarse

- **PASO DOS:** Sostenerlo en la experiencia

- **PASO TRES:** Hacer que salga la tristeza

Figura 7.4 Tomada del curso de Neufeld: *Entendiendo la agresión*

La danza para pasar del enojo a la tristeza es diferente para cada niño, ya que sus emociones varían en intensidad y vulnerabilidad. Los padres tienen que interpretar sus señales, confiar en que el enojo cambiará a tristeza, y no perder el rumbo a través de la tormenta. Durante una clase de paternidad, la madre de una niña de cuatro años nos contó la siguiente historia acerca de los desafíos que surgen al recorrer la glorieta de la frustración:

Todo empezó cuando Chloe empujó a su hermano tirándolo de una silla e insistió en que ésta era suya. Ben empezó a llorar, lo levanté y le dije a Chloe que no podía tomar la silla. Estalló en un berrinche y se tiró al suelo, gritando: "¡Quiero esa silla!". La dejé gritar, pero mi esposo estaba cerca y me preguntó: "¿Qué estás haciendo? No puedes dejar que haga eso". Le contesté: "Está frustrada y tiene que expresarlo todo". Le dije a Chloe que aquí estaba para darle un abrazo y que comprendía que se sintiera frustrada. Mi esposo me susurró: "¿Le vas a dar un abrazo por eso?".

Fue duro, pero resistí el embate de gritos, gemidos, patadas, golpes en el piso, hasta que oí el sonido que me indicaba que estábamos a punto de llegar al final: "Mamá, mamá, me quiero ir a casa". Es como si escuchara los engranes disminuyendo su giro dentro de su cabeza, veo que las lágrimas de tristeza empiezan a caer y finalmente me dispongo a abrazarla. En mi cabeza todo lo que puedo pensar es: "Dulce rendición, al fin. ¡Gracias a Dios!". Entonces me doy cuenta de lo cansada que estoy.

Me doy cuenta de que es difícil para mi esposo comprender lo que hago cuando ella está tan molesta: él todavía está aprendiendo a lidiar con los berrinches. Cuando ella está así de disgustada, lo único que deseo es que le salgan las lágrimas cuanto antes y hago lo mejor que puedo para sostenerla en su frustración y no empeorar las cosas.

Los padres del grupo reconocieron que era realmente agotador tratar con la frustración del niño, y mantener al mismo tiempo el autocontrol emocional. La madre añadió que, aunque no siempre es tan paciente como quisiera, estaba sorprendida de lo bien que se sentía cuando lograba ayudar a su hija a que le brotaran sus lágrimas.

Para abrir la puerta a la adaptación, el niño necesita contar con un lugar seguro donde llorar y una persona confiable para llorar con ella. Hay muchas razones por las que los adultos tienen dificultades a la hora de ayudar un niño a llorar. Las más comunes son: la falta de consciencia de lo que se requiere, la falta de apoyo y sabiduría culturales respecto a las emociones intensas, el miedo al descontento o al enojo del niño, una necesidad compulsiva de hacer que las cosas funcionen para el niño, una dependencia excesiva del razonamiento, no tener una relación suficientemente fuerte para llevar al niño a que llore. Cuando los niños están frustrados y se enfrentan a lo que no pueden cambiar, necesitan agentes que les procuren consuelo y los sostengan hasta que su frustración se haya liberado del todo a través de la tristeza o la decepción.

Es importante hacer notar que, si el niño no tiene un corazón suave o no puede derramar lágrimas cuando se siente vulnerable, sostenerlo en su frustración producirá un aumento en la energía de su agresividad. Lo primero que se tendrá que hacer entonces es restablecer la vulnerabilidad emocional del niño, como se expuso en los capítulos 4, 5 y 6, antes de proceder a ayudarles a adaptarse a las cosas que no puede cambiar en su vida. Además, los padres no pueden presentarle al niño algo como fútil, una imposición, a menos que antes puedan controlar las circunstancias del entorno. Asuntos como enseñarles a ir al baño, comer, dormir u otras actividades de higiene requieren la colaboración del niño, de modo que sostenerlo en estos tipos de contextos de futilidad es difícil. En el capítulo 9 se explica cómo tratar este tipo de actividades. Por otra parte, es importante que los padres no tengan que decir no a todas las futilidades a las que se topa el niño, sino que pueden elegir algunas para que funcionen.

3. El niño es movido a atacar

Cuando el niño no logra sentir la futilidad de intentar cambiar algo que no puede ser cambiado y no llega a las lágrimas, será movido a atacar. Hay muchas formas de ataque dependiendo del niño, por ejemplo, pegar, morder, aventar cosas, estallar en berrinches, gritar, avergonzar a alguien, insultar, ser sarcástico, humillar, y hasta, para los niños sensibles, dañarse a sí mismos. Los adultos a menudo intervienen preguntándole al niño que ataca por qué está tan disgustado –"¿Por qué aventaste el juguete?", o "¿Por qué le pegaste a tu hermano?"– lo cual es pedirle al niño una explicación lógica y razonable. El niño es movido a atacar por la emoción de la frustración; he aquí el punto en el que los padres deben enfocarse. Una madre describió cómo se vio atrapada en la actitud de ataque de su hijo y no se dio cuenta de la gran frustración que el niño experimentaba:

Cuando mi hijo tenía unos tres años, empezó a rasguñar, al azar, la cara de otros niños. No era frecuente, pero estábamos alarmados por este comportamiento y confundidos acerca de por qué ocurría. Intenté el típico enfoque de: "¡Eso no se hace!", tratando de detenerlo, sin resultados. Estaba avergonzada, frustrada y no entendía por qué lo hacía. En retrospectiva, veo que había muchas cosas que lo frustraban y ésa era su válvula de escape cuando sentía demasiado.

La glorieta de la frustración de Neufeld

FRUSTRACIÓN

CAMBIO

ATAQUE

encuentro con
la futilidad

NO siente
la futilidad

ADAPTACIÓN

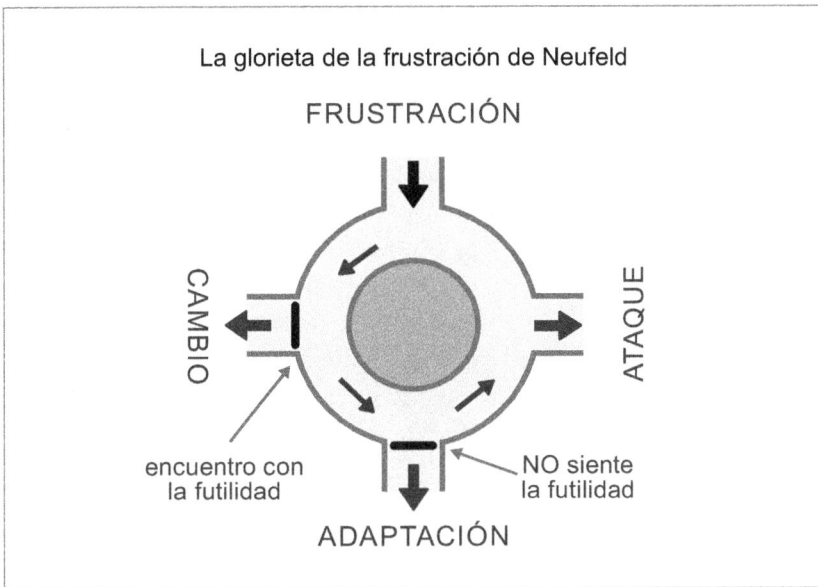

Figura 7.5 Tomada del curso de Neufeld: *Entendiendo la agresión*

El reto con la agresión es que, cuando nos enfocamos en el comportamiento de ataque del niño, perdemos nuestra intuición acerca de la frustración que lo impulsa. Con frecuencia, esto conduce al uso de castigos y aislamiento para hacer que el niño detenga su conducta. Este tipo de táctica disciplinaria sólo aumentará su frustración. La madre de una niña de cinco años nos contó la siguiente historia de cómo una respuesta bien intencionada le resultó contraproducente y exacerbó el comportamiento de ataque de su hija:

Alice me pidió que le comprara unas pegatinas mientras estábamos en una tienda y le dije que no. Hizo un tremendo berrinche. Una señora mayor nos vio y vino con la intención de ayudar. Empezó a hablar con Alice y le dijo que, si no se calmaba, Santa Claus no le traería ningún regalo. Alice soltó un rugido feroz. ¡¿Qué le pasó por la cabeza a esta mujer y cómo pudo usar una amenaza como ésa para tratar la frustración de mi hija?! ¿Acaso no se daba cuenta de que estaba echando más leña al fuego? ¡Ahora, Alice no sólo creía que no iba a conseguir las pegatinas, sino TAMPOCO regalos de Navidad! Mi frustración era tan grande que casi estallé en una pataleta yo misma contra la señora.

En cambio, enseguida le dije a Alice que Santa siempre viene a nuestra casa y que yo entendía bien que se sintiera frustrada.

Cuando un niño pequeño está lleno de la energía de ataque, el objetivo es dirigirlo de nuevo a través de la glorieta de la frustración; hasta la puerta de la adaptación. Esto se logra dejando escapar una parte de la energía de ataque, poniéndonos del lado de su frustración, y haciendo que sea seguro para el niño y los demás. El objetivo es conducirlo de vuelta a su sentimiento de tristeza o a que derrame lágrimas. Si el niño no es capaz de llorar o no da señales de tener algún sentimiento vulnerable, como el cariño o la tristeza, entonces el objetivo será sobrevivir al incidente conservando la dignidad de todos intacta. Por ejemplo, un padre podría decir: "Esto no está funcionando. Vamos a hacer otra cosa", o "Veo que estás frustrado. Hablaremos al rato de esto". Cuando las lágrimas están atoradas, uno *debe* centrarse en la recuperación del sistema emocional antes de proceder a trabajar en la adaptación.

Si los padres responden con frustración al comportamiento de ataque de su hijo, esto aumentará aún más la agresión del niño y cerrará la puerta a la adaptación. La energía de ataque de un niño pequeño es provocativa para los padres y, frecuentemente, atrae respuestas emocionales por parte de éstos. Una madre describió una de esas ocasiones en que bien podía haber respondido de manera diferente a la frustración de su hija:

Compramos en Navidad una cocina de juguete muy cara para nuestras hijas de cuatro y dos años. No nos sobra el dinero, pero pensamos que esto era algo que disfrutarían mucho. Al principio la miraron, les gustó mucho, la tocaron y exploraron sus detalles. Pero, de pronto, mi hija mayor puso una expresión de frustración en su cara y empujó la cocina. Yo estaba sumamente frustrada. Interpreté su acción como ingratitud. Mi hija trató de abrir una puerta o un cajón y no pudo. Estaba muy frustrada y la empujó. Mi hija no era "ingrata", sino que se sentía frustrada. Me da pena decir que no hice un buen trabajo al lidiar con su frustración y agresión, ni tampoco le ofrecí una invitación amable para que diera rienda suelta a sus sentimientos. Me imagino que ésta es la misma lucha de muchos padres: buscar sus propios sentimientos encontrados, para ayudar a que sus hijos expresen y echen afuera todo lo que sienten, aunque sea una horrible frustración.

Cuando el niño está lleno de energía de ataque, deben tenerse en cuenta tres principios relacionales, con el fin de conservar nuestra relación con él:

1. *No personalizar el ataque.* Si el niño está pateando, gritando o mordiendo, decirle que es malvado, malo, decepcionante y otras cosas por el estilo, sólo aumenta su frustración y su energía agresiva. Al no personalizar el ataque, nos dirigimos a su comportamiento, pero no le transmitimos al niño un juicio sobre él. Por ejemplo: "Las piernas no son para patear", o "Los dientes no son para morder a la gente".

2. *Centrarse en la frustración y ponerse de su lado para conservar la dignidad.* Ponerse del lado de los sentimientos del niño ayuda a neutralizar su frustración y a regresarlo a la glorieta en el camino hacia la adaptación. Por ejemplo, los padres pueden decir: "Sé que tus dientes muerden porque estás frustrado. Te voy a ayudar con eso". Es importante preservar la dignidad del niño cuando está en plena erupción y así evitar que su frustración y su alarma aumenten.

3. *Transmitir que la relación puede aguantar el peso de sus emociones.* Cuando el niño está atacando, la peor amenaza por la que pasa es la pérdida de contacto y cercanía con sus padres. Cuando los padres le dicen al niño qué es lo que no funciona, también tienen que transmitirle que, a pesar de todo, la relación sigue intacta y sigue siendo la misma. Esto puede significar decirle al niño: "Sé que estás pasando un mal rato. Aquí estoy para ayudarte", o "Todo está bien. Sé que estás muy disgustado. Vamos a arreglarlo". Los padres tienen que asumir la responsabilidad de preservar la relación y no deben rehuir el contacto o la cercanía como un chantaje para que el niño pida perdón. Cuando se usa la separación frente a una conducta agresiva de un niño pequeño, se exacerba aún más la frustración y aumenta la posibilidad de más ataques.

La frustración y las lágrimas en los niños sensibles

Para los niños sensibles, los berrinches pueden ser más intensos, prolongados y habrá un reto mayor para conseguir que lloren. Sus intensos deseos y su sensibilidad lo pueden conducir a decepciones tremendas. A veces se imaginan mucho más de lo que pueden realizar y se frustran fácilmente por sus imperfecciones humanas. Sus sentimientos pueden ser grandes, abrumadores y fuera de control. Necesitan cuidadores fuertes que puedan ayudarles a sortear esas tormentas, y ofrecerles descanso y alivio en un mundo que se siente de una manera demasiado profunda. El reto es que, comúnmente, los niños sensibles sienten que son demasiado para sus padres, demasiado intensos en sus respuestas y fácilmente apabullan a los demás. Es crucial que sus cuidadores respondan en formas que transmitan que pueden hacerse cargo de la situación y manejar su comportamiento y sus emociones, así como asegurarle al niño que la separación no se usará en ningún momento como un castigo o una represalia.

Hay tres cosas que se consideran de ayuda al manejar la frustración y las lágrimas del niño sensible:

1. *Protegerle de las experiencias que son demasiado abrumadoras.* Cuando los entornos, las relaciones y las experiencias son demasiado para un niño sensible, sus cuidadores tienen que leer la situación y protegerlo. Por ejemplo, los padres pueden inscribir a un niño pequeño a clases de música, sólo para ver que el niño sale corriendo hacia la puerta cada vez que empieza el sonido. El niño puede encontrar que los estímulos visuales o auditivos son abrumadores y como resultado necesitan quedarse menos tiempo, o ninguno, en estos entornos. Presionar a un niño sensible más allá de sus límites, típicamente lo conducirá a encerrarse o a explotar. Sin embargo, es importante que el adulto sepa leer aquello de lo que el niño es capaz de aguantar, incluso en pequeñas dosis, y no protegerlo demasiado.

2. *Conducirlo al territorio vulnerable.* Bien es sabido que un niño sensible evita en lo posible las experiencias alarmantes o las que lo alteran. Es probable que evite leer historias tristes en los libros y que se asuste con algunos programas de televisión para niños. Los padres tienen que llevarlos de la mano en esta dirección cuando sea nece-

sario, e invitarlos a que expresen lo que sienten en lugar de presio-
narlos. El niño sensible puede tratar de desviar la atención que se les
presta a sus sentimientos, de manera que habrá que interpretar sus
señales sobre aquello que es lo más difícil para él, y así comprender
qué es lo que le altera. Cuando un niño sensible se molesta, puede
necesitar un periodo de enfriamiento para reducir la intensidad de la
experiencia. Después de eso, será más fácil para el hablar sobre lo que
lo alteró, pero probablemente necesitará la ayuda de un adulto que
lo guíe a ese lugar. Reconocer sus sentimientos, saberlos nombrar y
normalizarlos ayuda al niño a crear una mejor relación con su mundo
interno que a menudo se siente demasiado abrumador y complicado.

3. *Analizar las situaciones abrumadoras fuera del incidente.* Cuando se
discute un comportamiento problemático, es mejor abordarlo fuera
del incidente, en el contexto de una relación cálida y tocar el tema
con delicadeza. Es mejor aplazar la reflexión sobre un incidente a un
tiempo en que los sentimientos intensos se hayan apaciguado. En
la tensión del momento, los padres pueden sencillamente decirle al
niño: "Este comportamiento no está bien, hablaremos de eso más
tarde". Un niño podría contestar: "No quiero hablar de ello", a lo
que los padres deben responder que la conversación va a ser clara,
rápida y lo menos dolorosa posible pero que, a veces, las cosas tienen que hablarse y tratarse. Cuando se le transmite al niño lo que
no debe hacerse o no es aceptable, los padres tienen que asegurarse
de comunicarle también que la relación entre ellos sigue siendo tan
cercana y afectuosa como siempre.

8

Alarmados por la falta de conexión

HORA DE DORMIR, SEPARACIÓN Y ANSIEDAD

Y Max, el rey de las cosas salvajes, se sentía solo y quería estar
donde alguien lo quisiera más que a nadie.
MAURICE SENDAK[1]

"No me gusta dormir", gritó Sadie, de cuatro años, mientras se preparaba a ir a dormir. "No es justo, ustedes se duermen juntos y ¡yo tengo que dormir sola!". Emily y Dan estaban cansados de las batallas que estallaban cada noche a la hora de dormir de Sadie y se sentían sus rehenes. Se esforzaban mucho para mantener un ritual a la hora de dormir y ser pacientes, pero conseguir que Sadie se durmiera se había vuelto en una pesadilla.

Cuando les pedí que me describieran cómo se desarrollaban esas batallas, Emily dijo que generalmente ella trabajaba desde su casa en la noche, y dejaba que Dan se encargara de los rituales para dormir a Sadie. A Sadie le gustaba que le contaran cuentos y que la acurrucaran, pero no le gustaba que la dejaran sola. Una noche, todo iba bien hasta que Dan se dispuso a salir del cuarto. En ese momento, Sadie brincó de la cama y exigió que se quedara. Dan le dijo: "Es hora, tienes que dormir. Mañana vas a estar cansada si no te duermes". Sadie le rogó: "No, papi ¡por favor quédate! ¡No me gusta estar a oscuras!". Dan encendió la lamparita de noche y le dijo: "Tienes que dormirte. Tengo trabajo que hacer y también mamá tiene cosas que hacer". Dan acomodó a Sadie otra vez en la cama y le prometió que entraría a verla de vez en cuando. Apenas habían pasado cinco minutos, cuando oyó a Sadie correr por el pasillo en busca de su madre para pedirle agua. Al verla, él le dijo: "Te dije que volvería a tu cuarto en un ratito. Regresa a la cama ya, Sadie, es hora de dormir. No puedes seguir haciendo esto. Tienes que calmarte y quedarte en tu cama". En medio de muchas protestas Sadie fue llevada de regreso a su cama, y una vez allí dijo: "Papi, por favor no te vayas. ¡Quiero que te quedes! ¿Dónde está mamá? ¡Quiero a mamá!". Dan dijo que se sentía tan frustrado que le dijo de nuevo que se quedara en la cama y salió del cuarto. Sadie empezó a llorar, pero pareció por fin tranquilizarse, hasta que Dan escuchó un golpe que venía del cuarto de Sadie. Corrió a ver qué pasaba y encontró a Sadie tirada en el suelo. Fue a levantarla y le dijo: "Sadie, ¿estás bien? ¿Qué pasó? ¿Por qué estás en el piso?". Ella contestó: "¡Papi, mis animales de peluche me tiraron de la cama!". Exasperado, Dan puso a Sadie otra vez en la cama, y le costó mucho tiempo calmarla.

Emily y Dan estaban desesperados. Me preguntaron: "¿Hay algo que no está bien con ella? ¿Qué se supone que debemos hacer? Estamos tan cansados y frustrados". Les dije: "A los niños pequeños no les gusta la separación. La separación es alarmante para ellos. Cuando ustedes salen del cuarto de Sadie, lo que ella siente es su ausencia. Cuando ella duerme, es un periodo que puede durar hasta 10 horas durante el que ustedes no están a su alcance. Nadie la está acompañando en sus sueños. Está ella sola, y eso es lo que la alarma. Los preparativos de rutina que marcan la hora de irse a dormir son como un reflejo de la danza de vinculación que los padres tienen con sus hijos. La forma en que ustedes, los padres, se separan de sus hijos es tan importante como la forma en que les invitan a que se vinculen a ustedes: la separación y la vinculación están entretejidos en lo que concierne a la conexión humana". Dan y Emily reflexionaron sobre esto y preguntaron: "Entonces, ¿cómo podemos hacer un cambio?". Les contesté: "Necesitan ayudarla a descansar a la hora de dormir llevando su atención a la conexión en lugar de la separación".

Los niños pequeños no están hechos para la separación

El vínculo es la puerta a través de la cual se accede a la separación; el vínculo y la separación son las dos caras de una misma moneda.

La conexión humana es nuestra necesidad más grande; por lo tanto, la separación real o anticipada es la más poderosa de todas las experiencias. La hora de dormir, los adioses y las transiciones representan algún tipo de partida, y es por esta razón que a los niños pequeños les cuesta trabajo manejar este tipo de situaciones. Los niños pequeños se enfrentan a la falta de conexión a partir del momento en que se les corta el cordón umbilical. Necesitamos ayudarlos a que maduren como seres independientes, sociales y autónomos, que puedan dormir o jugar por su cuenta, ir a la escuela y, algún día, dejar la casa. La respuesta no está en enseñarles cómo separarse, sino en facilitarles la separación. Ellos se irán apartando de nosotros cuando sientan que los sostenemos. En otras palabras, si la separación es el problema, el vínculo es la solución.

La desconexión es provocativa para los niños pequeños porque su capacidad para relacionarse todavía no está totalmente desarrollada. Tienen que transcurrir seis años de un desarrollo sólido para que la capacidad para crear relaciones profundas se logre, como ya se vio en el capítulo 4. Los niños pequeños apenas están desarrollando el sentido de sí mismos, y esto hace que sean sumamente dependientes de los adultos que los cuidan. Cuanto más inmaduro y dependiente sea el niño, más difícil será la separación que sufra. No debemos reprocharles que sientan el deseo de tener contacto y cercanía, sino estar agradecidos de que deseen tener ese contacto y esa cercanía con nosotros. Si el niño pequeño no puede estar con nosotros, tenemos que asegurarnos de que un adulto cultive una conexión sólida con ellos en nuestro lugar. A la hora de dormir, tenemos que llevar su atención a la anticipación de estar con nosotros, con el fin de que la sensación de separación a la que se enfrentan disminuya en lo posible.

¿Qué es la alarma por separación?

El miedo es una de las emociones humanas más antiguas, y lo es por una buena razón. De acuerdo con el neurocientífico Joseph LeDoux, el cerebro es un sofisticado sistema de alarma que se activa cuando sentimos miedo, para que este nos mueva a la precaución.[2] Como sistema de alarma, el cerebro se mantiene vigilante y altamente adaptado para detectar las amenazas. El vínculo es nuestra necesidad más sobresaliente; por lo tanto, la separación se percibe como la mayor amenaza y puede activar una fuerte respuesta de alarma.[3]

Los niños pequeños, igual que los pequeños de todas las demás especies de mamíferos, poseen un grito característico cuando sienten la separación que tiene como objetivo atraer a sus cuidadores.[4] Esta respuesta de alarma no es un error de la naturaleza ni tampoco un problema, sino parte de un sofisticado sistema que está dirigido a enlazar al adulto y al pequeño entre sí. El sistema emocional de un niño pequeño se preocupa por comprobar si hay alguien que lo esté cuidando. Cuando los niños pequeños enfrentan la separación, los actos de colgarse, agarrarse, inquietarse, moverse frenéticamente, gritar o mostrar una actitud posesiva no son formas de búsqueda para disminuir la distancia entre ellos y sus figuras de vinculación. Si de manera constante nadie viene en su ayuda, esto puede activar sus defensas emocionales para adormecer o desconectar la angustia.[5]

Enfrentar la separación puede ser abrumador para los niños pequeños, y no importa si la separación es real o anticipada. En cuanto el niño se da cuenta de que tiene que ir a la guardería, a la cama, o a casa del otro padre, en caso de padres separados, puede que se active la señal de alarma o frustración ante la perspectiva da la desconexión. La experiencia de la separación es subjetiva y dependerá de cómo se está vinculando el niño. Como se explicó en el capítulo 4, el niño se vincula de manera secuencial por los sentidos, las semejanzas, la pertenencia y la lealtad, el ser significativo, el amor y el ser conocido. La alarma por separación tiene su origen en la pérdida de contacto y cercanía en una de estas seis formas de vincularse.

La alarma por separación surge cuando existe la amenaza de no estar con alguien, no parecerse a alguien, o no pertenecer, no sentirse importante, no sentirse amado o no ser conocido. Por ejemplo, una madre me dijo que su hija se alarmó cuando se dio cuenta de que no podía aferrarse a ella a través de sus *sentidos*:

Mi hija se angustia mucho durante la noche y quiere agarrarse a mí. Necesita escucharnos o vernos en la casa. Un día, después de que se había dormido, yo estaba en la planta baja leyendo. Se despertó y vino a buscarme muy alarmada. Como yo estaba concentrada en la lectura, había un gran silencio en la casa y mi hija pensó que yo había salido y la había dejado sola. Ahora leo siempre en la planta de arriba o con la televisión o el radio prendidos para mantener un ruido de fondo.

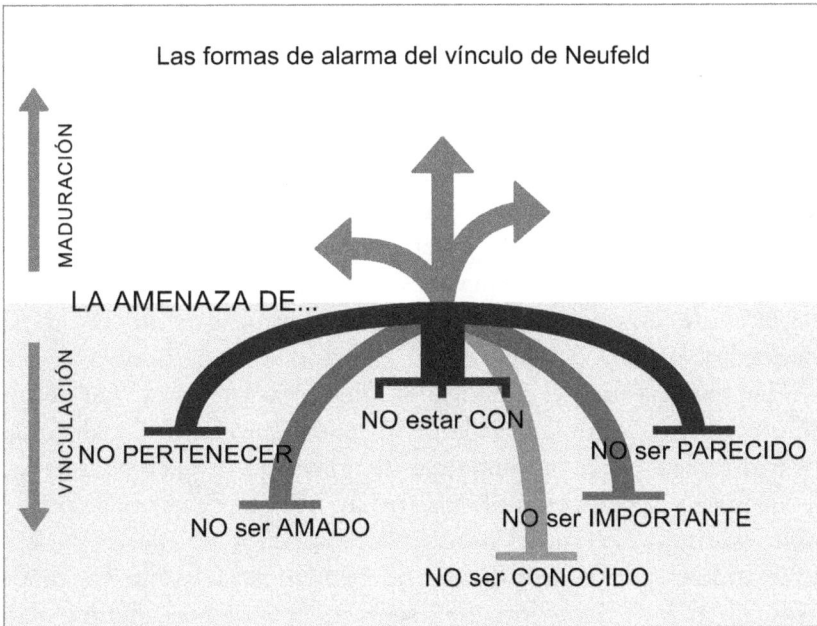

Figura 8.1 Tomada del curso de Neufeld: *Entender la ansiedad*

Una tía que estaba visitando a su sobrino de dos años se esforzaba por conectarse con él a través de la *semejanza*, y notó la alarma que sentía el niño cuando señaló las diferencias entre los dos:

Le costaba encariñarse conmigo, pero en cuanto empecé a leerle, le dije: "Nos parecemos mucho; a los dos nos gusta leer libros". Mi sobrino pidió otro libro más, y cuando lo escogió, le dije: "Ése es uno de mis favoritos". Estaba radiante y me preguntó qué otras cosas me gustaban. En cierto momento me dijo: "¿Te gustan los malvaviscos?". Me olvidé por un momento de la estrategia de las "semejanzas" como forma de vinculación y le dije: "No mucho". La desilusión y la alarma en su cara me rompieron el corazón e inmediatamente volví a hablar de todas las formas en que éramos iguales, lo que hizo que volviera a sonreír.

Los niños pequeños casi siempre le tienen miedo a la oscuridad, a ser abandonados u olvidados. Todos estos temas representan para ellos la separación de aquéllos a quienes están más vinculados. Maggie, de cuatro años, empezó a llorar y gritar llamando a su mamá, cinco minutos después de que se había acostado. Lloraba y decía: "Mamá, tuve una pesadilla. El techo se rasgaba y yo era arrastrada hasta Júpiter y tú no podías venir a por mí". La respuesta al miedo de Maggie por el viaje espacial no tiene que ser lógica sino emocional y centrarse en su alarma por separación. Afortunadamente, su madre no discutió con ella acerca de su viaje intergaláctico, sino que le dijo: "Yo siempre sé dónde estás y siempre te voy a cuidar". Lo que los niños necesitan oír una y otra vez es que un adulto está sosteniéndolo fuertemente, especialmente a la hora de dormir, el momento de la mayor desconexión del día.

Hay muchas fuentes potenciales de separación en la vida de un niño pequeño, como la llegada de un nuevo hermano, el trabajo de los padres, la escuela, las mudanzas de una casa a otra, las guarderías, el divorcio y la adopción. También hay fuentes de separación que están escondidas, como el proceso de empezar a ser ellos mismos y de ir adquiriendo el sentido de independencia. Cuando los niños evolucionan y se transforman en seres independientes, sienten alarma al separarse del cuidado de sus padres y empezar a ser capaces de "¡hacer las cosas por mí mismo!". La respuesta de los padres, con el fin de reducir la alarma por separación, consiste en trabajar constantemente en la profundización de su vínculo e invitar al niño a que dependa de ellos.

Los niños pequeños enfrentan la separación de muchas maneras que los pueden alarmar, tales como no ser queridos o escogidos, o no ser los favoritos o no ser comprendidos. Cuando se enfrentan a este tipo de situaciones inevitables y para ellos alarmantes, necesitar ayuda para encontrar sus lágrimas y ser llevados al descanso. Entre las situaciones que no pueden cambiarse y que para ellos son las más difíciles de enfrentar están el paso del tiempo y la inevitabilidad de la muerte. Los niños pequeños pueden no querer ser mayores el día de su cumpleaños, pueden enojarse cuando pierden un diente, o pueden decirnos que quieren seguir siendo pequeños para siempre y parar el paso del tiempo. También pueden darse cuenta de cuestiones existenciales y de la naturaleza finita de la vida a través de la pérdida de una mascota o de un miembro de la familia. Estos eventos hacen que ellos dirijan la mirada hacia la separación definitiva, y pueden hacernos preguntas tales como: "¿También tú te vas a morir?". Los niños sensibles perciben rápidamente esta posibilidad y pueden alterarse mucho por ello. La madre de una niña sensible de cuatro años notó que su hija se mostraba más alarmada que de costumbre después de su cumpleaños y de haber oído que el perro de su vecino se había muerto:

> Después de haberla puesta a la cama para dormir, estaba asegurándome que Matilda estuviera cómoda cuando noté unos bultos a sus pies. Levanté las sábanas y vi que tenía puestos sus zapatos negros, nuevos y brillantes. Le pregunté por qué y empezó a llorar: "Mamá, me encantan estos zapatos. No quiero que mis pies crezcan. ¿Me comprarás otros así cuando crezcan mis pies?". Le dije que sí y le dije también que, por mucho que creciera, nunca dejaría yo de cuidarla. Matilda quedó callada y luego me preguntó: "Mamá, cuando te mueras, ¿me seguirás queriendo desde el cielo?". Junté fuerzas para decirle: "Sí, siempre estaré contigo. Nunca habrá un día en que estés separada de mi amor por ti".

La manera en que ayudamos a nuestros hijos a enfrentar algunas de las situaciones inevitables de la vida que más los alarman, tales como el paso del tiempo y la muerte, es regresando su atención hacia el vínculo. Les podemos asegurar que siempre vamos a ser sus padres, siempre los querremos y que el hecho de pensar en ellos o sentir amor por ellos nos une de manera inseparable. Cuando un niño sufre la pérdida de alguien a quien ama, podemos ayudarle a aferrarse a esa persona por medio de historias, fotos y algunas pertenencias de esa persona. Una de las mejores maneras de ayudar al niño pequeño a comprender las separaciones de la vida, consiste en presentarlas de una manera que no sea alarmante. Por ejemplo, la naturaleza, las plantas, los animales, las estaciones, y el ciclo de la luna y del sol todos representan el paso del tiempo y el flujo rítmico de la vida. La mejor preparación para las separaciones que surgirán más adelante, tales como perder a un abuelo, es a través de las representaciones naturales de la vida y la muerte. Las mascotas son el tema obvio para ayudar a los niños a que comprendan las futilidades de la vida. Una madre contó: "Compré una pecera con muchos pececillos y todos se iban muriendo. Mis hijos se entristecían tanto cada vez que se moría un pez, a tal grado de que una vez encontré a mi hijo de cuatro años hincado en el piso rezando por el pez en el cielo. Les decía que probablemente yo estaba comprando unos peces que ya eran muy, muy viejos, y que por eso se morían".

Si tenemos que explicar cosas a un niño pequeño que podrían alarmarle o darle la impresión de que no podemos mantenerlo seguros, como los simulacros de prevención contra un terremoto o las prácticas de cierres de emergencia en las escuelas, la mejor manera de hacerlo es a través de un enfoque que no sea alarmante. Debemos darle instrucciones sencillas, como las da una azafata en un vuelo, transmitiendo la información de seguridad básica de manera práctica y amigable. No queremos añadirle más alarma haciéndole ver que se enfrenta a una grande separación; a esta edad los niños son demasiado inmaduros para algunas de las separaciones más alarmantes de la vida. El reto con los niños pequeños es que sus necesidades de vinculación son grandes, su inmadurez hace que sean dependientes, y viven en un mundo que está lleno de separaciones.

La ansiedad en los niños pequeños

Los trastornos basados en la ansiedad y el miedo representan los problemas de salud mental más comunes entre los niños de hoy.[6] Las señales que indican que experimentan una gran alarma son, entre otras, muchos berrinches, querer evitar ciertas situaciones o estímulos, las náuseas, los dolores de estómago o de cabeza, no querer dormir solos, ir a la guardería o al preescolar, e incluso no hablar.[7] Los niños con ansiedad pueden tener pesadillas frecuentes, tener muchos miedos o bien no tener miedo en absoluto, y tener fobias y obsesiones, atención dispersa, espasmos musculares o tics nerviosos, una energía incansable, agitación o intensas respuestas de sobresalto. También pueden mostrar comportamientos compulsivos para reducir su ansiedad, tales como chuparse el dedo, mover la boca como si masticaran, morderse las uñas, jugar con el pelo, frotarse los genitales, comer, o buscar continuamente el consuelo de un objeto determinado, como un osito de peluche.

Cuando los niños pequeños están muy alarmados, puede ser difícil para los adultos determinar cuál es la separación que está enfrentando el niño. Cuando algo es alarmante y angustiante por un tiempo demasiado largo, las defensas emocionales del cerebro pueden activarse para inhibir todo tipo de sentimientos y percepciones vulnerables. Por ejemplo, un niño puede dejar de hablar acerca del *bully* que lo molesta en la guardería o en la escuela, y hasta puede empezar a jugar con él, a pesar de que éste lo trate mal. El niño todavía estará alarmado, pero ya no sabrá el por qué. Con el fin de permitirle funcionar en una situación o ambiente alarmante, el origen real de esta alarma puede estar bloqueado en su conciencia. Cuando las defensas emocionales del cerebro lo protegen para que no vea la verdadera causa de su alarma, puede que el niño nos diga que está asustado, pero no será capaz de decirnos la causa o bien inventará una razón. En otras palabras, sentir ansiedad es estar alarmado y a la vez no poder ver cuál es la verdadera causa de ello. El objetivo no es cambiar los pensamientos o sentimientos del niño acerca de su miedo, sino considerar la fuente de separación, y trabajar para cambiar el entorno y acompañarlo a llorar lágrimas de desahogo cuando sea necesario. Los niños pequeños no deben ser responsables de hacerse sentir seguros ni de mantener sus corazones suaves. Ése es el papel de sus cuidadores.

Hoy en día hay muchas fuentes de separación que yacen debajo de los niveles crecientes de ansiedad y de extrema alarma en los niños pequeños. Algunas de las más comunes incluyen la crónica anticipación de separación de sus afectos y el uso de una disciplina basada en la separación. Los niños orientados a los pares y los niños alfa también pueden mostrar altos niveles de ansiedad, como se vio en los capítulos 4 y 5.

1. Anticipación crónica de la separación

Los niños pequeños de hoy enfrentan unos niveles de separación sin precedente, no sólo porque sus padres trabajan fuera de casa, sino por los altos índices de divorcio, la movilidad geográfica y la falta de acceso a una familia extendida. También a menudo se les coloque en programas de aprendizaje temprano y actividades estructuradas que los apartan de sus vínculos más cercanos en una edad en que sus necesidades relacionales son las más altas.[8]

Al considerar si un niño se enfrenta a niveles crónicos de separación, las preguntas que deben hacerse son:

1. ¿Qué tanta separación enfrenta el niño con respecto a sus vínculos más cercanos?

2. ¿Quién cuida al niño?, ¿está vinculado a quienes lo cuidan?, y si es así, ¿cómo es el vínculo?

3. ¿Recibe el niño un cuidado consistente que le invite a vincular-se a sus adultos?

4. ¿Qué capacidad de desarrollo tiene el niño para aferrarse a los padres cuando está separado de ellos?

5. ¿Qué tan sensible es el niño, y qué tan provocativa es la sepa-ración para él?

Un niño de cinco años vinculado a sus padres con lazos de amor es capaz de una separación mayor que la que puede soportar un recién naci-do que se vincula a través de los sentidos. El recién nacido necesitará un cuidado consistente y un cuidador generoso que se dedique a desarrollar un vínculo profundo con él. ¿Cómo cumplen con esto los padres en el contexto de su vida? ¿O pueden compartir esto con un cuidador sustituto que le ofrezca al niño lo mismo? Es innegable que cada familia enfrenta sus propios retos y que las familias tienen diferentes niveles de apoyo y recursos y, por lo tanto, diferentes opciones en lo que respecta al cuidado del niño, el empleo y las condiciones de vida. Muchos padres necesitan compartir la tarea de criar a su hijo con otros adultos. Los padres tendrán que cultivar villas de vinculación para criar a sus hijos, lo cual trataré más adelante, al abordar los temas sobre *puentear [un ritual de vinculación del Modelo Neufeld que asegura al otro que la relación no se rompe y va a pasar sobre cualquier cosa]* y hacer *presentaciones [ritual de vinculación del Modelo Neufeld en el que el adulto a cargo del niño le presenta nuevos vínculos en su vida]*, para lidiar con la alarma por separación.

2. El uso de disciplina basada en la separación

El uso de una disciplina basada en la separación, como el tiempo fuera, retener algo que le gusta al niño, o hacerle sentir la desconexión emocional de un adulto, erosiona el vínculo y puede conducir a una creciente alarma por separación en el niño. Si el niño anticipa que va a ser separado debido a su comportamiento, esto puede llevarlo a sufrir inseguridad, ya que no podrá contar con que su necesidad de contacto y cercanía será satisfecha. Los padres a veces fingen una separación en los parques de juegos cuando su hijo no coopera a la hora de regresar a casa o se resiste a partir. Le dirán a su hijo: "Entonces, adiós. Te voy a dejar en el parque si no vienes conmigo ahora mismo", lo cual activará la alarma por separación en el niño y de inmediato saldrá corriendo a encontrar a su padre. El uso continuo de una disciplina a base de la separación puede saturar el sistema de alarma del niño y activar defensas emocionales para adormecer su angustia.

Alicia y Stephen me consultaron acerca de su hijo de cinco años, quien hacía a menudo berrinches sea en casa que en la escuela; no dormía bien, se mostraba inquieto todo el tiempo y tenía problemas de atención. Seth rompía con todas las reglas del salón de kínder y, a menudo, era enviado a la oficina del director, pero le decía a su maestra: "No me importa". La maestra estaba tratando de usar una serie de recompensas y pegatinas que le entregaba como premio para que se comportara mejor, pero a él no le importaban ni ella ni sus recompensas. Al considerar las fuentes de la separación en la vida de Seth, estaba claro que la disciplina tenía un papel muy significativo, con el uso sistemático de tiempos fuera, desconexión emocional y castigos. Seth había perdido muchas cosas con las que estaba vinculado, desde su bicicleta hasta el juego de fútbol, su actividad preferida. El uso tan frecuente de una disciplina basada en la separación había erosionado su relación con sus padres, y la consecuencia era un creciente estado de alarma y frustración. Cuanta más alarma y frustración expresaba el niño, más castigos recibía, alimentando así su problema de separación.

Cuando los padres de Seth dejaron de utilizar los castigos basados en la separación, y comenzaron a colectarlo y a darle espacio para que se expresara emocionalmente, el niño empezó a derramar muchas lágrimas. Sus lágrimas duraron mucho tiempo, y la búsqueda de cercanía con sus padres aumentó, al mismo tiempo que su resistencia a las órdenes que le daban fue disminuyendo. Cuando se le dijo a Seth que no volvería a tener castigos de tiempos fuera ni se le quitarían sus pasatiempos preferidos, inmediatamente fue a buscar unas notas adhesivas. En cada nota escribía su nombre y las pegaba a sus objetos favoritos en la casa. Su cerebro había recibido el mensaje de que era seguro para él conectarse otra vez con sus cosas y con la gente. Tomó tiempo y paciencia restablecer una relación con Seth, pero conforme sus padres mejoraban en esto, él empezó a descansar bajo su cuidado, a jugar por su cuenta y a escuchar a su maestra; su inquietud disminuyó de manera muy marcada. En el capítulo 10 se presentan alternativas a una disciplina basada en la separación.

Cómo usar el vínculo para lidiar con la alarma causada por la separación

La respuesta a demasiada separación es dirigir el niño hacia el antídoto: el vínculo. Necesitamos que comunicarles que los sostenemos, para que sientan que pueden descansar bajo nuestro cuidado. Esto se puede hacer de varias maneras: (1) disminuyendo la separación, (2) puenteando la distancia, (3) haciendo presentaciones, y (4) reduciendo la alarma a través de las lágrimas y cultivando su resiliencia.

1. Disminuir la separación

Cuando un niño se enfrenta a demasiada separación, es importante buscar caminos para disminuirla tanto física como psicológicamente. Si se justifica, los padres pueden acortar el tiempo que el niño pase en la guardería, el preescolar o el kínder. También pueden recortar actividades no esenciales que no promuevan una relación con su hijo o que incluso interfieran con esa relación, como los eventos estructurados, por ejemplo, y las citas para jugar con otros niños. Los padres pueden buscar caminos para invitar al niño a la dependencia, por ejemplo, ayudándole a que se vista, compartiendo un *hobby* con ellos o saliendo con él de paseo. También es imperativo cambiar las prácticas de una disciplina basada en la separación por otras que favorezcan el vínculo y el desarrollo. Si el vínculo que siente el niño por un adulto significativo en su vida no está muy desarrollado, como en el caso de un niño de cinco años que se vincule a alguien a través de la semejanza (algo que es apropiado para niños entre 1 y 2 años de edad), trabajar para profundizar esa relación ayudará a reducir la separación. Cuando el niño es presa de la alarma, el adulto responsable tendrá que buscar la manera de darle espacio a sus sentimientos y cuidarlo, como puede ser al quedarse con él hasta que se duerma o estar cerca de él cuando estén juntos en la casa. La persona responsable del niño tendrá que adoptar una sólida actitud alfa y intuir las necesidades del niño y tomar el liderazgo para satisfacerlas.

2. Puentear la distancia

Puentear es un ritual de vinculación que orienta al niño hacia la conexión. En lugar de centrarse en la separación, se anima al niño a que se aferre a algo que represente el vínculo con las personas que le son más cercanas. Cuando tendemos un puente, estamos ayudando al niño a centrarse en aquello que es inamovible en la relación y nos conecta, a pesar de la separación que pueda haberse presentado entre nosotros. Puentear se puede llevar a cabo cada vez que surja la separación, ya se trate de ir a la cama, a la escuela, de tener que convivir entre dos casas distintas, o de abordar un problema de conducta. Puentear servirá para reducir la alarma por separación sólo cuando el niño tenga una relación correcta con su adulto. Si la alarma es causada por la orientación a los pares o por problemas alfa, la primera medida que debe tomarse es hacer que el niño vuelva a entablar con los adultos responsables la relación correcta.

Puentear implica darle al niño algo tangible a lo que pueda asirse durante la separación, así como poner su atención en el siguiente punto de conexión. Por ejemplo, una madre le dio a su hijo de cuatro años una foto de ella en una bolsa de plástico y la puso en su bolsillo trasero de su pantalón. Le dijo que ella estaba en su bolsillo si la extrañaba en el preescolar. Un día, cuando el niño regresó a casa le dijo a su madre: "Mami, te extrañé mucho hoy, así que te saqué de mi bolsillo y besé tu cara". Otra madre le dio a su hija un medallón con la foto de su familia y le dijo: "Si en algún momento nos extrañas, hay besos y abrazos infinitos dentro de este medallón para que los recibas a gusto". La madre luego calculaba cuánto la había extrañado su hija, preguntándole cuántos besos y abrazos había pedido a su medallón.

A veces en las guarderías y preescolares el personal educativo cuelga fotos de las familias en el salón de clases, para que los niños puedan verlas y sentirse así cerca de sus seres queridos. Las notas que los padres pueden dejar a sus hijos en las loncheras son otra forma de puentear. Al dejar al niño, una forma de disminuir el sentimiento de alarma a causa de la separación es ayudarle a pensar en el momento en que se volverán a ver y en lo que harán cuando vuelvan a estar juntos: "Cuando venga a buscarte, iremos a casa y haremos manualidades juntos".

Cuando los padres tienen que alejarse del niño a causa de algún viaje, trabajo o un divorcio, hay numerosas maneras de ayudarle a mantener el vínculo mientras están separados. Una madre contó: "Cuando mis hijos iban a casa de su papá o salían de viaje, yo les dejaba notas en un sobre y les ponía la fecha. Tenían una nota escrita por mí para cada día". Otra madre dijo que, en los días difíciles cuando los niños extrañaban mucho a su padre que estaba fuera por trabajo, "preparábamos un menú de restaurante en la computadora, y luego íbamos de compras y traíamos toda la comida. Después, cuando llegaba a cenar, hacíamos que todos tomaran un menú e hicieran fila afuera en la entrada de casa para entrar al 'restaurante'". Otro padre contó que, cuando su esposa trabaja turnos de 12 horas, su hija de tres años la extraña mucho, entonces, "hacemos unas 'cartas para mamá' y las dejamos en el buzón. Luego le mandamos un mensaje de texto y le decimos que recoja su correspondencia del buzón cuando llegue a casa". Cuando los adultos ayudan a los niños a mantener firme el vínculo con la gente que aman a través puentear, también se le transmite confianza al cuidador que queda a cargo.

PUENTEAR LA HORA DE DORMIR

Uno de los retos que genera la separación a la hora de dormir es que no hay un cuidador a quien entregar al niño. El sueño y el estado inconsciente representan a diario la principal separación para el niño, ya que nadie se encarga de cuidarlo. También es un tiempo en que puede aparecer la alarma por separación que el niño ha estado acumulando durante el día. Si el niño enfrenta niveles crónicos de separación, es probable que esté más alterado a la hora de dormir.

Cuando Emily y Dan me consultaron acerca de Sadie, estaba claro que ella extrañaba a su madre a causa de su horario de trabajo nocturno. Afortunadamente su mamá pudo cambiar algunos de sus proyectos para estar más disponible a la hora de dormir. Esto ayudó a disminuir la necesidad que tenía Sadie de buscar a su madre, favoreció que la niña desarrollara un vínculo más profundo con ella y redujo gran parte de la alarma que sentía por la separación.

Emily y Dan también trabajaron duro para ayudar a Sadie a que sintiera que seguían conectados con ella toda la noche y que ellos la sostenían. Tomaron el liderazgo para ayudarla a descansar, y cuando Sadie decía: "No me puedo dormir. No estoy cansada", ellos le respondían: "No te preocupes por el sueño. Precisamente de eso nos ocupamos las mamás y los papás". Ellos cambiaron su estrategia y, en lugar de sentir que estaban siendo rehenes de su hija en la noche, empezaron a abordar la situación con mucha más generosidad. En lugar de apresurarla y presionarla a fin de que se preparara para ir a dormir, manejaban la rutina de la hora de acostarse en un modo que transmitía a Sadie gozo, alegría y calidez. Le ayudaron a que se adaptara a esa rutina. Por ejemplo, encendían la lamparita de noche antes de que ella lo pidiera y hablaban con ella de lo que harían al día siguiente mientras la llenaban de abrazos, besos y caricias. Cuando salían del cuarto, lo hacían sólo por cinco minutos cada vez, y regresaban para entregarle un corazón de papel a fin de que ella lo guardara consigo. Sadie adoraba los corazones y esperaba con impaciencia recibir uno cada 5 minutos, cada 10 minutos, y así sucesivamente. Cuando Sadie despertaba en la mañana, veía que el montón de corazones apilados en su mesilla era el doble de grande que antes de que se hubiera dormido. Sus padres le decían que se asomaban a verla durante toda la noche y, siendo un preescolar, ¡Sadie les creía!

Hay muchas maneras de puentear la hora de dormir, incluyendo amarrar cuerdas invisibles alrededor de las camas o entre sus corazones. Se pueden poner fotos de la familia en el cuarto del niño o colocar un libro con ilustraciones bajo su almohada para cuando despierte en la mañana. Le pueden decir que se van a ver en sus sueños. Para un niño pequeño, puede ser de ayuda ponerlo a dormir con una camisa que huela como mamá o como papá, para que mantenga el vínculo a través de los sentidos. El objetivo es tomar el liderazgo en la danza de vinculación y hacer que centren su atención en las formas en que los padres los sostienen durante la noche.

Quizás, en lugar de sentirnos frustrados porque nuestros hijos pequeños protestan para irse a dormir cada noche, podríamos mirar hacia adelante, al momento en que ya no necesitarán que los arropemos en la cama o les acariciemos la espalda, cuando ya no oigamos sus pisadas al correr por los pasillos, ni su voz que nos dice que les tienen miedo a los monstruos. Quizá podamos pensar en el momento en que ellos se separen de nosotros cuando hayan crecido como personas independientes. Nos hará recordar lo duro que es estar separado de alguien a quien queremos tanto. Quizá podamos echar mano de nuestra tristeza al verlos crecer demasiado rápido, y así ayudarnos a encontrar la generosidad que ellos necesitan cuando se enfrentan a tener que estar solos durante la noche.

3. Hacer presentaciones

Hacer presentaciones es un ritual de vinculación que cultiva las relaciones entre los niños pequeños y otras personas en su vida.

Desde los hermanos y los abuelos hasta las nanas, los cuidadores, los médicos, los policías o los maestros: necesitamos tomar la iniciativa y promover las relaciones entre nuestros hijos y las demás personas que forman parte de su villa de vínculos [Grupo de adultos que estará a cargo y/o apoyará en la educación y crianza del niño]. Lo que los niños pequeños necesitan sentir por encima de todo es que hay una matriz invisible de adultos que los rodea con el propósito de cuidarlos.

Los niños son criaturas de vinculación y sus instintos de timidez deberían ser activados cuando entran en contacto con personas que no conocen; aún si estas personas son de su familia. Un niño puede ser sociable y platicador en casa, pero puede volverse introvertido y pegado a sus padres, cuando está entre extraños. La timidez no es un problema, aunque a veces se perciba como tal en contextos en los que un estilo extrovertido de relacionarse con otros se valore más. El instinto de timidez mantiene a los niños cerca de sus cuidadores y evita que otros puedan dirigirlos. Un niño no debe sentirse cómodo al hablar con gente a quien no conozca o con personas que no cuenten con el permiso de los adultos que lo cuidan para que hablen con él. Por ejemplo, un padre contó:

A mi hija de tres años y medio le encanta bailar en casa y en su clase. Hubo un recital de danza al final del año, al que todos los padres estuvimos invitados para ver a los niños actuar. Ella no quiso bailar frente a todos y prefirió quedarse sentada en mi regazo para ver bailar a sus compañeras. Yo le decía que fuera y bailara, pero ella se rehusó. No la quise presionar –es una niña muy sensible– pero la verdad es que no entendí por qué no quiso bailar cuando es algo que ama tanto hacer.

La vulnerabilidad de actuar frente a extraños era demasiado para esta niña sensible y la respuesta del padre fue generosa.

La entrada gradual en los ambientes de guardería y preescolar es una buena manera de presentarle alguien nuevo al niño. Para que forme una buena relación con sus maestros o cuidadores, al momento de las presentaciones conviene señalar semejanzas entre ellos y el niño, y ayudarles a que pasen un tiempo juntos mediante alguna sesión de orientación. La presentación pretende hacer que el niño mire hacia el vínculo con un adulto como respuesta a su alarma por separación. Los padres pueden ayudar a que el niño cree nuevas relaciones hablando con él de manera favorable sobre su maestro o cuidador, y transmitirle que están de acuerdo en que se vincule con esa persona. Por ejemplo, la madre de un niño de cuatro años que empezaba preescolar nos contó:

Mi hijo estaba angustiado por tener que ir al preescolar, entonces busqué una oportunidad para que conociera a su maestra antes de ingresar y pudiera sentirse más familiarizado con ella. Él llevó consigo sus libros preferidos, y después de que los presenté a ambos, los animé a que los leyeran juntos. La maestra fue muy buena. Le dijo a él que la historia que habían leído era también una de sus favoritas. Mi hijo le enseñó lo que traía en su mochila y ella se interesó por todo lo que él le contaba. Fue maravilloso ver su conexión.

Conforme el niño se vincula con los adultos que lo cuidan, como abuelos o maestros, su alarma por separación irá disminuyendo.

LOS TRES PASOS PARA HACER PRESENTACIONES

PASO UNO: Presentar entre sí a los dos participantes y preparar el escenario para que sonrían y se transmitan el deseo de estar en presencia el uno del otro.

PASO DOS: Preparar la conexión atrayendo la atención hacia algo que compartan en común, como gustos y preferencias.

PASO TRES: Crear situaciones comunes, estructuras, rituales y tradiciones en donde se puedan juntar periódicamente, tales como vacaciones, celebraciones, comidas, reuniones, caminatas, salidas de paseo, juegos y otras interacciones.

Figura 8.2 Tomada del curso de Neufeld:
Intensive I: Entender a los niños

El padre de Austin, de cinco años, cada mañana hacía un esfuerzo especial para presentar a su hijo a su cuidadora de la guardería y encontrar entre ellos cosas en común que los unieran en una buena conexión. Empezaba diciéndole a la cuidadora que él era un rey y luego le decía: "Confío a vuestra merced, durante este día, mi posesión más preciada: mi príncipe heredero". Luego, colocaba la mano de Austin sobre la de ella y le decía: "Pasaré a recogerle más tarde y le llevaré a su castillo para que sea alimentado por su madre. Que tenga un buen día, hijo mío". A Austin le encantaba el juego que jugaba su padre para presentarlo con su cuidadora cada día, y esto hacía que fuera menos alarmante la separación.

4. Cómo ayudar a que broten las lágrimas y a cultivar la resiliencia

Cuando los niños pequeños están frente a una experiencia alarmante que no pueden cambiar, la mejor forma de proceder es ayudarles a encontrar la forma de llorar la experiencia. Cuando extrañan a sus padres en la guardería, llorar con su cuidadora puede ayudarles a sentirse en casa a pesar de estar lejos de ella. No necesitamos hablar con los niños para ahuyentar sus miedos, sino sólo ayudarles a encontrar formas de expresar lo que no les funciona y a hacer el cambio emocional hacia la tristeza o desilusión.

Para que un niño derrame lágrimas a causa de las pérdidas o separaciones en su vida, necesita la ayuda de un adulto que lo sostenga mientras experimenta la pérdida o la separación, hasta que la tristeza aparezca. Esto requiere una relación de confianza con un adulto, así como el tiempo y la paciencia necesarios para llegar a ese punto. Cuando me di cuenta de cómo la cuidadora de mis hijas era capaz de consolar a otros niños que extrañaban a sus padres, me conmoví mucho por su compasión. Después de ver lo amable y afectuosa que era, me sentí más tranquila de dejar a mis hijas a su cuidado. Lamentablemente, otra cuidadora me dijo:

Yo sé que los niños pequeños necesitan llorar, pero es difícil, porque me preocupa que los padres me juzguen y piensen que no estoy haciendo un buen trabajo cuidando a sus hijos si están tristes. Sé que extrañan a sus padres, pero me preocupa que, si los dejo llorar, se la pasen llorando todo el día. También sé que, si no los dejo llorar, están más frustrados y agresivos con los demás.

Cuando tenemos que decirle adiós a un niño pequeño, es mejor pensar que se trata de una danza de uno, dos, tres pasos. Se trata de darle al niño un objeto al que pueda agarrarse para puentear, saludar a la cuidadora y asegurarse de que ella colecte al niño, y entonces, antes de retirarse, recodarle al niño cuándo lo volverán a ver. El objetivo no es atormentar al niño manteniéndolo en un lugar incierto donde sienta la separación y alargar el adiós. Al mismo tiempo, es esencial que el niño esté vinculado con el adulto con quien se queda. Toma tiempo cultivar relaciones de cuidado que sustituyan a los padres o a las personas más cercanas al niño, y es crucial que el adulto pueda colectar al niño y consolarlo. Los tres pasos para decir adiós se proponen aquí como una guía, y no como unas instrucciones. Se ofrecen sólo como una idea de cómo crear una estructura y rutina previsibles que ayuden al niño pequeño a enfrentar la conexión mientras esté separado de los padres.

LOS TRES PASOS PARA DESPEDIRSE

PASO UNO: Los padres colectan al niño y le dan uno o varios objetos al que se puedan asir para puentear, tal como una foto, una nota, un llavero, un collar.

PASO DOS: Los padres saludan a quien cuidará del niño, actúan amistosamente de manera que el niño vea que existe una relación entre ellos, y se aseguran de que la cuidadora reciba y colecte al niño.

PASO TRES: Los padres le dicen al niño cuándo lo volverán a ver y lo dejan con un beso o un abrazo, según acostumbren.

Figura 8.3 Adaptado del curso de Neufeld:
Intensive I: Entender a los niños

Los adultos pueden reducir la alarma que el niño experimenta al decir adiós, transmitiéndole su confianza de que el es capaz de manejar la situación. Puede ser útil prepararlo de antemano y decirle que saben que él quizá se va a sentir triste por la separación, pero que en realidad él puede manejar la situación. Por ejemplo, muchos padres se angustian cuando empieza la época del kínder, pero pueden decirle al niño: "Es probable que me extrañes hoy en la escuela. Yo también estaré pensando en ti. Sé que vas a poder con esto y estaré esperando para verte más tarde y escuchar tus aventuras". Al recogerlo de la escuela, los padres pueden ayudar a que el niño exprese su tristeza si la siente y diciéndole: "¿Sentiste algún 'te extraño' hoy cuando estabas en la escuela?" Cuando el niño enfrenta la separación y es capaz de derramar sus lágrimas de tristeza porque extrañó a sus seres queridos, se crea la resiliencia, porque saben que pueden manejar la separación y sobrevivir. Los niños pequeños sufren por la separación y de ninguna manera debemos reprocharles por ello. En toda oportunidad que se presente, necesitamos tomar el liderazgo y orientar su atención hacia la conexión y ayudarles a encontrar sus lágrimas por haber extrañado y sentido profundamente la separación.

9

"Tú no eres mi jefe"

CÓMO ENTENDER LA RESISTENCIA Y LA OPOSICIÓN

Siempre que veas un letrero que diga
"Entrada terminantemente prohibida", entra de inmediato.
LESLIE STEPHEN,
citando su hija, Virginia Woolf[1]

Una noche, al terminar una clase de educación para padres, me puse a hablar con Susan y Charlie que estaban muy agitados. Susan dijo: "Tenemos muchos problemas para entrenar a nuestro hijo, de tres años y medio, para ir al baño. Empezamos muy bien, pero las cosas han empeorado mucho últimamente. Blake usaba el baño, pero ahora se niega a hacerlo. Sólo quiere llevar pañales". Les pedí que me dijeran más acerca de la resistencia de Blake. Charlie contestó: "Le dijimos que ya era un niño mayor y le quitamos sus pañales, pero ahora se hace pipí encima". Y, con tono alarmado, Susan añadió: "Necesitamos que esté entrenado para que pueda ir al preescolar; si no sabe ir al baño, no lo reciben".

Les pedí que me contaran cómo se habían desenvuelto las cosas, y Susan dijo: "Cada vez que iba al baño lo elogiábamos y le decíamos que lo había hecho muy bien. No sé qué pasó. A Blake de repente dejó de interesarle el entrenamiento, y entonces le empezamos a dar pequeños premios". Charlie interrumpió: "Ahora, cuando le decimos que vaya al baño, hace como si no nos oyera. También hemos tratado de sobornarlo. Le dijimos que le compraríamos una bici si se sentaba en el excusado, pero no quiere".

Les hice una serie de preguntas para determinar el origen de la resistencia de su hijo y luego les dije: "El reto es que Blake sí los escucha a ustedes, pero no obedece. Los niños pequeños son alérgicos a la coerción y el deseo que ustedes tienen de que aprenda a usar el baño es superior al deseo que tiene él de usarlo. Necesitan dejar de emplear la coerción con él y crear espacio para que su deseo de usar el baño regrese". Susan preguntó: "¿Cómo podemos lograrlo?". Les dije: "Creo que tienen que volver a usar los pañales por un tiempo. No hagan que eso se vea como un asunto importante. Sólo háganlo y suspendan todos los premios, halagos, castigos y señales de frustración. Cuando le cambien el pañal, procuren que sea un momento de conexión en que él perciba en ustedes el gozo y la alegría de estar con él y la calidez". Tanto Susan como Charlie se veían sorprendidos. Susan dijo: "¿De veras? ¿Tenemos que ir marcha atrás?". Charlie contestó: "¿Te ha tocado cambiarle el pañal a un niño de tres años y medio? Es muy desagradable". Reconocí que lo que les pedía parecía en contra de toda lógica, pero pregunté si podían darle a mi plan un poco de espacio y de tiempo. Susan dijo: "Creo que tenemos que hacerlo. No nos queda otro recurso: él no cambia de actitud ni siquiera por una bici". Volteó a ver a Charlie y le dijo: "Tendrás que imaginar que los pañales están llenos de pudín de chocolate". A Charlie, claramente, no le pareció gracioso el comentario.

Susan y Charlie continuaron asistiendo a las clases semanales de educación para padres. Cada semana les preguntaba cómo les estaba yendo, y Charlie se encogía de hombros y decía: "Es pudín de chocolate, Deborah, ¡en grandes cantidades!". Susan decía: "No hay señales de cambio, pero Blake está feliz de usar pañales otra vez. Trato de colectarlo y le canto cada vez que lo cambio, como lo hacía cuando era más pequeño". Les reafirmé que debían seguir así y darle tiempo. Tres semanas después, Susan me dijo: "Creo que algo está funcionando. Ayer a las seis de la mañana vino corriendo a nuestro cuarto y gritó: '¡Tengo que hacer popó!'. Preparé las cosas para cambiarlo, pero me miró desafiante y dijo: 'No, yo hago popó en el excusado, ¡lo hago solo!', y ¡corrió al baño!". Entonces, yo les dije a Susan y Charlie: "Su gusto por hacer él solo las cosas está regresando. Ya van ustedes por el buen camino".

Los niños pequeños son alérgicos a la coerción

Cuando a un niño pequeño se le dicen que se apure, sus pies automáticamente se empiezan a arrastrar o se detienen por completo. Uno puede darle instrucciones detalladas, sólo para comprobar que el pequeño hará todo lo contrario. La madre de un niño de tres años me dijo: "Kiefer aflojó un tornillo de la ventana del baño, y yo, preocupada, le pedí que cuidara de no perderlo. ¡Me miró fijamente y lo tiró afuera!". Los niños pequeños se obcecan fácilmente con los tabúes, de manera que cuando uno les dice que no deben usar palabras "sucias", ellos se inclinarán de inmediato a repetirlas. Sin aviso previo se pueden volver desobedientes, obstinados, tercos, resistentes, pendencieros, contestones, belicosos, incorregibles, transgresores y desafiantes. La madre de una niña de tres años le dijo: "Si fueras un dinosaurio, serías del tipo revoltoso". Tal y como se esperaba, la niña contestó: "No, no lo sería".

Los niños pequeños poseen lo que se llama el instinto de *contravoluntad*, que suele dispararse cuando se sienten controlados o coaccionados por terceros.[2] Los dos años, se vuelven sensibles a las expectativas y deseos de quienes les rodean y pueden responder oponiendo resistencia. Los padres entonces se preguntan qué pudo haber pasado al niño que solía ser tan agradable, complaciente y tranquilo, cuando empieza a tener estallidos desafiantes y a hacer lo contrario de lo que se le pida. El padre de un niño de dos años se quejaba: "Su primera respuesta a todo es NO. Aunque le pregunte si quiere agua o una galleta, su primera respuesta siempre es ¡NO! Puede cambiar de inmediato su respuesta a un sí, pero el 'no' es lo primero que dice. Si tiene que ir en su asiento del coche, se niega y grita ¡NO! Y sigue gritando, aunque lo halague, lo persuada o le ofrezca un premio". La resistencia del niño puede interpretarse como intencional o manipuladora, o como si tratara de desafiar a los padres, cuando en realidad sólo está siendo fiel a su instinto de contravoluntad. La capacidad de decir "no" del niño puede ser problemática para los adultos, pero se trata de hecho de un logro más del desarrollo, y también debería ser celebrado.

El instinto de resistirse y oponerse es una de las dinámicas más incomprendidas en las relaciones de adulto-niño. La contravoluntad no es una respuesta aprendida, sino una reacción emocional que juega un papel determinante en la preservación del ser y en el proceso de convertirse en una persona independiente. Los niños pequeños son alérgicos a las intenciones de otros, porque ellos apenas están tratando de conocer cuáles son las suyas; de ahí su postura preferida: "Yo lo hago solo". Cuanto más desarrolle su propia voluntad, menos inclinado estará a resistir y a oponerse a la voluntad de los demás. La contravoluntad en los niños pequeños surge de una voluntad no desarrollada del todo y que aún está madurando. Nos toma toda una vida comprender nuestros propios valores, metas y motivos. Para un niño pequeño, el proceso de entender sus propias preferencias, anhelos, deseos, prioridades y decisiones se lleva a cabo cuando está en descanso y jugando. Cuando tengan una individualidad más coherente, los niños pequeños no dejarán atrás estos instintos, simplemente harán a un lado la necesidad de funcionar a partir de ellos.

El reto consiste en que nada pone más a prueba los nervios de un adulto que un niño que se resista, particularmente si los padres tienen algún plan importante o una voluntad muy fuerte. Los planes de la vida diaria pueden convertirse para el niño pequeño en puntos detonantes de reacciones de contravoluntad: vestirse, irse a dormir, usar el baño, cepillarse los dientes o el pelo, comer sano. Una abuela deseosa de que su nieto de cuatro años probara su tarta de calabaza hecha en casa, recibió esta respuesta: "No, lo siento, no como tarta de calabaza, abuela; soy vegetariano". Cuando el niño pequeño desafía la voluntad del adulto, se puede producir una guerra de voluntades con las consiguientes luchas feroces de poder. Un padre me contó: "Oí a mi esposa discutir con mi hija de tres años en el baño. Le pedía que se saliera de la tina, pero Lauren no quería. Daban vueltas cada una encerrada más y más en su postura, hasta que finalmente yo rompí ese círculo vicioso". Engancharse en una guerra con la contravoluntad de un niño pequeño suele dejar a los padres llenos de remordimientos, como lo describe el testimonio de esta madre:

Cuando mi hija tenía unos cinco años, íbamos a ir a un restaurante muy elegante con varios miembros de la familia para una celebración especial. Le dije que tenía que vestirse elegante. A esa edad, no había nada que le gustara más que vestirse elegante, por eso pensé que se iba a alegrar mucho de esa oportunidad. ¡Pues, no! En ese tiempo yo no sabía sobre la contravoluntad. Mi hija estaba disgustadísima por "tener que" vestirse y de que un restaurante obligara a la gente a vestirse de tal o cual manera sin que ella tuviera voz y voto en ese tema. Pensé que simplemente se estaba enfrentando a mí, y de repente me cuestioné todo acerca de mi forma de educarla, preocupada por si había sido demasiado permisiva con ella, ya que ni siquiera podía seguir una instrucción tan sencilla. ¡Y me sentía tan frustrada! Pensé que tenía que ser más firme, mucho más firme. Bueno, se puede imaginar la guerra de voluntades en la que nos vimos enfrascadas cuando yo insistía cada vez con más firmeza en que ella hiciera lo que yo le pedía. Esa noche nos hubiera evitado a las dos gran parte del disgusto y dolor si yo hubiera sabido algo acerca de la contravoluntad.

Algunos padres reaccionan duramente en contra de los desafíos de un niño, creyendo que, si no lo hacen, eso conducirá a una mayor desobediencia. Cuando los adultos presionan para que se les obedezca a cualquier costo o tratan de poner fin a un comportamiento de resistencia, los motivos instintivos y emocionales que tuvo el niño para ofrecer resistencia son ignorados, humillados o frustrados. La creencia de que la resistencia y la oposición deben ser desaprendidas da lugar a lo siguiente: (a) no se reconocen ni valoran los beneficios del desarrollo que implican que el niño tenga su propia voluntad, y (b) no se percibe que tenemos que criar al niño para que salga del estado de resistencia, en lugar de castigarlo o enseñarle a que se comporte de otra manera. Con suficiente fuerza, un adulto puede hacer que el niño se rinda a sus exigencias, pero con frecuencia esto conduce al resentimiento y a la confusión, y ciertamente erosiona el vínculo. El psicoanalista Otto Rank, quien escribió ampliamente acerca de la contravoluntad, dijo que las reacciones excesivas de los padres a esa oposición eran una de las mayores causas de inseguridad en un niño.[3] Para preservar la relación con un niño pequeño tenemos que entender cómo la contravoluntad es útil para su desarrollo, cómo evitar provocarla, y cómo manejarla cuando se presenta.

Formas de coerción y control

La creencia de que un niño no va a hacer nada a menos que le obliguemos mediante la coerción, le transmite poca confianza en su deseo inherente de ser bueno para con sus adultos. No toma en cuenta el poder del vínculo ni cómo los niños pequeños seguirán naturalmente a las personas con las que están conectados. En consecuencia, los adultos equivocadamente utilizan formas de control y coerción físicas, conductuales, emocionales y cognitivas para presionar a que se les obedezca, en lugar de confiar en el uso de las estrategias de vinculación.

Los adultos pueden mover *físicamente* al niño cargándolo en brazos o empujándolo para que se mueva. Esto es más fácil cuando el niño es pequeño, pero se vuelve más difícil a medida que crece. Un niño puede hacer frente a la coerción física dando golpes, gritando o aflojándose y dejándose caer. Cuando un padre agarró a su hijo de cinco años por el brazo y corrió a sacarlo fuera del restaurante, el niño empezó a gritar: "¡Socorro! ¡Socorro! ¡Que alguien me ayude! ¡Me están secuestrando!". Cuando se fuerza a un niño en una dirección, sin duda cabe esperar que reaccione en la dirección contraria.

El refuerzo negativo es una forma de coerción *conductual* dirigida a reducir la posibilidad de que algunas acciones se repitan. Sin embargo, cuando al niño se le dice que se va a meter en problemas o que algunos de sus comportamientos no están permitidos, esto puede, de hecho, aumentar la probabilidad de que se comporte justo de esa manera. Por ejemplo, en un estudio clásico donde se les prohibieron los juguetes a los niños, los investigadores amenazaron, ya sea leve o severamente, a los pequeños para que no jugaran con un juguete.[4] Cuanto más severa era la amenaza, más quiso el niño jugar con el juguete, a pesar de las advertencias. El niño no es consciente de este instinto y sencillamente actúa, sin comprender del todo cuando se le dice que *no* haga algo. Una madre me contó lo siguiente acerca de la época de su infancia: "Cuando yo estaba en kínder, justo antes de salir al escenario para mi concierto de Navidad, mi madre me dijo que no le enseñara al público mi ropa interior. Antes de darme cuenta, ahí estaba yo con mi falda levantada, enseñando a la audiencia mi ropa interior".

Las formas *conductuales* de coerción también incluyen refuerzos positivos, mediante los cuales el niño es premiado o halagado a fin de motivarlo a determinados comportamientos. Mucha gente no se da cuenta de lo controlador que puede ser un premio para un niño pequeño, probablemente porque los premios se ven como positivos. En realidad, los premios revelan los deseos de los demás, y pueden aplastar y disminuir las intenciones del niño. En un estudio clásico sobre la motivación en los niños pequeños se encontró que aquellos que eran elogiados por utilizar marcadores mágicos estaban menos interesados en jugar con ellos que los niños que no habían sido premiados.[5] Alfie Kohn, autor de *Punished by Rewards*, afirma que los premios tienen efectos de corta duración y disminuyen la motivación interna del niño.[6] Los premios concedidos a cambio de obediencia pueden interferir con el deseo natural del niño de aprender o de preocuparse sinceramente por los demás.

Las formas *emocionales* de coerción incluyen avergonzar al niño o tratar de hacer que se sienta culpable por sus impulsos y sus acciones inmaduras. Los adultos usan las emociones del niño para controlar su comportamiento con frases como: "Si fueras un buen hermano, dejarías de pegarle a tu hermana", "Si quisieras a mamá, le ayudarías a recoger los juguetes" y "¿Viste lo que hizo Eva? ¿Acaso no es una buena amiga por estar ayudándote?". Las expresiones emocionalmente coercitivas implican que algo está fundamentalmente mal en el niño. La coerción emocional no sólo lastima la relación del niño con el adulto, sino que también crea un ambiente humillante.

Las formas *cognitivas* de coerción incluyen decirle al niño lo que tiene que pensar y creer; estar de acuerdo con el adulto se convierte en una forma de obediencia. A los niños pequeños se les debe empujar a comprender su mundo de manera natural y a que se formen sus propias opiniones acerca de él. Por ejemplo, una niña de cuatro años le dijo a su hermano: "¿Sabías que en la lengua tienes bichos que te hacen sentir el gusto por la comida?". También le dijo: "Hay lombrices con tenedor y cuchillo en el jardín que se comen todas las verduras. Por eso las verduras tienen hoyos". Otro niño de cuatro años le dijo a su padre: "Tengo piel de gallina en la frente". Cuando el padre descartó la posibilidad de que así fuera y le corrigió diciendo: "Eso sólo pasa en los brazos y en las piernas cuando estás nervioso o asustado", el niñito le dijo: "Bueno, entonces lo que tengo es varicela".

Las dos caras de la contravoluntad

El instinto de la contravoluntad es decisivo para el desarrollo del niño de dos maneras: (1) protege el vínculo al presentar resistencia a la influencia y las instrucciones externas que recibe, y (2) prepara el camino para el funcionamiento autónomo y la independencia. Es importante notar que hay otras razones por las que el niño pequeño puede ofrecer resistencia, como el miedo, la ansiedad, el disgusto, la frustración, la hostilidad y la desconfianza. La desobediencia también puede derivarse de una disfunción, curiosidad, olvido, o falta de comprensión, y no del instinto de contravoluntad. Antes de lidiar con la resistencia y la oposición de un niño, conviene considerar cuáles fueron las causas que las provocaron.

1. La contravoluntad protege el vínculo

El instinto de la contravoluntad confiere el justo rol de los padres en la vida del niño: siendo ellos los que lo dirigen y lo cuidan. Los niños pequeños no deben aceptar recibir órdenes o ser controlados por cualquier persona; esa es la razón por la que son resistentes a los extraños. La madre de dos niños pequeños me preguntó acerca de este incidente:

> Cuando estaba de compras en una tienda, una abuela se acercó y trató de hablarles a mis hijos de manera amable. Les estaba diciendo que eran muy lindos y les preguntó sus nombres y cuántos años tenían. Ella no pretendía hacerles ningún daño, pero el mayor, de cuatro años, le sacó la lengua y le hizo un gesto de desagrado. Después vino y se escondió detrás de mis piernas y ya no quiso verla más. Yo estaba apenada. Le dije a la abuela que mi hijo era un niño tímido, pero me quedé preguntándome por qué actuó de esa manera.

EL INSTINTO DE LA CONTRAVOLUNTAD

1) es una reacción defensiva al percibir control y coerción

2) sirve al vínculo, al protegerlo contra posibles influencias y órdenes externas

3) sirve al desarrollo del niño, al propiciar el camino a un funcionamiento autónomo

El primer paso para encontrar la VOLUNTAD PROPIA consiste en resistir e ir en contra de la VOLUNTAD de los demás.

Figura 9.1 Desde el curso de Neufeld:
Entender el instinto de la contravoluntad

La contravoluntad es un instinto natural de vinculación, que evita que el niño sea influenciado y dirigido por personas que no están autorizadas por sus padres a formar parte de su villa de vínculos.

Esto plantea la cuestión de por qué los niños se resisten a seguir las instrucciones de los padres, cuando hay una relación existente entre ellos. La resistencia a los padres proviene de una falta de integración cerebral en los niños pequeños: se pueden vincular sólo a una persona o cosa al mismo tiempo. Si los padres le dan una instrucción o una orden sin activar sus instintos de vinculación, el niño puede sentir coerción y control y, por lo tanto, se producirá una respuesta de contravoluntad. Por ejemplo, si el niño está jugando solo o con un compañero o hermano, sus instintos de vinculación no están enfocados en sus padres. El padre de dos niños, uno de dos años y medio y el otro de cuatro años, contó la siguiente historia:

Mi esposa me pidió que fuera a buscar a los niños, que estaban viendo la tele, para que vinieran a cenar. Ni siquiera me vieron ni se dieron cuenta de que yo estaba ahí, por lo que apagué el televisor. ¡Vaya, eso sí que captó su atención! Empezaron a gritar: "¡No! ¡No la apagues!", y "¡Enciéndela!". Les dije que era la hora de cenar y gritaron: "¡No! ¡No queremos cenar!". Mi esposa entonces me gritó: "¿Los colectaste antes de darles instrucciones? ¡Tienes que colectar antes de decirles lo que deben hacer!". En ese momento, yo tenía tres personas que me gritaban. Qué cosa tan horrible. Luego le dije a mi esposa que ella tampoco me había colectado antes de empezar a decirme qué tenía que hacer.

Colectar a un niño es una de las mejores maneras de activar sus instintos de vinculación. Se trata de colocarse frente a ellos de manera afectuosa y lograr que nos miren o incluso que nos sonrían (como ya se explicó en el capítulo 4). Es importante colectar a un niño pequeño antes de darle órdenes o imponerle obligaciones, expectativas o exigencias, o de presionarlo para que haga algo, porque su modo habitual de reaccionar será ofrecer resistencia. El vínculo es lo que hace que el niño pequeño esté dispuesto a recibir nuestro cuidado y lo vuelve más propenso a obedecer nuestros deseos, a querer complacernos, a dejarse llevar, a ajustarse y a ser bueno para con nosotros. En pocas palabras, el instinto de contravoluntad y el vínculo tienen una relación que se parece mucho a un subibaja. Cuando el vínculo es fuerte, la contravoluntad será débil o inexistente. Cuando el vínculo sea débil, las reacciones de la contravoluntad serán fuertes.

¿Qué hubiera podido hacer el padre, de nuestro ejemplo anterior, para colectar a sus hijos? En primer lugar, hay que considerar que una pantalla es una distracción formidable que puede captar la atención del niño y estimularlo. Para colectar su atención, el padre necesitaría haber tenido una relación funcional previa con los niños. Hubiera tenido que sentarse con ellos, preguntarles quizás qué estaban viendo, tratar de que le miraran a los ojos, o atraer su atención de alguna manera compartiendo el interés por el programa de televisión durante unos minutos. Si obtuvo su atención, y si los niños hubiesen protestado por ir a cenar, entonces tendría que haber hecho espacio para dejar que derramaran unas cuantas lágrimas de desilusión. Si el padre en repetidas ocasiones se da cuenta que no puede colectar su atención ni activar los instintos de vinculación de sus hijos, entonces habría que considerar la posibilidad de que exista un problema rela-cional entre él y los niños.

LOS PROBLEMAS DE CONTROVOLUNTAD SURGEN DONDE EXISTEN PROBLEMAS DE VINCULACIÓN

Cuando la contravoluntad del niño pequeño parece ser más bien crónica y duradera, esto puede indicar la existencia de un problema relacional. Hay un gran número de problemas de vinculación que hacen que el niño se resista a aceptar las instrucciones de sus adultos, uno de ellos es la orientación a los pares y los comportamientos alfa (véanse los capítulos 4 y 5).

Algunos otros temas de vinculación que favorecen el aparecer de situaciones de contravoluntad en los niños pequeños incluyen el no tener una relación con los adultos que los cuidan. Si los niños no están vinculados a sus maestros de la guardería, del preescolar o del kínder, su modo de relación habitual será la contravoluntad. El título o "papel" que un adulto tiene en la vida un niño no garantiza que el niño se vincule con él. Una tía que cuidaba a su sobrina de cinco años explicó: "Le pedí que me ayudara a guardar los juguetes y me dijo que no, y que yo no era su jefe. Le dije que tenía que venir a comer y se negó otra vez. Le recordé que era su tía, pero eso tampoco sirvió de nada". Los problemas de contravoluntad existirán siempre que haya problemas de vínculo.

Otro problema de vinculación es no tener una relación suficientemente profunda con el adulto como para debilitar el instinto de contravoluntad. A veces los niños están vinculados demasiado superficialmente, a través de los sentidos, la semejanza o de la pertenencia, lo cual no da suficiente influencia a sus cuidadores. Es más, si las emociones del niño se han atorado y hay pocas señales de que tenga sentimientos vulnerables, su desarrollo se puede retrasar, haciéndolo más propenso a respuestas de contravoluntad debido a su inmadurez.

Cuando el niño se queda atorado en reacciones de contravoluntad, es más probable que enfrente coerción y control cada vez mayores por parte de los adultos en su vida. Esto hará que se sienta más presionado y, reaccione oponiendo más resistencia. Cuando el niño se queda atrapado en su actitud de resistencia, los adultos por su parte se estancarán en su actitud de presión, lo cual erosionará todavía más la relación. Generalmente, se cree que es el niño quien tiene un problema de resistencia, y se lo califica como oposicionista, rebelde, desobediente o retador. Lo que se pierde de vista es *por qué* el niño no está vinculado a los adultos de su vida. Cuando los problemas de vinculación han causado que el niño se quede atorado en sus respuestas de contravoluntad, ese niño ya no estará motivado a ser leal, a estar a la altura, a atender y escuchar, a admirar o a hacer que las cosas estén bien para sus adultos. Se orientará en sentido negativo hacia los padres y va a intentar mandar a sus adultos, desafiarlos, contradecirlos, molestarlos o irritarlos.

EL CICLO DE LA CONTRAVOLUNTAD ATORADA

Una tragedia en tres actos:
ACTO I: Cuando los niños se quedan atorados, los adultos empiezan a presionar.

ACTO II: Cuando los niños se sienten presionados, pisan el freno.

ACTO III: Cuando los niños están atorados en su resistencia, los adultos tienden a quedar atorados en su persistencia.

Figura 9.2 Adaptado del curso de Neufeld:
Entender el instinto de la contravoluntad

La única manera de cambiar estas respuestas es que el adulto tome el mando cultivando una relación más fuerte y no permitir que se alargue la distancia entre él y el niño. Dos estrategias que pueden prevenir que se haga aun más daño a su relación son: puentear el comportamiento problemático y abstenerse de lidiar con los incidentes. (Vea el capítulo 10).

2. La contravoluntad prepara el camino para el funcionamiento autónomo y la independencia

La contravoluntad es una defensa natural en oposición a la voluntad de los demás y abre el camino para que el niño descubra sus propias preferencias, anhelos, deseos y aspiraciones. Los niños necesitan una invitación para vincularse, al igual que necesitan una invitación para convertirse en su propia persona. Una madre me dijo: "Mi mamá y yo tuvimos una estupenda relación hasta que cumplí tres años y desarrollé mi propia manera de pensar. Ella no pudo soportar que yo tuviera mi propia forma de pensar diferente a la suya, así que tuvimos una relación difícil a partir de aquel momento".

Las características que el niño exhibe y hacen que sea un niño difícil de cuidar son las mismas que anhelamos para cuando sea un adulto: capacidad de decir que no y de estar en desacuerdo; tener sus propias ideas, planes y propósitos. De poco sirve que animemos a nuestros hijos a que tengan sus propias ideas, sólo cuando no contradicen a las nuestras. Al mismo tiempo, los adultos tienen que liderear y asumir la responsabilidad del cuidado de los niños.

Los niños necesitan nacer psicológicamente, y la contravoluntad crea una matriz donde la individualidad puede crecer y donde los límites se pueden formar. La individualidad es un proceso de creciente integración, en el que se fusionan los pensamientos y sentimientos para formar el "YO". Aunque la maduración hacia la individualidad sea crucial para el desarrollo, no es inevitable y se da de manera espontánea al cabo de aproximadamente tres años de vínculos satisfactorios. Esta maduración se hace evidente cuando empezamos a oír al niño decir: "Yo lo hago" o "Lo hice yo solo". El pediatra Donald Winnicott escribió que cuando el niño es capaz de identificarse en términos de "YO SOY", es porque se ha desplegado en él una fase crítica del desarrollo humano.[7] En el niño pequeño, la contravoluntad tiene la función de proteger su individualidad emergente en contra de las ideas, planes, intenciones, juicios, expectativas, exigencias, valores y deseo de las demás personas. Las respuestas fuertes de contravoluntad son pasajeras y duran mientras la individualidad emergente del pequeño crece y se consolida. Empezando a los dos años, las respuestas de la contravoluntad del niño pequeño pueden ser rudas y sin templar, pero a medida que crece y empieza a desarrollar sentimientos encontrados, tendrá más autocontrol en sus respuestas.

Un día que estaba en el parque con mis hijas, mi amiga me pidió que cuidara a su hijo de tres años mientras ella se ocupaba de otro niño. Simon estaba tratando desesperadamente de subirse a un pato que se balanceaba atrás y adelante sobre un gran resorte de metal. Como batallaba, me acerqué para ayudarlo, pero me miró fijamente y me dijo: "No, ¡yo puedo!". Me hice a un lado y le di espacio para que lo siguiera intentando, pero me quedé cerca para ayudarle si me necesitaba. Simon batalló un poco más, pero de pronto volteó a verme y pensó que no me había alejado lo suficiente para su gusto. Entonces, se lanzó contra mí con sus puños cerrados y me empujó lejos de su pato. Su mamá lo vio y le dijo que dejara de empujarme. Por mi parte, intervine para explicarle que Simon quería subirse él solo al pato y yo le estaba estorbando. Lo que Simon no podía decir era: "Estoy a medio camino de lograr mi individualidad y mi diferenciación de los demás como ser independiente, y tu voluntad impide que la mía siga desarrollándose". Sin la disponibilidad de palabras ni la introspección adecuadas, los niños de tres años se valdrán de cualquier medio a su alcance para conseguir que su mensaje de contravoluntad se exprese plenamente.

Al reflexionar en los problemas de Susan y Charlie sobre el entrenamiento de su hijo en el uso del baño, me quedó claro que su deseo por liberarse de los pañales de Blake era mucho mayor que el que sentía su hijo. Lo halagaban y lo premiaban cuando actuaba de acuerdo con sus planes, pero todo eso dejaba muy poco espacio a los deseos o intereses de Blake para abrirse camino. Sus "quiero" se convirtieron en "tengo que", y en lugar de usar su iniciativa para intentar algo nuevo, sentía el peso de las expectativas de sus padres. En lugar de sentirse ayudado a encontrar su propio propósito y significado en dejar atrás sus pañales, sintió presión e instrucciones. Su interés en usar el baño estaba boicoteado por incentivos, los cuales disminuían su deseo de "lo hago yo solo". Cuanta más resistencia ofrecía Blake, más persistentes se volvían sus padres, creando así un escalamiento en las reacciones de contravoluntad de ambas partes. Cuando Susan y Charlie adoptaron una retirada táctica, vinculándose con él y deteniendo toda presión, la individualidad emergente de Blake se fue abriendo paso y otra vez volvió a usar el baño. La estrategia con los niños pequeños es evitar que vean o sientan que nuestras intenciones son superiores a las suyas, particularmente cuando necesitamos su cooperación, como al irse a dormir o al comer, al vestirse, en el entrenamiento del uso del baño y en las tareas de la higiene diarias.

Cuando el niño está emergiendo como un ser separado, será curioso, querrá probar cosas nuevas, pensará por sí mismo, verá opciones y alternativas en la vida, querrá ser diferente y buscará independencia. No debemos empujar o impulsar al niño hacia la autonomía, sino permitir que sus instintos naturales de contravoluntad preparen el camino. Cuando el niño ve que dispone de varias opciones y puede tomar decisiones solo, empezará de forma natural a sentirse responsable por ellas, así como a sentir culpa sobre la manera en la que sus acciones afectan a los demás. No tenemos que forzar estas lecciones en los niños; el crecimiento y el desarrollo sanos pavimentarán el camino para que se despliegue abiertamente un funcionamiento responsable. Conforme la voluntad del niño se irá desarrollando y fortaleciendo durante su adolescencia, sentirá tanto la libertad como la autonomía que eso lleva consigo, así como la responsabilidad moral y la culpa inherentes al hecho de ser una persona independiente.

Distinguir entre las dos caras de la contravoluntad

Los padres a menudo se preguntan cómo distinguir entre las dos formas de la contravoluntad. El tema clave que debe considerarse es *qué sucedió antes* de la respuesta de la contravoluntad. Si los instintos de vinculación del niño no fueron activamente estimulados antes de que el padre tratara de dirigirlo, entonces la contravoluntad es consecuencia de que el padre no tuvo suficiente influencia relacional. Por ejemplo, una madre tuvo problemas porque no se conectó con su hijo antes de intentar que saliera de la casa con ella:

Mi hijo estaba jugando con sus aviones cuando le dije que teníamos que guardar los juguetes para que pudiéramos ir a recoger a su hermana en el kínder. No me hizo ningún caso hasta que levanté la voz y le dije que se pusiera los zapatos porque teníamos que irnos. Me gritó: "¡No!", así que me acerqué a él y siguió diciendo: "No, no, no, no, no", y me empujó. Entonces tomé sus zapatos e intenté ponérselos, pero siguió pateando, impidiéndome ponérselos. Finalmente decidí llevarlo en la carriola sin sus zapatos porque él se puso demasiado difícil.

Si la madre hubiera visto la reacción de su hijo como una actitud de contravoluntad, hubiera podido hacer una retirada táctica, en lugar de entablar una pelea con él. Podía haber intentado colectar al niño antes de proceder a ponerle los zapatos.

Si la respuesta de contravoluntad se da *después* de un momento de vinculación satisfactorio con el niño, entonces es probable que esa respuesta obedezca al propósito de ayudarlo a convertirse en un ser independiente. Por ejemplo, una mañana la madre de una niña de tres años y medio se sorprendió ante la resistencia de su hija:

Había conectado con Jessica, le había leído sus libros y habíamos hablado sobre lo que haríamos durante el día. Pero, cuando fui a vestirla, se puso verdaderamente resistente. En lugar de ser agradable como lo había sido hasta entonces, Jessica me miró y me dijo: "No, no me gusta esa blusa". Repasó todas las blusas de su cajón, escogiendo una y luego cambiando de opinión una y otra vez. Fue terrible. Cuando le dije: "Anda, deja que te ayude a vestirte", se volteó y me dijo: "No, señora, ¡yo lo hago sola!". Me desconcierta que a veces sea afable y a veces antipática.

En este caso, la necesidad de vinculación de Jessica estaba satisfecha, y su ser emergente, aunque todavía inmaduro, empezaba a surgir. Lo que es cierto en estos dos últimos ejemplos de contravoluntad es que no hay nada que desconcierte, confunda y desafíe más la lógica de un padre, que la resistencia que opone un niño pequeño.

Estrategias para lidiar con la resistencia y la oposición de la contravoluntad

El secreto para lidiar con la contravoluntad es no tomarla como algo personal, lo cual se vuelve un verdadero desafío cuando la propia contravoluntad de los padres se ha activado. A menudo, durante el día, los niños se quedan estancados. La clave está en que los adultos sepan guiarlos a través de las crisis, sin perturbar la conexión afectiva. El reto es no reaccionar usando más fuerza y contrapesos para controlar al niño, porque eso sólo exacerbará su resistencia o dañará la relación.

Dependiendo de lo que haya provocado la respuesta de contravoluntad, hay tres estrategias que pueden usarse para suavizar y manejar la resistencia y la oposición en los niños pequeños: (1) puentear la contravoluntad y aumentar el vínculo, (2) reducir la coerción y el control, y (3) crear espacio para que se despliegue la voluntad del niño.

1. Puentear la contravoluntad y aumentar el vínculo

Una de las cosas más cruciales que deben transmitirse en medio de las reacciones de contravoluntad, es que la relación sigue intacta a pesar de la resistencia. Los adultos tienen que encontrar la manera de conservar su posición alfa cuando se enfrentan a la resistencia del niño, sin forzar su voluntad por encima de la del niño. Hay un montón de estrategias para puentear el comportamiento problemático y poder sostenerse en la relación:

– *No use la separación como una consecuencia.* El vínculo es la necesidad más grande del niño, de manera que imponer tiempos fuera o quitarle sus juguetes o privilegios es simplemente provocativo. Esas acciones probablemente aumentarán la resistencia del niño y añadirán frustración, así como alarma a todo lo demás.

– *Anticipe y espere a la contravoluntad.* Dado que los niños son inmaduros y carecen de una individualidad plenamente formada, las reacciones de contravoluntad deben anticiparse y esperarse cuando hay que lidiar con ellos. El objetivo consiste en no interpretar sus acciones como ataques personales, intencionales o manipuladores, sino como impulsadas por sus instintos y emociones. Aunque no comprendamos lo que subyace a su resistencia, si la esperamos, es probable que reaccionemos menos drásticamente cuando aparezca y que la situación no nos sobrepase.

– *No haga del comportamiento lo más importante.* Cuando los niños se resisten, los adultos frecuentemente exigen como primera cosa que cambien su comportamiento. Esto sólo hace que la resistencia del niño incremente y que aumente también su reacción. Por ejemplo, si el niño no quiere ponerse sus zapatos y los padres responden exigiendo que eso se haga antes de que se pueda hacer cualquier otra cosa, probablemente ambas partes se atorarán en sus propias reacciones de oposición.

– *Muéstrele que usted ve su resistencia como algo natural y normal.* Cuando un niño pequeño ofrece resistencia y se opone, colocarse de su lado y reconocer que, en esa situación dada, quizá se sienta controlado o coartado, sin duda suavizará su reacción. Por ejemplo, un padre puede decir: "Sí, ya sé que a veces no te gusta que yo te diga lo que tienes que hacer". Eso no quiere decir que el adulto tenga que ceder y dejar que el niño se salga con la suya, sino sólo que se reconoce que el niño puede tener una opinión diferente.

– *Mantenga bajo control las reacciones a la contravoluntad.* Cuanto más el adulto se sienta el encargado y responsable del niño, más provocativa le va a parecer la actitud de contravoluntad del niño. Un padre dijo: "Siento que tengo que aplastarles los ánimos a mis hijos cuando se me resisten y me retan, para que no se comporten así cuando sean mayores". Para un padre, sentir el desafío de un hijo es frustrante e incluso irritante. La contravoluntad del niño es provocativa, y la respuesta está en no responderle desde ese mismo lugar. Cuando los padres pueden aferrarse al cariño que sienten por el niño y a su preocupación por la relación, eso debería llevar a templar su reacción y a facilitar el camino hacia la paciencia y la tolerancia. Es importante encontrar un camino que conduzca a través de los estancamientos problemáticos y que conserve íntegra la dignidad de todos.

– *Repare el daño hecho por las reacciones exageradas a la contravoluntad.* Cuando se ha tenido una reacción exagerada a la contravoluntad del niño, la reparación de la relación es lo primero que debe buscar. Esto puede suponer que el adulto tome la iniciativa para disculparse y asumir la responsabilidad por sus acciones. Si el niño todavía se siente herido después de una disculpa, también es importante hacerle saber que los padres entienden que esté molesto. Las reacciones emocionales exageradas de los padres, como llorar o rogarle al niño que los perdone, darán lugar a la creación de problemas de tipo alfa en el niño, ya que asumirá la responsabilidad en cuanto a los sentimientos del adulto. El objetivo es tocar la herida hecha a la relación, aceptar la responsabilidad por eso, y seguir adelante con la tarea de cuidarlos. La crianza de los hijos no consiste en ser perfecto, sino en asumir la responsabilidad por nuestras imperfecciones y continuar a partir de ahí.

Puentear la contravoluntad de los niños requiere paciencia, fe y la creencia de que, conforme el niño madure como ser separado, menos necesitará actuar obedeciendo a su instinto de contravoluntad. Mientras tanto, nuestra mejor medida es mantener una presencia alfa y no permitir que su comportamiento rompa nuestra conexión.

A la hora de responder a la contravoluntad en los niños pequeños, los adultos tienen que verse a sí mismos como los responsables por guiar a los niños a salir del estancamiento. Se puede lograr esto cambiando de tema o posponiendo la discusión, así como dando tiempo y espacio a la reacción hasta que se disipe. Es importante no identificar al niño con sus reacciones de resistencia, con frases como: "¿Por qué eres tan terco?" o "Nadie va a querer estar contigo si actúas así". Acompañarle en sus sentimientos de no querer ser controlado u obligado le evitará que sienta vergüenza por algo que se dio en él de manera natural. Hay veces en que los padres tienen que usar su posición alfa para sostener al niño cuando está enojado y ayudarle a que se dé cuenta de que su resistencia a veces es inútil.

Si la resistencia del niño surge de una relación débil con el adulto, la primera tarea será cultivar un vínculo más fuerte con él. Antes de hacerse cargo del niño, el adulto debe asegurarse de que puede colectarlo, indicando que tiene el suficiente poder de vinculación para desempeñar su función. El fortalecimiento de la relación se puede lograr a través de expresiones de deleite, gozo, y calidez, así como a través de la conexión a través de la semejanza, la pertenencia, la lealtad, ser significativo o cualquier otro medio de vinculación.

2. Limitar la coerción y el control

Limitar la cantidad de control y coerción que experimenta el niño permite evitar sus reacciones de contravoluntad y ayuda a lidiar con ellas una vez que hayan surgido. A continuación, presento unas maneras para lograrlo:

– *Absténgase de usar un tono autoritario o que implique alguna obligación*. Cuando los adultos dan instrucciones a los niños pequeños, con frecuencia cambian su tono anticipando recibir algún tipo de resistencia. Esas instrucciones tienden a transmitirse de una manera enérgica o autoritaria, aumentando así la posibilidad de generar una respuesta de oposición.

– *Haga menos explícitas sus intenciones*. Los adultos pueden ser muy explícitos cuando dan direcciones a los niños pequeños. Por ejemplo, los padres pueden decirle a su hijo: "Ponte los zapatos y el abrigo. Vamos a la escuela, y no quiero llegar tarde al trabajo". La naturaleza directa y enérgica de esa petición puede provocar fácilmente en el niño una reacción de oposición, mientras que un enfoque más implícito sería menos provocativo. Por ejemplo, en lugar de decirle que se apure para estar listo, los padres pueden centrarse en el plan del día mientras le ponen la chamarra y los zapatos al niño: "Tu maestra me dijo que van a tener un visitante especial en el programa de hoy en el preescolar. ¿Tienes idea de quién será?". Al hacer menos obvias las intenciones, ocurrirán menos reacciones de contravoluntad. Hacer que lo que se propone sea divertido es una manera segura de reducir la coerción y hacer que sean menos explícitas las intenciones o los planes de los padres.

– *Absténgase de usar términos como* DEBERÍAS, DEBES y TIENES QUE. Algunos de los enunciados más autoritarios que el niño oye incluyen expresiones como *deberías*, *debes* o *tienes que*. Las frases como éstas que implican que no se le tolerará nada fuera de lo que se le indica, provocan respuestas de oposición. Es más, tales frases erosionan cualquier anhelo del niño, así como cualquier motivación intrínseca, y aplastan sus ánimos emergentes que están ansiosos de aprender y probar nuevas cosas.

– *Use la menor fuerza y presión posibles*. Las formas de coerción física, conductual, emocional y cognitiva exacerbarán las reacciones de contravoluntad y crearán conflictos. A veces los adultos son reticentes a hacer a un lado sus herramientas de refuerzo positivo y negativo, aferrándose a ellas con la esperanza de que harán que el niño sea más obediente. Lo que se pierde di vista es que el vínculo es el contexto en el que los niños están más dispuestos a seguir a sus adultos, a ceder a su voluntad y a compartir sus valores.

– *Retírese hasta que logre una mejor vinculación*. Una de las estrategias más efectivas cuando se ha provocado en el niño una reacción de contravoluntad, es retroceder temporalmente hasta que los instintos de vinculación se hayan activado. Cuando se hace frente a una reacción de resistencia, el adulto le podría decir al niño: "Te voy a dejar pensando en esto y regreso en un minuto", o "Cambié de opinión y te voy a dar cinco minutos más para jugar, y después nos vamos". Es importante transmitirle que usted no está siendo desplazado de su papel alfa y que la resistencia del niño no va a distanciarlos. Por ejemplo, una madre me contó que su hija se volteó hacia ella en un paseo del preescolar a una granja, y le dijo: "Cuanto más me digas que no toque al burro, más lo voy a hacer". Por suerte, el grupo se desplazó hacia otro corral de animales y en lugar de hacer frente al comportamiento de su hija directamente, la madre la colectó y le dio un bocadillo. Luego de colectar a su hija, la madre le pidió prestar atención a las instrucciones que se le dieran con buenas intenciones (vea el capítulo 10 sobre la disciplina).

– *Use estructuras y rutinas para orquestar el comportamiento*. Considerando que los niños pequeños son alérgicos a la coerción y al control, contar con una estructura y una rutina es una manera estupenda de organizar su comportamiento sin tener que "darles órdenes". Siempre admiré la forma en que la maestra de preescolar de mis hijas empleaba la estructura y la rutina para señalar el tiempo para conversar en círculo, jugar y comer los bocadillos. Solía empezar cantando una canción sobre el trabajo de recoger juguetes, la cual alertaba a los niños de su transición del juego a las actividades afuera en el jardín; pero estas no se llevaban a cabo hasta que no hubieran recogido todos los juguetes.

– *Centre la atención en cuestiones* LEJOS *de los elementos coercitivos de la situación*. Cuanto más coercitiva sea una situación, más deberá centrar la atención lejos de los elementos que podrían provocar una reacción de contravoluntad. El cinturón de seguridad del coche, las carriolas y los carritos del súper, todos son objetos que amarran y limitan a los niños y habitualmente les provocan reacciones de contravoluntad. En lugar de dejar que el enfoque se dirija a los elementos que constriñen al niño, los padres pueden platicar con él, cantarle canciones o darle algo de comer. Uno de los momentos en que los niños se sienten forzados es en la mesa, en donde se espera que se sienten y coman. Cuanto más se centren los padres en que el pequeño se coma su comida, mayor oposición encontrarán. Hacer que la hora de la comida sea menos coercitiva y dirigir la atención del niño a historias y cuentos, o a algo divertido, o simplemente entablar conversaciones con la familia sobre cosas distintas a la comida, puede servir para que se distraiga de aquello que él percibe como el mayor elemento de coerción en esta situación. Cuanto más se le digan: "Cómete tus verduras", menos querrá comérselas.

3. Crear espacio para la voluntad del niño

Cuando la reacción de contravoluntad surge del deseo de un funcionamiento independiente, es una buena estrategia dejar que el niño ejerza su propia voluntad. Esto puede hacerse de varias maneras, pero es importante no dejar que sea él quien quede a cargo de su cuidado o de las decisiones que tengan que ver con sus necesidades relacionales.

–*Ofrézcale cierto sentido de elección.* Cuando el niño pequeño se resiste a las intenciones de los padres, darle ciertas opciones o darle espacio para que ejercite su pensamiento ayuda a que se sienta menos coaccionado. Por ejemplo, al ir a acostarse, dejarle que elija el pijama que va a llevar, el libro que quiere que le lean, qué cepillo de dientes va a usar o qué canción quiere que le canten.

– *Centre la atención en la voluntad del niño.* Ayudar al niño a que descubra su propia voluntad y hacer énfasis en sus propios deseos, metas, razones y significados, ayudará a disminuir la reacción de contravoluntad. Por ejemplo, los padres podrían decirle: "Lo que tú quieres es que dejemos de decirte lo que tienes que hacer, y quieres tener tu propia opinión al respecto". Eso no significa que el niño se salga con la suya, sino que, al expresarse así, los padres validan que tenga una voluntad propia. El padre de una niña de cuatro años le estaba enseñando a su hija cómo doblar la ropa, pero ella se resistía a sus instrucciones y le dijo: "Yo tengo mi propia manera de doblar mi ropa", y su papá se alegró mucho de complacer a su hija.

– *Deje espacio para la iniciativa y participación del niño.* Para reducir la contravoluntad, invite al niño a que participe con entusiasmo o tome la iniciativa en alguna actividad. Por ejemplo, una madre estaba tratando de ayudar a su hija a colocar caras de animales recortados de cartón en unos globos. En su ánimo por ayudarla, la madre empezó a decirle a su hija dónde poner las partes del cuerpo de los animales y cómo deberían verse. Su hija perdió todo el interés y se negó a hacer la manualidad. Por eso, en el momento en que juega, el niño debe poder escoger lo que quiere hacer, o cuando está en la mesa de las manualidades, debe poder decidir cómo usar el material a su disposición.

–*Solicítele buenas intenciones siempre que sea posible.* Cuando la cooperación del niño es importante, solicitarle sus buenas intenciones con anticipación puede ser de ayuda para prevenir la contravoluntad. Solicitar que colabore con buenas intenciones requiere involucrar los instintos de vinculación del niño y usar la relación para pedirle que coopere con un conjunto de normas de conducta. El asentimiento del niño ayuda a evitar comportamientos de resistencia en determinadas situaciones. Por ejemplo, una madre tenía que llevar a sus hijos a la oficina de su padre en un ambiente sumamente profesional. En lugar de esperar a darles instrucciones y órdenes para lograr de ellos una conducta apropiada en la oficina y, por ende, arriesgarse a sufrir reacciones de oposición, les solicitó a los niños que tuvieran buenas intenciones de comportamiento de antemano. Les preguntó si podría contar con que se comportarían debidamente y "no correrían, gritarían o harían cosas chistosas en la oficina de su papá". Luego, esta madre nos contó que mucha gente había comentado la grata impresión que dejaron sus hijos por su manera tan excelente de comportarse.

–*Deje que el niño esté a cargo de la situación cuando sea adecuado y posible.* Los niños pequeños necesitan tener espacios en los que estén a cargo, ejerzan su propia voluntad y desarrollen sus propias preferencias (excepto con cualquier cosa que tenga que ver con sus necesidades de vinculación). Los padres tienen que encontrar lugares, cosas o actividades en que los niños puedan tener el control, como en el tiempo de juegos, al aprender una nueva habilidad o al vestirse. Una madre dejó que su hija decidiera cómo vestirse, y le dio una indicación particular para no usar ropa de vestir formal para jugar en el parque, o ponerse pijamas durante el día. Beth empezó a vestirse sola y a los cuatro años estaba muy orgullosa de cómo lo hacía. Desfilaba con sus atuendos para que la familia la viera y le diera su aprobación, y un día le preguntó a su tío qué pensaba sobre su vestido. Él le respondió con sinceridad y le dijo que no estaba seguro de que el fucsia y el rojo combinaran muy bien, a lo cual ella contestó de inmediato: "Ya lo creo que combinan".

La contravoluntad protege al niño de seguir las indicaciones de personas con quienes no está vinculado y le prepara el camino para emerger como un ser separado. A veces la resistencia de un niño surge de situaciones en las que los adultos no activan su instinto de vinculación antes de darle alguna instrucción, o puede significar también que el niño esté tratando de descifrar las cosas por sí solo. Es importante entender al niño y tener en cuenta qué sucedió antes de que él ofreciera resistencia, y después de eso determinar cuál es la mejor manera de proceder. Aunque la voluntad del niño de querer "hacer las cosas yo solo" pueda parecer insignificante, ésa es precisamente la base que le servirá para madurar y desarrollar su individualidad. En la adolescencia, él utilizará esa misma voluntad de "hacer todo yo solo" para cruzar el puente de la infancia a la edad adulta. El reto para los adultos que crían a sus hijos está en saber darles hoy el espacio suficiente para su necesidad de hacer "las cosas yo solo", porque esos momentos encierran la promesa de su "YO" del mañana.

10

Disciplina para el niño inmaduro

GANAR TIEMPO MIENTRAS EL NIÑO CRECE

Entonces supongo que los niños seguirán siendo un fastidio y las madres seguirán felices de haber tenido la oportunidad de ser sus víctimas.
D.W. WINNICOTT[1]

Miré a mi hermanita comiendo sus últimas verduras de la cena. Un tarro de mostaza picante se encontraba en la mesa, entre nosotras. Le dije: "Tus verduras sabrán mejor si les pones de esa cosa amarilla". "No es cierto. Eso es mostaza picante", me rebatió. A mis seis años, mi instinto de contravoluntad se puso en marcha: tomé una zanahoria, la sumergí en la mostaza picante y se la metí en la boca. Mi hermana, que tenía entonces cinco años, se quedó muda unos segundos, y luego estalló en gritos y golpes hasta que mi madre llegó corriendo a ver qué pasaba. Hui a mi cuarto, sabiendo que me había metido en graves problemas.

Desde mi cuarto, escuchaba desatarse el alboroto con mi madre que gritaba y mi padre que subía las escaleras que llevaban a mi cuarto. Me senté en la cama, aterrorizada. Cuando mi padre abrió la puerta, vi una cara que nunca había visto antes en tales circunstancias: tenía una mueca extraña, casi una sonrisa. Una parte de mí se preguntaba si se había vuelto loco, o si yo acababa de entrar en un terreno totalmente nuevo de castigos.

Mi padre se sentó junto a mí en la cama; yo permanecía rígida y demasiado asustada para moverme. Sacudió la cabeza y murmuró: "Debbie, Debbie, Debbie". Yo quería gritar: "¡Termina ya con esto y deja de torturarme con tanta espera!". Entonces, inesperadamente, empezó a contarme una historia: "Cuando yo era pequeño, era exactamente igual que tú. Tener un hermano no siempre me resultaba fácil. Me molestaba mucho. Yo también era travieso y me gustaba hacer bromas pesadas a la gente, a él en especial. Le amarraba sus agujetas, le escondía su ropa interior y le ponía piedras en las botas". Mientras mi padre hablaba, me inundó el alivio. No me encontraba en apuros; yo era igual que mi papá, y probablemente había heredado de él mi gusto para las travesuras.

Mi padre percibió mi interés en sus bromas y me dijo: "Siempre me atrapaban. Mi hermano me acusaba y mis padres se enojaban. No me iba nada bien. En algún momento, me di cuenta de que era mejor no gastar bromas a los demás y empecé a hacer otras cosas". Empecé a comprender la intención del mensaje de mi padre y, de todo corazón, estuve de acuerdo en que no era bueno lastimar a los demás. Volteé a ver a mi padre con asombro y admiración; podría haber escuchado sus historias durante horas.

Finalmente, mi padre me miró y dijo: "Le hiciste mucho daño a tu hermana hoy. Estaba muy disgustada. Necesito que bajes a decirle que lo sientes mucho, y nunca más lo vuelvas a hacer". Acepté rápidamente y le dije: "No sé lo que me pasó. Sentí que tenía que meter esa zanahoria en su boca". Entonces bajé las escaleras llena de remordimiento, y con sinceridad le pedí a mi hermana que me perdonara. Por suerte, lo hizo y nunca más la hice víctima de mis travesuras.

En retrospectiva, la mejor lección que aprendí de mi padre ese día es el enorme poder que puede tener un padre a través del vínculo, para hacer que el niño entre en razón y responda a sus expectativas y obedezca, a la vez que lidia con su malestar. No usó sobornos, amenazas ni castigos. Cuando mi comportamiento se volvía de lo peor, sencillamente cumplía con su rol de padre y no me rechazaba, sino que me acercaba aun más a él. A través de sus historias, me trasmitía el mensaje de que todo estaba bien entre él y yo y, al hacerlo, canalizaba mi amor hacia él, comunicándome cómo tenía que comportarme. Mi padre me guiaba con amor, por eso mi corazón estaba siempre dispuesto a seguirle.

La madurez es la respuesta
al comportamiento inmaduro

Los adultos quieren niños maduros, obedientes, y creen que imponiendo disciplina lo conseguirán; pero no es así. La disciplina es lo que los adultos usan para imponer el orden sobre el desorden que representa la inmadurez. La disciplina es la forma en que los adultos intervienen y compensan la madurez que falta. Los adultos tienen que usar la disciplina para darle al niño el tiempo suficiente para que madure. Los adultos tienen que asumir la responsabilidad de orientar al niño hacia una dirección civilizada, pero darle el espacio que necesita para lograrlo. Tienen que sostener la relación a pesar de las infracciones, usar la intuición para comprender aquello que haya alterado al niño, y ayudarle a comprender mejor su mundo emocional. Una maestra de kínder le dijo a su alumna: "Tessa, tienes que esforzarte en ser más madura, por ejemplo, decirle adiós a tu mamá sin alterarte". Su madre contestó: "Tessa será más madura cuando madure".

Hay un plan de desarrollo que conduce a la madurez, y trae consigo la responsabilidad social y emocional. Los consejos sobre "qué hacer" con el comportamiento inmaduro se han distanciado por completo del programa de desarrollo más amplio, que considera cuáles son las condiciones que los niños *necesitan* para crecer como seres separados, sociales y adaptativos. El tema de la disciplina se ha convertido en una mezcolanza de soluciones superficiales, instrucciones aisladas y respuestas contradictorias. Los consejos acerca de la disciplina se han transformado en discusiones sobre momentos de enseñanza y aprendizaje, estrategias para conseguir obediencia e instrucciones de cómo conseguir que los niños pequeños se controlen a sí mismos. A los padres se les dan recetas para la disciplina sin comprender cómo funcionan los métodos, cuáles son los límites de su eficacia, y cuáles los posibles riesgos en cuanto al desarrollo. Una madre que conocí leía todos los libros de disciplina que podía encontrar y cada semana lidiaba con el comportamiento de sus hijos de manera diferente. Cada vez que cambiaba las técnicas de disciplina, sus hijos se convencían más de que ella no tenía nada claro cómo tenía que criarlos.

Parte del problema con la disciplina hoy día radica en que está basada en enfoques de conducta y de aprendizaje dirigidos a suprimir la conducta, más que a comprender su origen. La buena conducta se premia o se halaga, y la mala conducta se castiga. La expresión emocional se trata como un problema, en lugar de entenderla como un elemento cuya función es resolver un problema del niño. La resistencia se ve como algo que tiene que suprimirse, más que como algo que surge del instinto de contravoluntad que preserva la individualidad del niño. Los berrinches se tratan como incendios que tienen que apagarse, alimentando de manera sistemática la frustración que les dio origen. Los problemas de atención se ven como deficiencias del niño, en lugar de ser considerados como características de un sistema inmaduro que sólo puede centrar su atención en una sola cosa al mismo tiempo. En pocas palabras, el comportamiento se enfrenta de manera aislada, de manera que se eclipsan por completo las emociones y los instintos subyacentes que lo motivaron. La disciplina se ha enfocado de manera miope, proporcionando los castigos adecuados para moldear un comportamiento maduro. Esos métodos no ven el panorama completo del desarrollo; la disciplina es lo que mantenemos mientras esperamos que llegue la madurez.

B.F. Skinner sugería que el secreto de tener niños obedientes consistía en privarles de la aprobación y darles una aprobación condicionada a la obediencia. La buena conducta se premiaba con halagos y cercanía con los padres, mientras que la mala conducta conducía al castigo y la separación. La disciplina contemporánea adopta un enfoque parecido y usa el retiro temporal del afecto, a través de tiempos fuera, o de separación, para lograr una buena conducta. Básicamente, el amor de los padres se usa como herramienta para moldear el comportamiento: se invita al niño a estar cerca cuando se porta bien, y se le manda lejos cuando se porta mal. El niño tiene que trabajar para conseguir el amor y la aprobación satisfaciendo las exigencias de los padres, impidiendo cualquier oportunidad para un verdadero descanso. Estas prácticas disciplinarias se han convertido en la norma, pero erosionan las relaciones y crean angustia emocional en los niños pequeños.[2]

Se necesita un enfoque diferente si los padres quieren ofrecer al niño una invitación generosa para que *descanse* bajo su cuidado; si quieren dar rienda suelta a su capacidad de *jugar* y si quieren fomentar las condiciones que lleven a la maduración. Las estrategias disciplinarias tienen que usar el poder del vínculo para atraer al niño a la órbita del adulto. Los adultos son quienes deben procurar el orden, mantener a los niños a salvo y darles instrucciones cuando se comportan de manera impulsiva, egocéntrica y desconsiderada. Como dijo un padre: "Yo me enfocaba en: 'Qué grosero es', pero ahora veo: 'En este momento se siente muy frustrado'. Aquello en lo que me centro, me informa sobre el siguiente paso que debo dar con él, y centrarme en la emoción parece llevarme en la dirección correcta". Una disciplina basada en un vínculo seguro y atenta al desarrollo, favorece el desarrollo, protege y preserva el corazón suave del niño, así como las relaciones correctas con los adultos.

Los seis rasgos de un niño bien portado*

Los seis rasgos asociados a un niño bien portado no pueden enseñarse y se tienen que cultivar. Un niño bien portado (a) quiere ser bueno, (b) se alarma fácilmente, (c) siente la futilidad, (d) está correctamente vinculado a los adultos, (e) es bien intencionado, y (f) puede templar sus emociones. A medida que el niño desarrolla estos rasgos, se vuelve más fácil de criar y más maduro en su conducta y en sus respuestas emocionales. Si el niño no deja atrás su personalidad preescolar entre los 5 y 7 años, o entre los 7 y los 9 si es un niño sensible, y continúa teniendo problemas de conducta, es necesario prestar atención y considerar cuál de estos rasgos falta y por qué. Cuando estos rasgos están ausentes, ningún tipo de disciplina arreglará los problemas resultantes ni restablecerá un desarrollo sano.

Los niños deben *querer ser buenos* para la gente con la que están vinculados, y resistirse a las órdenes de aquéllos con quienes no lo están. El deseo de ser buenos surge de vínculos profundamente satisfactorios con personas que, de manera sistemática, los colectan con afecto y les ofrecen una generosa invitación a descansar, como se explicó en los capítulos 4 y 5. El reto para los niños pequeños es que su falta de autocontrol les impide mantener de manera constante sus deseos de ser buenos.

Los niños bien portados también tienen un *sistema de alarma sano*, que los mueve a la precaución cuando enfrentan una situación peligrosa o cuando se les dice que se alejen de algún peligro. Un buen sistema de alarma hace que el niño sea meticuloso y cuidadoso de sus acciones. Para que un sistema de alarma funcione correctamente, el niño debe ser capaz de sentirse asustado y estar libre de defensas emocionales. El sistema de alarma se verá paralizado cuando el niño se defiende contra los sentimientos vulnerables, lo cual ocurre a veces en el caso de niños orientados a los pares y niños que tienen un comportamiento alfa.

Los niños bien portados también *sienten la futilidad* cuando se enfrentan a cosas que no pueden cambiar, como se explicó en el capítulo 7. Se pueden adaptar a no conseguir lo que quieren, a aceptar las decisiones de los demás y a ajustarse a los límites y restricciones en su vida. El niño debe volverse cada vez más adaptable entre los 2 y 6 años de edad, a medida que van encontrando a su ritmo las cosas fútiles que no pueden cambiar y reciben el apoyo necesario para que fluyan sus lágrimas. Si las lágrimas del niño están atoradas y tiene barreras emocionales, la capacidad adaptativa del niño se verá disminuida o ausente.

Los niños bien portados están *correctamente vinculados* a quienes tienen la responsabilidad de su crianza. Estos adultos sirven de modelos para ellos y representan los valores que les van a ayudar a adaptarse a la sociedad de una manera productiva. Los padres tienen que asumir la responsabilidad de hacer presentaciones con las personas que forman parte de la villa de vínculos del niño, como se explicó en el capítulo 8. Estos adultos deben compartir valores similares, de manera que se evite que el niño sea alejado de la órbita alrededor de sus padres. Si el niño está orientado a los pares, no tendrá ningún deseo de ser bueno o de seguir a los adultos bajo cuya responsabilidad se encuentra. Más bien querrá complacer a sus amigos, frecuentemente a costa de las reglas y guías de los adultos. Los padres tendrán que recuperar su relación con el niño para poder influir en su comportamiento.

Los niños bien portados son capaces de forjar sus propias metas y planes a través de *buenas intenciones*. La tendencia a la contravoluntad, expuesta en el capítulo 9, y el juego, en el capítulo 3, son instintos importantes que pavimentan el camino hacia la madurez. Cuando se ha desarrollado un sentido de individualidad, el niño debe avanzar en dirección a un funcionamiento independiente y asumir la responsabilidad de sus propias acciones. El desarrollo de las intenciones personales descansa en la existencia de vínculos satisfactorios, que dan alivio a su hambre de relación. Los padres pueden usar las mismas intenciones del niño para orientarlo en dirección a un comportamiento civilizado.

LOS SEIS RASGOS DE UN NIÑO BIEN PORTADO

1) **QUIERE SER BUENO** para quienes se encargan de él.

2) Puede ver que se avecinan problemas y es movido adecuadamente a la precaución (**SE ALARMA CON FACILIDAD**).

3) Puede sentir la **FUTILIDAD** cuando se presenta.

4) Sus vínculos sociales son adecuados (**ESTÁ VINCULADO ADECUADAMENTE**).

5) Tiene sus propias metas y planes (**ES BIEN INTENCIONADO**).

6) Es capaz de pensar dos veces cuando siente impulsos problemáticos (**ES BIEN TEMPLADO**).

Figura 10.1 Tomado del curso de Neufeld: *Disciplina que no divide*

Los niños bien portados también tienen son *templados* y tienen autocontrol, como resultado de la integración de la corteza prefrontal del cerebro, como se explicó en el capítulo 2. En este momento, el niño será capaz de considerar las necesidades de los demás antes de responder, pensará dos veces antes de actuar movido por sus emociones y podrá mezclar sentimientos y pensamientos opuestos. La capacidad de paciencia, perdón y perseverancia se liberarán junto con un sentido de sí mismo. La manera impulsiva, egocéntrica y desconsiderada del niño pequeño se templará, y esto le ayudará a materializar sus deseos de portarse bien.

La respuesta a la pregunta de por qué un niño es bien portado es que el plan de su desarrollo natural se ha llevado a cabo tal y como tenía que ser. Existe un plan para la buena conducta, y debemos confiar en eso. Así lo describió un padre:

Este es un cambio tan radical si se le compara con enfocarse en el comportamiento y en trabajar directamente sobre el comportamiento. Valoro mucho el hecho de que la naturaleza tenga un papel vital y que, como padre, no sea responsable de que el niño madure. Cuando era un padre joven, yo no sabía esto. Realmente creía que me tocaba a mí "cortarlo de raíz" y "estar al tanto de cada pequeño problema". Yo era un padre muy rígido, porque estaba verdaderamente comprometido con el buen comportamiento. No comprendía la naturaleza espontánea de la maduración.

Una crítica a las prácticas actuales de disciplina

Tres de los enfoques más populares de la disciplina usan la alarma del vínculo para que el niño cambie su comportamiento. Aunque pueden parecer exitosos a la hora de conseguir que el niño deje de actuar de cierta manera, a menudo hacen esto a costa de una de las necesidades más importantes del niño. En esta razón, las formas de disciplina basadas en la alarma, la separación y las consecuencias, pueden crear angustia emocional y relacional en un niño pequeño. Hay maneras alternativas de lidiar con los incidentes con niños pequeños, pero éstas se han perdido debido al afán de conseguir la obediencia y un comportamiento maduro. Como lo describía un proveedor de cuidado infantil:

Creo que el enfoque de las "consecuencias" es tan incongruente con la intuición de los padres que tienen que cegarse para seguir adelante. Ellos creen que están haciendo lo correcto, se ven impulsados desde una posición de amor y cuidado por sus hijos; sin embargo, ése no es un comportamiento amoroso. Las verdaderas dificultades comienzan cuando estos métodos dejan de funcionar, y los padres no saben qué hacer y se sienten desesperados.

1. Métodos basados en la alarma

El sistema de alarma está diseñado para mover al niño a la precaución cuando enfrenta una amenaza o un peligro. La disciplina que involucra gritos, advertencias, infundir temor y poner un ultimátum depende del sistema de alarma para corregir el comportamiento. Los padres pudieran valerse de las técnicas de la alarma cuando esté presente un peligro, pero éstas deben usarse con moderación. Por ejemplo, una madre dijo: "Mi hijo de tres años iba a cruzar la calle corriendo para alcanzar a su padre, y yo estaba demasiado lejos para bloquearlo a tiempo, entonces le grité: '¡Alto!'. Se frenó en seco y no se movió. ¡Me sentí tan agradecida de que me hiciera caso!".

El sistema de alarma funciona mejor cuando no se abusa de él. Cuando los adultos usan sistemáticamente los métodos de alarma para "asustar al niño", esto puede interferir en el desarrollo de una sólida relación, así como provocar defensas emocionales. Los niños deben acudir a los padres en busca de ayuda, en lugar de correr y alejarse de ellos. Un padre contó: "Mi hijo se estrelló contra nuestra puerta de vidrio y la rompió. Escuché el golpe y fui a buscarlo, pero él había ido a esconderse. Cuando lo encontré con sus manos manchadas de sangre, le pregunté por qué no había venido a pedirme ayuda. Me dijo que creía que iba a estar en problemas por haber roto la puerta". El padre estaba visiblemente perturbado al darse cuenta de que su hijo podía haber estado en peligro, pero no fue a consultarlo. Esto motivó al padre a considerar por qué su hijo no lo buscó para consolarse, y por cuál razón su hijo le temía.

Los padres a veces usan a otros adultos para asustar a sus hijos; entre sus favoritos están los policías, los maestros o el director de la escuela. Cuando una niña de tres años trataba de quitarse el cinturón de seguridad en la carriola, su madre le dijo: "Si no usas el cinturón, el policía va a venir y te va a llevar lejos de mí". Cuando un adulto se convierte en el origen del miedo, se pierde el papel de cuidador que debería desempeñar para criar debidamente al niño.

Una madre me consultó respecto a su hija de cinco años que mostraba síntomas de alarma, incluyendo dificultades para dormir, dolor de estómago y un comportamiento obsesivo. Me dijo: "Cuando mi esposo vio que mi hija no se había puesto el cinturón de seguridad, pisó el acelerador y movió el carro; ella se cayó de su silla y se pegó en la cabeza con el asiento de enfrente. Ésa fue la última vez que ella hizo algo así, pero me preocupa la forma en que mi esposo impone la disciplina". Si el niño enfrenta demasiada alarma por mucho tiempo, se puede provocar que las defensas emocionales inhiban los sentimientos vulnerables de alarma, lo cual dará lugar a síntomas de ansiedad y agitación. Conforme el niño se vuelve defendido, se necesitarán alarmas más fuertes para asustarlo y hacer que se porte bien; en otras palabras, los padres tendrán que gritar más fuerte o subir la apuesta. Una madre contó lo siguiente:

Estaba visitando a mi familia política y el hijo de mi hermano de tres años empezó a sacar todos los libros de un librero y a tirarlos al suelo. Mi hermano le gritó que se detuviera, pero el niño no hizo ningún caso al tono amenazante de su padre. Como mi sobrino continuaba sacando libros, mi hermano empezó a gritar más fuerte, hasta que se puso a vociferar para que el niño se detuviera. Lo más triste fue la reacción lenta y vacilante de mi sobrino. Parecía no estar afectado. Aquello me hizo pensar cuántas veces le habrían gritado así y qué impacto tenía esto en él.

La finalidad de la alarma es mover al niño a la precaución, pero cuando los adultos la utilizan de manera exagerada, el niño se volverá precavido para confiar en los adultos que lo cuidan. Esto sucede de manera especial en el caso de un niño sensible, ya que los métodos de alarma pueden subir rápidamente de nivel y crear demasiado estrés emocional, provocando defensas emocionales.

2. Métodos basados en la separación

La disciplina basada en la separación se introdujo como una alternativa al castigo físico, pero su impacto sobre el vínculo nunca fue correctamente evaluado. La disciplina basada en la separación incluye métodos como los tiempos fuera, el aislamiento, la simulación o la amenaza de que se va a abandonar al niño, el retiro del cariño, el tratamiento a base de silencio, el alejamiento del niño y el amor duro. Estas medidas retiran la invitación al contacto y la cercanía para presionar al niño a que cumpla con las expectativas y las demandas. El vínculo es la mayor necesidad que tiene un niño: por lo tanto, la separación o la amenaza de separación pueden afectar profundamente al pequeño. Cuando la invitación al contacto y la cercanía con los padres está condicionada a cómo se comporte el niño, puede crear una profunda sensación de inseguridad en él. Al respecto, un padre me contó lo siguiente: "Me conmovió mucho enterarme de la inseguridad que se crea cuando el niño *necesita* ser bueno para conservar el vínculo. El niño no cuenta ya con el lujo de querer ser bueno. Se le coloca verdaderamente en la posición de mantener la relación intacta mientras trabaja por conseguir el vínculo".

Los que defienden el uso de la disciplina basada en la separación sugieren que los niños pequeños reflexionarán sobre sus acciones cuando se les envía a otro lugar. La capacidad de reflexionar no existe como tal sino hasta que se presenta el cambio entre los 5 y 7 años. Además, cuando a los niños se les manda a que se aparten,

frecuentemente se alteran con una mayor frustración y alarma, deján-
doles poco espacio para pensar en alguna otra cosa. Los tiempos
fuera también se perciben como una manera de calmar al niño e
incrementar su autocontrol. La razón por la que algunos niños (no
todos) parecen calmados después de un tiempo fuera es porque su
sistema de alarma está ahora aplastando sus emociones, con el fin de
que puedan retomar su relación con los adultos. Cuando salen del
tiempo fuera ansiosos de complacer y arrepentidos, es a causa de su
alarma de vinculación.

La amenaza o el uso de los métodos basados en la separación
incrementarán la búsqueda del niño de contacto y cercanía con un
adulto. Harán cualquier cosa para cerrar la brecha relacional con el
adulto, a costa de su dignidad e integridad. Esto da lugar a la buena
conducta, pero ¿cuál es el precio para el niño o para la relación? Una
proveedora de cuidado infantil compartió un día la historia de una
niña a la que cuidaba, que era obediente, pero estaba emocionalmente muy afectada:

Olivia es muy responsable, muy generosa, educada, y para su
edad, actúa de forma muy madura. Encuentro que su situación
es muy triste, porque está siempre alarmada, no es una niña
espontánea, incluso sus sonrisas son forzadas, y no tiene mucha
curiosidad. Olivia parece obstinada, pero no hace sino repetir
la opinión de sus padres. Yo no sé lo que ella piensa, lo que
cree o lo que quiere. Cuando Olivia juega con otros niños, ellos
generalmente salen lastimados. La he visto empujar a una niña
en una carrera. Olivia carga consigo una tonelada de frustración
y tristeza. Sufre de dolores de estómago frecuentes, pero ningún
médico le encuentra nada malo. ¡Olivia está pagando un precio
muy alto por ser una niña buena! ¿Cómo debe sentirse al ser
siempre buena para poder vincularse a sus padres, para sentirse
amada, para estar a la altura de sus expectativas, sin tener ninguna invitación para existir de otra manera? Debe ser espantoso.

Una noche, una madre llegó a hablar conmigo después de una
presentación y rompió a llorar al decirme: "No sé si usted lo notó,
pero me eché a llorar cuando usted habló acerca de cómo los niños
necesitan sentir que están siendo cuidados. Cada vez que yo hacía
algo mal, mi madre me decía que ya no me quería. Eso me dolía

mucho. Traté hasta lo imposible de ser buena para ella". El dolor en el corazón de esta madre era palpable 30 años después, parada frente a mí, ahora siendo a su vez madre de dos niños.

¿Cómo podemos entender a los niños para quienes los tiempos fuera como castigo no parecen funcionar? La disciplina basada en la separación sólo funciona cuando está en riesgo un vínculo que es importante para el niño. Si el niño no está vinculado al adulto que use la disciplina basada en la separación, será mucho más probable que se produzca un aumento de la frustración y la conducta agresiva. Los niños sensibles pueden encontrar que la separación es muy provocativa, y los puede llevar a tener explosiones de comportamiento y distanciamiento (vea el capítulo 7).

La disciplina basada en la separación interfiere con la capacidad del niño para descansar, jugar y madurar. Cuando un niño pequeño está preocupado por ser bueno para evitar la separación de aquéllos a quienes quiere, le queda poca energía para enfocarse en convertirse en su propia persona.

3. Métodos basados en consecuencias

El uso de las consecuencias para controlar el comportamiento del niño se ha convertido en una técnica común de disciplina. La buena conducta se premia con privilegios, a través del uso de pegatinas, tarjetas o halagos. La conducta que no cumple con las expectativas se castiga con el retiro de juguetes u objetos que posea el niño, privilegios o actividades. Un padre me preguntó: "¿Está bien que le quite a mi hijo su peluche favorito con el que duerme, para conseguir que haga cosas como comer toda su comida o cepillarse los dientes?". La primera pregunta que nos tenemos que hacer es: ¿cuál es el precio de usar aquello con lo que el niño está encariñado en su contra, para conseguir obediencia?

El uso de refuerzos positivos y negativos como método de disciplina nace de la teoría conductual y de aprendizaje, y sirve para moldear al niño para que actúe como si fuera maduro frente a cada incidente que surja. No considera las raíces instintivas o emocionales que dan lugar al comportamiento problemático ni se detiene a tomar en cuenta los rasgos de un niño bien portado. Utiliza aquello que el niño valora más para presionar, lo cual genera una relación adversaria. La vida, en efecto, nos enseña a través de las consecuencias, pero no es de esto que estas prácticas tratan. Le muestran al niño que su dependencia del adulto será explotada cada vez que se requiera que él obedezca. Como un niño sensible de cuatro años le dijo a su padre: "Papá, puedes quitarme eso, pero entonces yo voy a decidir que ya nada me importa más". Es admirable cómo este niño pequeño pudo tan temprano articular y expresar la forma en que sus defensas se manifestarían e inhibirían sus sentimientos vulnerables al enfrentar la separación. Las defensas emocionales se pueden movilizar para proteger al corazón de un niño si el preocuparse o sentir cariño por algo lo coloca en una posición en la que pueda salir lastimado. Esas defensas hacen que la vida sea más fácil de soportar, y a los niños simplemente dejará de importarle casi todo.

Los educadores y los padres están cada vez más preocupados sobre la falta de interés en los niños de hoy, lo cual también está respaldado por investigaciones realizadas sobre la empatía.[3] Afirmaciones habituales, como "No me importa", "No tiene que ver conmigo" y "Me da igual", se han vuelto comunes entre nuestros niños y jóvenes. Al considerar adónde se fue su interés, hemos dejado de examinar los métodos de disciplina que utilizan aquello que el niño ama en contra suya. Un padre decía: "Cuando mis hijos no escuchan, les quito su tiempo frente a la pantalla, y eso siempre me funciona". Una madre me contó: "Mi hija se niega a que la entrene para usar el baño, así que uso agua muy fría para limpiarla cuando le cambio el pañal, para darle una lección". Otro padre dijo: "Mi hijo no se quería sentar en la mesa, gritaba y lloraba, entonces le dije que no le dejaría ir a dar un paseo con su abuela". No logramos hacer la conexión entre el hecho de que nuestros hijos carezcan de voluntad para expresar cariño y cuidado, con el hecho de que algunos de nuestros métodos disciplinarios también carecen de él.

La práctica de usar consecuencias para lograr la obediencia es un parche temporal cuyo objetivo consiste en cambiar la conducta del niño de forma inmediata. Con frecuencia esta forma de disciplina satisface las necesidades del adulto, sin tener en cuenta lo que está alterando al niño o intentar preservar la relación maniobrando a través de los incidentes. Así lo comentó un padre: "Es interesante ver cómo los métodos conductuales de disciplina le dan a los padres la ilusión de hacer madurar al niño de manera instantánea, o por lo menos de estar en control; por eso, no es de extrañar que esos métodos sean tan atractivos". Otra madre dijo que se había desilusionado mucho con el método de las consecuencias cuando se dio cuenta de lo que estaba en juego:

Yo acostumbraba a utilizar el método de las consecuencias para cambiar el comportamiento de mi hijo. Por ejemplo, si no recogía sus juguetes, no tenía permiso de venir conmigo al centro. Y ¡ay!... No me daba cuenta de que estaba usando la amenaza de la separación para "apresurar" a mi hijo. Cuando apliqué con él "la causa y el efecto", se apuró, pero estaba tan alarmado que no podía pensar claramente. Y de hecho, le tomó más tiempo hacer sus tareas.

Las acciones inmaduras de un niño pequeño traen consecuencias con las que los adultos responsables tienen que lidiar como, por ejemplo, quitar los juguetes cuando son aventados a los demás, o alejar a los demás niños cuando uno de ellos, movido por su frustración, los está atacando. Hay una diferencia entre usar las consecuencias *en contra* de un niño y usarlas *al servicio del niño* siendo un cuidador responsable. Imponer consecuencias es lo que hacen los padres para cambiar las cosas, frente al comportamiento del niño. Es lo que hacen los adultos responsables frente a las acciones egocéntricas, impulsivas y desconsideradas del niño pequeño. Es lo que hacemos para compensar la madurez de la que carecen. Cuando se usan las consecuencias para darle una lección al niño, lo hacemos responsable de un comportamiento que claramente él no puede controlar. Como lo explicó una madre: "No es bueno que mi hijo esté en la computadora mucho tiempo. Se molesta mucho cuando le pido que la deje, entonces he tomado la iniciativa sin centrarme en su conducta. He acortado la cantidad de tiempo que le doy. No espero que le guste, pero estoy preparada para ayudarle a encontrar sus lágrimas". La manera como se comporta el niño debe servir de guía para que el adulto considere si su hijo está limitado a causa de su inmadurez y qué se necesita hacer para evitar problemas. Así lo hizo el padre de un niño muy sensible, después de que vio a su hijo de seis años jugar *soccer*:

Inscribí a mi hijo a clases de soccer porque le gusta muchísimo. El problema es que, cuando se frustra en la cancha, no puede controlarse. Un día, su equipo estaba perdiendo y un niño chocó con él de manera accidental, y pude ver que se molestó mucho.

Levantó su brazo y le dio un golpe al otro niño. No está listo para jugar en un equipo como éste. Tenemos que esperar hasta que tenga un mayor control de sus impulsos, porque eso es muy peligroso para los demás niños en la cancha.

Los niños pequeños no pueden pensar dos veces antes de actuar, razón por la cual las consecuencias habitualmente fracasan y no logran alterar los comportamientos futuros. Antes de aventar un tren de juguete, no se paran a pensar si en su lugar podrían haber usado las palabras. Se ven impulsados a actuar y a reaccionar a los fuertes sentimientos e instintos en su interior. Ninguna consecuencia le enseñará al niño lo que un buen desarrollo debe producir: el control de los impulsos. Además, el comportamiento más difícil que vemos en los niños pequeños a menudo es el resultado de que están alterados emocionalmente y fuera de control. Las consecuencias frecuentemente exacerban las emociones que subyacen a los grandes problemas, como bien lo explicó un padre: "Mi esposa y yo estábamos tratando de tener una conversación acerca de adónde ir a cenar, pero nuestro hijo brincaba sin parar entre nosotros y no nos dejaba hablar. Le dije que parara y le advertí que no saldríamos a cenar si no se detenía. No hizo ningún caso, así que lo llevé a su cuarto y le dije que se quedara ahí. Acabó destruyendo cosas en su cuarto; sencillamente explotó".

Cuando un niño está alterado, castigarlo con consecuencias puede añadir más leña al fuego, incrementando tanto la frustración como la alarma. Aunque las consecuencias son problemáticas cuando se usan como una práctica de crianza, cumplen una función social muy importante. Refuerzan la posición alfa de los adultos que están a cargo, y fijan las expectativas de cumplimiento. Las escuelas no funcionarían sin directores: alguien tiene que ser visto como el que está a cargo, como el responsable por establecer los valores y reglas de conducta. Las consecuencias permiten a los adultos guiar a los niños cuando hay conflicto y satisfacen los problemas que tienen que ver con la justicia y la equidad.

Si los adultos no toman el liderazgo en las situaciones difíciles, los niños se harán cargo. Ya que las consecuencias pueden crear problemas que impiden fomentar unas relaciones sólidas entre el adulto y el niño, cada vez que se usen debe hacerse de manera que se despersonalicen del adulto, y deben verse como parte de las reglas en el contexto general. Los adultos también pueden mitigar el estrés relacional y emocional ocasionado por las consecuencias puenteando y comunicándole al niño que el deseo de relacionarse sigue ahí presente, inalterado.

Una disciplina que no pone en riesgo el vínculo y favorece el desarrollo

¿En qué consiste una buena disciplina? Son las acciones de adultos responsables que se movilizan para lidiar con el desorden que nace de la inmadurez. Este tipo de disciplina protege la relación del niño con sus adultos y preserva su corazón suave. La buena disciplina es lo que sucede antes de que surjan los problemas, cuando los adultos trabajan anticipando las situaciones complicadas y llegan antes de que se presenten. La buena disciplina surge cuando un adulto se propone comprender qué es lo que altera al niño, y piensa en cómo atender de la mejor manera posible sus necesidades emocionales. La buena disciplina no es un resultado de padres perfectos, sino que con frecuencia surge del sentido de culpa de los padres y de su intención de hacer las cosas de una manera diferente la próxima vez. La buena disciplina significa no permitir que la conducta del niño sea más importante que la relación. Una madre describió la forma en que su hija de cinco años fue capaz de transmitirle esto:

Mi hija llegó del kínder a casa y empezó a jugar con sus muñecas, castigándolas con tiempo fuera y diciéndoles que se portaban muy mal. Le pregunté qué pasaba y me dijo que las muñecas no prestaban atención, por eso tenían que estar un tiempo fuera. Le pregunté cómo se sentían las muñecas al ser castigadas y tener que estar apartadas y dijo que estaban muy tristes. Le pregunté dónde había aprendido acerca de los tiempos fuera, dado que nosotros no dábamos esos castigos en casa, y me contestó: "En la escuela". Le pregunté entonces qué hacíamos nosotros en lugar de castigar con tiempos fuera y me dijo: "Sencillamente nos damos otra oportunidad, mamá".

Lo que los niños pequeños realmente quisieran es tener el tiempo para que la madurez les dé la capacidad de autocontrol, para que puedan materializar sus buenas intenciones. También quisieran un apoyo para aprender el lenguaje del corazón, y así no tener que expresar sus emociones a través de golpes y patadas. Quisieran tener tiempo para desarrollar un sentido coherente de individualidad, de manera que no se sientan tan coaccionados ni tengan que resistirse a las indicaciones de los demás.

Lo que cada niño pequeño quisiera pedirnos, si pudiera, es que lo sostengamos, que no tomemos sus acciones a título personal, y que lo amemos a pesar de su inmadurez. Nos diría que no está ahí para hacer nuestras vidas difíciles, y que sólo está siendo fiel a sus instintos y emociones interiores. Desde el punto de vista del niño, la buena disciplina quiere decir que el adulto todavía cree en él y sabe que un día todo lo hará muy bien. Hay muchas cosas que los adultos pueden hacer para comunicar este mensaje a un niño pequeño, pero esto se transmite sobre todo cuando los padres lo crían con generosidad a través del periodo más inmaduro de su vida.

Las doce estrategias de Neufeld de una disciplina segura para el vínculo y que favorece el desarrollo[a]

Las doce estrategias siguientes, para conseguir una disciplina segura para el vínculo y que favorezca el desarrollo, están diseñadas para ayudar a los padres tomar el liderazgo y asumir su responsabilidad por las acciones inmaduras de un niño pequeño. Están divididas en tres áreas distintas: (1) cinco prácticas fundamentales de una disciplina segura, (2) tres estrategias de disciplina que promueven el desarrollo saludable, y (3) cuatro medidas alternativas para quienes son inmaduros y difíciles de manejar. A continuación de éstas, se exponen unas pautas especiales para manejar el conflicto entre hermanos.

Cinco prácticas básicas de una disciplina segura

1. No tratar de hacer progresos durante el incidente

Cuando surgen problemas que evocan emociones fuertes en un niño o en un adulto, es mejor no tratar de hacer progresos en el problema en ese momento. Lo mejor que se puede hacer es salir de la situación con la relación intacta y abordar el problema después. Esto puede significar tratar el problema en el momento ondeando el

a. De Gordon Neufeld, *Twelve strategies for attachment-safe developmentally friendly discipline*, curso de *Entender las disciplinas*, Neufeld Institutre Vancouver, B.C. (OII)

banderín de la infracción diciendo, por ejemplo: "Las manos no son para pegarle a nadie, los dientes no son para morder a los demás, y a mamá no se le dicen groserías". Luego, se puede puentear el problema de comportamiento, animando al niño y enfocándose en algo que le transmita que seguimos teniendo el deseo de estar con él, como preparando un bocadillo o leyendo juntos un cuento. También se le puede hacer saber al niño que hablarán con él más tarde acerca de lo que pasó, y establecer un tiempo para revisar juntos el incidente. Cuando el niño está muy alterado, el foco debe centrarse en aferrarse a la relación, ya que esto permite a los padres lidiar con el niño más tarde cuando las emociones han disminuido de intensidad.

Uno de los retos más importantes que los adultos enfrentan al manejar situaciones difíciles es no dañar la relación y evitar lidiar con el niño hasta que lo puedan sostener mejor. Muchos padres se sienten obligados a enfrentar la situación en el momento en que pasa en lugar de dedicarse a reconducir antes al niño más hacia ellos. Ésto pasa por miedo de que el acercar al niño, de alguna manera pueda ser interpretado en que ellos lo premian o que "se salió con la suya". Ondear la bandera de la infracción señala que hay algo que no está bien, y hablar de eso después con el niño asegura que los problemas serán atendidos. El temor de que el niño se vaya a salir con la suya es un residuo de un enfoque conductual y de aprendizaje en el que los niños tienen que aprender a actuar como seres maduros, en lugar de llegar a madurar a través de un desarrollo sano. Una madre explicó cómo puso en práctica estas pautas para manejar incidentes:

PAUTAS PARA LIDIAR CON LOS INCIDENTES*

En lugar de avanzar en el problema, trate de no lastimar.

1) Aborde la infracción de forma sencilla (si es necesario).
2) Puentee el comportamiento problemático.
3) Intente cambiar o controlar la situación (NO al niño).
4) Fije un momento para analizar o atender el problema.
5) Salga cuanto antes de la situación.

cuando hay emociones involucradas

Figura 10.2 Tomado del curso de Neufeld: *Disciplina que no divide*

Mi hija de tres años tiró a propósito la leche en el piso cuando le dije que no podía comer otra galleta. Eso me disgustó y le dije que lo limpiara, pero gritó: "¡No!". Me enfurecí y le dije: "¡Vas a limpiar eso!". Me gritó de vuelta y me repitió: "¡No!". Sentí que mi frustración escalaba tanto que tuve deseos de restregar su nariz sobre la leche que había derramado. Me espanté de mi reacción tan fuerte, así que solamente dije: "Todo el mundo fuera de la cocina. Esto no está funcionando. Ya después limpiarás la leche. Nos vamos". Empecé a salir de la cocina y mis hijos me siguieron. Me fui a su cuarto, y empecé a leerles un libro. Mis hijos se me acercaron y se sentaron en mi regazo mientras leía. Sentí la calidez de sus cuerpos y recordé cómo me gustaba acurrucarme con ellos. Cuando mi frustración disminuyó, pude hablar mejor con mi hija y le dije que teníamos que regresar a la cocina y que limpiaríamos la leche juntas. Estuvo de acuerdo inmediatamente.

2. Activar el instinto de vinculación antes de actuar

Los niños pequeños se ocupan de una sola cosa o de una sola persona a la vez, así que sus instintos de vinculación no siempre están dirigidos al adulto responsable de ellos. Colectar al niño con cariño antes de decirle lo que queremos que haga, ayuda al adulto a establecerse como la persona al mando y refuerza la motivación del niño de ser bueno. Para colectar al niño es necesario captar su atención de manera amistosa, como se explicó en el capítulo 4. Colectar al niño es importante después de cualquier separación, como la que sucede al dormir, al estar alejado en el preescolar, o cuando el niño juega por su cuenta. En los preescolares se usa el tiempo de conversación en círculo para colectarlos y determinar quién está siguiendo y quién requiere más atención para que participe mejor.

CINCO PRÁCTICAS FUNDAMENTALES
PARA UNA DISCIPLINA SEGURA

1) No trate de hacer progresos durante el curso del evento.
2) Active los instintos de vinculación antes de actuar.
3) Cultive y proteja el deseo del niño de ser bueno.
4) Conozca sus propios límites y trabaje dentro de ellos.
5) Puentee todo aquello que pueda dividir.

Figura 10.3 Tomado del curso Neufeld: *Una disciplina que no divide*

Colectar al niño con cariño antes de darle instrucciones parece sencillo, pero se descuida con facilidad en medio del ritmo acelerado de la vida en familia. Los padres se frustran cuando los niños pequeños no acuden cuando se les llama a la cena, o al momento de salir por la mañana, o al comenzar la rutina para irse a dormir. Colectar al niño antes de darle instrucciones, particularmente cuando se requiere su cooperación, es una forma efectiva de evitar la frustración y la resistencia que surge cuando los niños se sienten presionados por los adultos, en lugar de sentirse vinculados a ellos en ese momento.

Cuando me encontraba con mis hijas en un parque infantil, una amiga me pidió consejo sobre qué hacer para lograr que su hijo estuviera de acuerdo en regresar a la casa. Su hijo de tres años estaba divirtiéndose mucho y había desaparecido entre túneles, redes y tobogán. Le sugerí que tenía que ir a buscar a su hijo y colectarlo con cariño antes de decirle que ya era hora de marcharse a casa. Me miró incrédula y dijo: "¿De veras? ¿Eso es lo mejor que se te ocurre?". Le pedí que hiciera la prueba, y ella también desapareció entre redes y escaleras. Se fue durante cinco minutos hasta que la vi salir del tobogán con su hijo que la seguía de cerca. Él la miraba con atención y seguía bien sus indicaciones. Entonces lo llevó a que recogiera su chamarra y sus zapatos, y sin decir una palabra, me dijo adiós con la mano y salió por la puerta. Más tarde me dijo que salir del recinto del parque y de otros eventos se había vuelto más fácil ahora que había aprendido a primero colectar a su hijo.

3. Cultivar y proteger el deseo del niño de ser bueno

Muchas de las prácticas populares de disciplina transmiten desconfianza hacia las intenciones del niño, así como la creencia de que los niños no quieren ser buenos por naturaleza. Se castiga a un niño para cambiar su mentalidad, en lugar de considerar cómo sus emociones e impulsos lo sobrepasaron y eclipsaron sus buenas intenciones. Si el niño ve que los padres confían en que él está tratando de hacer lo correcto, a pesar de que cometa un error, no sólo se protegerá con ello la relación, sino que también preservará la disposición del niño a seguir apuntando en la dirección correcta. Esto transmite la confianza de que el niño lo va a hacer bien, le envía el mensaje de que se le ama a pesar de sus errores, y protege la dignidad de todos en el proceso. Como lo dijo un padre: "Sentí que era como un milagro la primera vez que vi que mi hijo quería ser bueno para mí. La disciplina se volvió sencilla y fácil, y de hecho, apenas fue necesaria".

4. Conocer sus propios límites y trabajar dentro de ellos

Una parte de lidiar con el comportamiento de un niño pequeño consiste en conocer cuándo hemos alcanzado nuestros límites y no hay suficiente cuidado y cariño para templar nuestras reacciones intensas. Cuando los padres se pierden en sus propios sentimientos encontrados, la frustración no se verá templada por el cuidado y cariño, y el resultado será menos paciencia y autocontrol. Cuando esto sucede, el reto para los padres es encontrar una manera de no lastimar al niño. Un padre me preguntó: "Entiendo que la calidez y el vínculo son importantes para mis hijos, pero hay veces en que no me siento así. Me siento molesto, frustrado, cansado y se que ya he tenido bastante. ¿Qué debo hacer entonces?". Le contesté que cuidar al niño en el momento en que nos sentimos lo menos inclinados posible para conectarnos con él, significa darnos cuenta de que hemos alcanzado nuestro límite y debemos evitar adoptar un rol activo de crianza en ese momento. Se trata de encontrar la manera de cuidarnos a nosotros mismos y evitar decir o hacer cosas que podrían lastimar al niño o crear una mayor separación entre nosotros.

Los padres preguntan con frecuencia: "¿Y qué pasa si soy yo quien necesita un tiempo fuera para que no me desquite con mi hijo?". La clave está en encontrar la manera de hacer una pausa, sin transmitir al niño que no se le puede manejar. Decirle al niño que necesitamos apartarnos de él, sólo aviva más su frustración y su alarma. Sin embargo, decirle que tenemos que ir a lavar ropa, o ir al baño o a preparar una taza de té, o que enseguida regresamos con él, no transmite al niño el mensaje de que él sea una causa de angustia emocional y que usted ha perdido el deseo de conectarse con él. Cuando usted haya alcanzado su límite, lo más responsable es reconocerlo, proteger al niño contra eso, y encontrar la manera de ser otra vez el padre que él necesita.

5. PUENTEAR TODO AQUELLO QUE PUEDA DIVIDIR.

Puentear es un ritual de vinculación que ayuda a transmitir que todavía existe el deseo de cercanía cuando surge un comportamiento tormentoso y se deben tomar medidas para atenderlo. Por ejemplo, cuando un niño pega, grita o ataca, los padres no pueden pasar por alto estas acciones, pero sí pueden transmitirle que la invitación para una conexión sigue ahí, a pesar de la infracción que haya cometido. En otras palabras, los padres pueden ser firmes respecto a la conducta, pero suaves respecto a la relación. Por ejemplo, George estaba muy molesto porque su madre no le dejaba quedarse en el parque. Él le suplicó, gimió e intentó pegarle. Ella se aferró a la relación y le dijo con firmeza: "A mamá no se le pega", y "Sé que estás frustrado y quieres quedarte". Mientras el niño gritaba, ella le decía: "Sé que estás molesto", y empezó a caminar despacio con él hacia el coche. En cuanto lo acomodó en el coche, le dijo: "Tengo muchas ganas de que juguemos con tus trenes cuando lleguemos a casa". Él le gritó: "No quiero jugar contigo", a lo que ella le contestó: "Sé que estás enojado por tener que marcharnos del parque. Jugaremos más tarde".

La acción de puentear el problema de comportamiento también transmite que no hay nada malo en ellos: nunca son demasiado malos, desobedientes, enojones ni agobiantes para los padres. Los límites del niño no se convierten en una fuente de humillación o desconexión. Sus fallos no hacen que los padres pierdan la creencia de que sus hijos siguen siendo adorables tal y como son. Puentear es también una manera efectiva de asegurar que el niño no sienta que es una carga demasiado pesada para sus padres. Cuando el niño ve que los padres siguen queriendo estar con él, se crea en él la percepción de que la relación es lo suficientemente fuerte como para aguantarlos y manejarlos tal cual son. Se crea a su vez la confianza en que los padres podrán guiarlos a través de situaciones difíciles y hacia formas civilizadas de relación.

Los niños sensibles son más propensos a tener reacciones exageradas cuando se les confronta con su problema de comportamiento.

Resulta útil darles espacio y, al mismo tiempo, transmitirles el deseo de ayudarles a reducir la intensidad de su enojo. Revisar el incidente probablemente se realizará mejor después de que haya pasado un tiempo para permitir que las cosas se asienten y se puedan tratar, incluso hasta 24 horas después de ocurrido un incidente importante. La madre de George podría haber reconocido más tarde que entendía que él se sintiera frustrado por abandonar el parque, ya que estaba pasando un muy buen rato allí. También podría haberle solicitado al niño buenas intenciones con relación a cómo le gustaría a ella que él accediera a salir del parque la siguiente vez.

Tres estrategias de disciplina que promueven un desarrollo saludable

1. SOLICITAR BUENAS INTENCIONES

Apelar a las buenas intenciones del niño es una estrategia disciplinaria dirigida a conseguir que el pequeño se encarrile y vaya hacia un comportamiento determinado. Este método es un magnífico sustituto a la estrategia de las consecuencias, una técnica que está centrada en extinguir una conducta *después* de que ha sucedido. Solicitar al niño buenas intenciones debe llevarse a cabo *antes* de que sobrevengan los problemas, y consigue la cooperación del niño cuando su deseo de complacer está en su punto más alto. Como lo describió un padre: "Cuando llevo a mis hijos a dar un paseo, siempre les pido sus buenas intenciones para permanecer junto a mí, y que me tomen de la mano. Recuerdo una vez en que no hice esto y ellos tuvieron un berrinche y empezaron a gritar "¡no!", en el vestíbulo del centro de ciencias. A partir de entonces, nunca me olvido de recordarles las reglas cuando vamos a un paseo y de que tengo que obtener primero su acuerdo. Esto funciona como si fuera mágico".

TRES ESTRATEGIAS DE DISCIPLINA
QUE PROMUEVEN UN DESARROLLO SALUDABLE

1) Solicitar buenas intenciones
Consiga que el niño apunte en la dirección correcta.

2) Sacar los sentimientos encontrados
Ayude al niño a encontrar los elementos de templanza que podrían responder a sus impulsos problemáticos.

3) Colectar las lágrimas de futilidad
Ayude al niño a encontrar la tristeza y la decepción que deben aparecer al toparse con la futilidad.

Figura 10.4 Adaptado del curso de Neufeld: *Disciplina que no divide*

Solicitar las buenas intenciones del niño funciona bien cuando existe una relación suficientemente fuerte entre un adulto y un niño de entre 2 y 3 años de edad. El niño debe estar vinculado a través de la pertenencia y la lealtad para que la estrategia dé buenos resultados. Si el niño no está vinculado, esta estrategia puede hacer que el niño haga todo lo contrario de lo que se le pide, a causa de su instinto de contravoluntad. Para asegurarse que él actuará siguiendo sus buenas intenciones, los padres tendrán que ser capaces de primero colectarlo. Por ejemplo, una madre explicó:

Mis hijos empezaron a llamar a su abuela "abuelita piernas cortas", para diferenciarla de su otra abuela. Cuando ella oyó ese nombre, se disgustó y dijo que no quería que se refirieran a ella por su estatura. Les pedí a mis hijos que inventaran otro nombre y dijeron: "abuelita del dedo malo". Les dije que no podían usar ninguna parte del cuerpo que tuviera un problema, y entonces dijeron: "abuelita de pelo café". Cuando su abuela vino de visita, les pedí muy encarecidamente que sacaran sus buenas intenciones y la llamaran por su nuevo nombre, y me prometieron que harían todo lo posible. Cuando la abuela llegó, ellos cumplieron con lo prometido y la abuela se alegró mucho del cambio de nombre.

Solicitar buenas intenciones es una estrategia de disciplina muy poderosa que ayuda al niño a reconocer que, poco a poco, él será quien dirija su propio comportamiento. Ayuda al niño a que empiece a tomar el timón de su propia vida, y a que vea que puede tomar algunas decisiones. Por supuesto, a veces los impulsos y las emociones de los niños pequeños pasarán por encima de sus intenciones. Por esta razón, es importante acompañarlos en su intención –"En verdad trataste de prestar atención"–, por ejemplo, en lugar de enfocarse en si de veras lograron cumplirla.

2. SACAR LOS SENTIMIENTOS ENCONTRADOS

Como se explicó en el capítulo 2, un niño pequeño no es capaz de mezclar sentimientos y pensamientos encontrados, lo que da como resultado acciones impulsivas, egocéntricas y desconsideradas. Si el desarrollo se desenvuelve correctamente, el niño puede empezar a dar señales de su capacidad para mezclar sentimientos y pensamientos encontrados a partir de los 4 o 5 años, y ello da lugar a una estrategia de disciplina muy poderosa. Los padres pueden tratar de que esta mezcla funcione fuera de un incidente determinado cuando estén revisándolo con el niño. Por ejemplo, una madre había pasado varios días batallando con su hija, quien no quería cepillarse los dientes. Cuando la madre hizo a un lado el enfrentamiento y encontró maneras de reducir la resistencia, empezó a trabajar con su hija sobre los sentimientos encontrados acerca del cepillado de sus dientes. Al llevarla a la cama, la madre le dijo: "A una parte de ti no le gusta lavarse los dientes para nada". Samantha, de 5 años le contestó: "No me gusta. La pasta de dientes sabe horrible". La madre le dijo que lo entendía, "pero seguro hay otra parte de ti que no quiere tener caries". Su hija se quedó callada, y la madre se dispuso a hablar de otra cosa. Unos días después, Samantha empezó a gritar que no quería cepillarse los dientes, y su madre le prometió ir a ayudarla en un minuto. Cuando llegó, Samantha estaba cepillándose con furia los dientes con el cepillo. La madre se sorprendió y le preguntó: "¿Por qué te estás cepillando los dientes cuando no querías?". Con espuma en la boca, Samantha le gritó: "¡Porque no quiero tener caries!". Cuando el niño comienza a experimentar conflicto interno, surge un nivel de comportamiento maduro totalmente nuevo.

Es útil esperar a que pase el incidente para sacar a la luz los sentimientos encontrados; también es provechoso permitirle al niño distanciarse del incidente para que no sea ya víctima de sus emociones. El objetivo al traer a colación el elemento de templanza consiste en colocar al niño en medio de los sentimientos y los pensamientos en conflicto, para que con el tiempo los una.

Un padre relató la siguiente conversación cuando repasaba con su hija lo sucedido después de una pelea con su hermano menor:

Padre: Es muy grande el rasguño que te hizo tu hermano en la cara hoy. Sé que estabas muy frustrada con él. ¿Por qué crees que él estaba frustrado *contigo*?

Katie: Le dije que no quería jugar a los trenes con él, por eso me rasguñó.

Padre: Le gustan mucho sus trenes, debe de haberse disgustado mucho contigo. Tú también estabas lastimada. A veces es difícil tener un hermanito, ¿verdad?

Katie: Sí, mi hermano puede ser malo a veces.

Padre: ¿Hay una parte de ti que todavía quiere jugar con él y se siente apenada por lo que dijiste?

Katie: Sí, papá, quiero jugar con él y también estoy apenada.

Cuando se evocan los sentimientos encontrados, es importante colectar al niño y situarse en una posición de influencia. El recuerdo del niño sobre lo sucedido puede usarse para recrear la experiencia, y crear el conflicto interno entre pensamientos y sentimientos. Cuanto más un padre normalice la situación y deje espacio para que emerja el conflicto interno, mayor será la experiencia del niño al usar esto para templar sus fuertes sentimientos cuando surjan. Trabajar después un incidente dará como consecuencia un mejor autocontrol en el momento crítico del evento.

3. COLECTAR LAS LÁGRIMAS DE FUTILIDAD

Hay veces en que un niño pequeño se enfrenta con las cosas que no puede cambiar, como no poder quedarse levantado hasta tarde, no poder comerse otra galleta o tener que compartir juguetes. En lugar de imponerle castigos o alarmar al niño, los padres pueden sencillamente decirle no, ofrecerle consuelo y ayudarlo a derramar las lágrimas de futilidad por aquello que no puede cambiar, como ya se explicó en el capítulo 7. Hay veces en que la mejor estrategia disciplinaria es presentarle directamente aquello que no funciona, no puede funcionar y no debe funcionar.

A medida que el niño se vuelve más obstinado y caprichoso, probablemente irán aumentando las situaciones que no puede cambiar y será necesario estar junto a él para ayudarle a derramar sus lágrimas. Por ejemplo, una madre contó la siguiente historia acerca de su niña de dos años:

> Estábamos en la playa y puse un sombrero a mi hija, pero ella se lo quitaba en seguida a pesar de que yo trataba de distraerla. Se lo volví a poner y le dije: "No; tenemos que usar el sombrero". Me miró y se lo arrancó otra vez. Yo le dije: "No", y se lo volví a poner en la cabeza. Esto duró unos 20 minutos y ella lloró y gritó. Fui paciente con ella, diciéndole que entendía que estuviera frustrada, pero decidí que esta era una buena oportunidad para estar con ella y acompañarla mientras lloraba porque era necesario que usara el sombrero.

Estos pequeños encuentros con la futilidad ayudan a preparar el escenario para los problemas mayores que sin duda se presentarán.

Cuatro medidas alternativaspara quienes son inmaduros

1. Asumir la responsabilidad por el niño que se mete en problemas

Cuando el niño se mete en problemas de manera constante, la mejor estrategia de disciplina es colocarlo bajo el ojo observador de un adulto que asuma la responsabilidad de guiar sus interacciones y manejar su comportamiento, antes de que empeore la situación. Por ejemplo, si colocamos niños un arenero, con otro niño que está lleno de energía de ataque, muy probablemente alguien resultará lastimado. Si los adultos prevén que habrá una pelea, tiene que haber una supervisión para ayudar a los niños a que se respeten entre sí y tomen turnos en los juegos.

Si un niño no es movido a la precaución y muestra poco miedo, sólo la supervisión del adulto lo ayudará a mantenerse fuera de peligro. Si pelea consistentemente con su hermano o con otros niños, no se le puede dejar solo. Los adultos tienen que compensar los problemas que puedan surgir con un niño, especialmente con aquel que se altera emocionalmente con facilidad y tiende a pelear. Si un niño actúa de manera impredecible, entonces un adulto tiene que estar a cargo para mantener a los demás a salvo y proteger la dignidad del niño.

CUATRO MEDIDAS ALTERNATIVAS
PARA LOS NIÑOS INMADUROS Y DIFÍCILES DE MANEJAR

1) **Asumir la responsabilidad** por el niño que tiende a meterse en problemas.
2) **Usar estructuras y rituales** para lidiar con el comportamiento caótico el niño.
3) **Cambiar las circunstancias** que controlan al niño.
4) **Elaborar un guion** para guiar el comportamiento del niño inmaduro.

Figura 10.5 Tomado del curso de Neufeld: *Disciplina que no divide*

---

2. USAR ESTRUCTURAS Y RITUALES PARA LIDIAR CON EL COMPORTAMIENTO CAÓTICO

Los niños pequeños son propensos a reaccionar a partir de la contravoluntad, por lo que la estructura y la rutina pueden ayudar a orquestar sus interacciones en los momentos en los que tienden a ofrecer resistencia, como a la hora de dormir, en las comidas y durante las tareas de higiene. Cuando un niño se ajusta a la estructura y la rutina, se necesitan menos exigencias y órdenes para asegurar su conformidad. La estructura y la rutina también ayudan al niño pequeño a orientarse y a anticipar lo que sucederá cada día, haciendo más fáciles y menos inquietantes las transiciones.

3. CAMBIAR LAS CIRCUNSTANCIAS QUE CONTROLAN AL NIÑO

Un adulto no puede controlar a un niño que no tenga el control de sí mismo, aunque esto no impide que muchos adultos lo intenten. Cuando el niño está verdaderamente alterado, frecuentemente es mejor cambiar las circunstancias a fin de cambiar su comportamiento. Por ejemplo, cambiar el panorama o distraer al niño saliendo o yendo a jugar a algo que le guste. Un padre dijo: "Cada vez que mi hijo sensible está cansado y gruñón, se vuelve inmanejable. Cuando empieza a estar así, trato de encontrar algo diferente que hacer, como leer un libro de cocina para decidir sobre el postre, tocar música, ver un video divertido en la computadora acerca de animales o simplemente llevarlo a que pase un rato afuera".

4. ELABORAR UN GUION PARA GUIAR EL COMPORTAMIENTO INMADURO

Los niños pequeños no pueden interpretar bien el contexto, de manera que con frecuencia ignoran cómo deben comportarse en ciertas situaciones. Los adultos pueden dar al niño un guion para su comportamiento, incluyendo instrucciones paso a paso sobre cómo actuar. Hay muchos tipos de interacciones y comportamientos para los que se puede crear un guion, incluyendo los modales, o cómo manejar un conflicto con sus pares. Por ejemplo, la madre de un niño de cuatro años de edad y uno de dos años, contó lo siguiente:

Mis hijos fueron de visita a casa de mis suegros y, cuando regresaron, mi suegra dijo que se habían portado mal con su perro. Mis hijos nunca habían estado con un perro, por lo que no tenían ni idea de qué hacer con él. Les dije que el perro les tenía miedo y que tenían que tratarlo de manera diferente a como lo habían hecho en esta ocasión. Les pregunté qué pensaban que podrían hacer para ser más amigables con él. El mayor dijo: "No le pondremos pegatinas encima. No lo pintaremos con marcadores. No nos subiremos encima de él". Una vez que estuve de acuerdo en que todas esas eran buenas ideas, traje uno de sus animales de peluche y les enseñé cómo acariciarlo y ser amables con el perro. La siguiente visita fue mucho mejor.

Pautas especiales para manejar el conflicto entre hermanos

Cuando los hermanos se pelean, los adultos tienen que asumir la responsabilidad de restaurar el orden. Hay varios principios que considerar cuando se maneja un conflicto entre hermanos:

– *Asumir el liderazgo para guiar las interacciones.* Los niños pequeños no deben dejarse solos para que arreglen sus propios conflictos.
Dado que carecen de consideración y que no pueden ver los dos
lados de la historia simultáneamente, es poco probable que logren
llegar a una solución justa o civilizada en sus disputas. El adulto tiene
que comunicar que está a cargo y decidir cómo encontrar un camino
a través del atolladero.

– *No ser juez y parte.* Cuando el adulto adopta la postura de juez y
parte, y da un veredicto en el conflicto entre hermanos, si no toma
partido por un niño, éste lo verá como una ruptura de la relación.
Además, si los padres no presenciaron el conflicto, tienen que
basarse en la información incompleta que reciben y en perspectivas
que carecen de la apreciación del contexto, haciendo posible que se
emitan juicios injustos.

– *Ponerse del lado de la experiencia de cada niño.* Aunque el adulto no
debe estar de acuerdo en cómo los niños respondieron entre ellos,
sí *puede* ponerse del lado de los sentimientos de cada uno: "Veo que
estás molesto porque tu hermana no quiere jugar contigo" y "Veo
que estás molesta porque tu hermano te sigue a todas partes y quiere
jugar". Ponerse del lado de los sentimientos de cada niño ayudará
a preservar la relación y transmitirá el mensaje de que hay alguien
a cargo. Se puede hacer en privado con cada niño o en medio del
desacuerdo, según los padres lo consideren apropiado.

– *No pedirles que digan "lo siento" a menos que se trate de un sentimiento
auténtico.* En lugar de exigir que los niños se digan "lo siento" uno
al otro, anímelos a que se pidan disculpas cuando "lo sientan" de
verdad. Un niño quizá necesite que se le dé una señal momentos más
tarde: "Ahora podría ser un buen momento para decir 'lo siento', si
así lo sientes de verdad". Sin embargo, no debe olvidarse que desconectar la expresión de "lo siento" del remordimiento hará más daño
que beneficio.

– *Buscar las razones subyacentes cuando el conflicto es crónico y gene-
ralizado.* Cuando el niño pequeño está lleno de energía de ataque,
es importante considerar por qué experimenta tanta frustración. A
veces los niños sienten mucha separación y su frustración se deja

sentir sobre el sujeto más disponible: los hermanos. Otras veces, a un niño le pueden faltar sentimientos de cariño y cuidado y estar lleno de alarma o de energía de ataque. La restauración de los sentimientos vulnerables reducirá el conflicto entre hermanos.

Lo que los adultos deben tener en cuenta por encima de todo al disciplinar a los niños pequeños, es que ellos no siempre se comportan como saben que deberían hacerlo. Tienen deseos de ser buenos con aquéllos con quienes están vinculados, pero su inmadurez se les atraviesa en el camino. La disciplina que es forzada y se vale de la alarma del vínculo para cambiar el comportamiento del niño, está destinada a llevar al desastre: no hace sino erosionar las condiciones necesarias que fomentan el crecimiento y la madurez. No podemos guiar a un niño si no poseemos su corazón. La buena disciplina preserva las relaciones correctas con los adultos y el corazón suave de los niños pequeños.

11

Cómo los niños pequeños hacen madurar a los adultos

Dime con quién andas y te diré quién eres.
ARSÈNE HOUSSAYE[1]

Sintiéndose completamente derrotada, Anna imploraba a la gente a su alrededor: "¿No hay nada más que puedan hacer por mí?". Las últimas diez horas precedentes habían llenado su cuerpo de dolor, su corazón con anticipación, y su mente con dudas.

A media noche, su cuerpo decidió que ya era hora. Cuando su esposo empezó a contar las contracciones, ella le dijo que tenía que empacar su maletín con todo lo que estaba en la lista. Mientras Gregg contaba los segundos, su atención dividida entre su reloj y Anna, le leía su escrito: "Empaca ropa cómoda y confortable". Con el peso de la responsabilidad por hacer bien las cosas, procedió a mostrarle pantalones y blusas para su aprobación. Lo que recibió fueron gritos feroces de Anna: "¿En serio? ¿Crees que eso es cómodo?". Y así, en las primeras horas de la mañana, Anna y Gregg empezaron su travesía hacia la paternidad –inseguros, determinados, emocionados, abrumados y entusiasmados, esperando al hijo que ya habían empezado a amar.

Cuando salió el sol, la madre de Anna y su doula llegaron para acompañarlos al hospital. Después de siete horas, sus contracciones sucedían cada minuto y medio; camino a su coche, Anna tuvo diez. Recuerda sentirse furiosa porque la gente no se hacía a un lado en la ruta. "Veía el reloj –6:52– ¿esta gente va a trabajar? Todo mundo actúa normal, como si fuera un día cualquiera. ¿No se dan cuenta que estoy en trabajo de parto? Quería gritar como Fezzic de *The Princess Bride*: 'Muévanse todos', y ya llegar al hospital".

En el hospital, su súplica por alivio para su dolor la llevó a que le dieran gas. "Estaba tan enganchada al gas, que se convirtió en mi ritual de respiración. Tuve que tomar respiraciones muy profundas, mientras Gregg me ayudaba". Después de dos horas y media, me dijeron que el trabajo de parto no progresaba. Estaba atorada en un movimiento perpetuo de dolor y exasperación. Por primera vez desde que había empezado su trabajo de parto, Anna se sintió vencida, sentía que no tenía control sobre las cosas –"Ésto me estaba sucediendo a mí" –.

Anna recuerda claramente el momento en que las cosas empezaron a cambiar. Su doula la miró en los ojos y le dijo: "Lo vas a hacer". Anna dice: "Por alguna razón, esto disparó en mi el sentimiento de que podía hacerlo, que estaba haciendo todo lo que tenía que estar haciendo". A partir de allí el trabajo de parto cambió casi de inmediato. En medio del intenso dolor, Anna recuerda sentirse de nuevo como una participante activa. Era como si "mi cuerpo respondiera y empezara a hacer las cosas desde una base más intuitiva y menos reactiva". En retrospectiva, ella dice que lo más difícil fue tener que ser esta "persona madura, sin miedo, y darse cuenta de que mientras más luchara, más difícil sería. Tenía que entregar mi cuerpo a la situación y al dolor, para encontrar mi camino para salir de ello". Durante las siguientes dos horas, con cada respiración, Anna se enfocó en unas cuantas palabras. Empezó a hablar con su hijo y a repetirle una y otra vez: "Te invito, te invito, te invito". Fue a través de esta generosa invitación a la existencia, que su hijo, Matthew, vino al mundo.

Mientras escuchaba la historia de Anna, me puse a considerar todo lo que viene con la paternidad: esta experiencia que transforma y cambia la vida. Hay dolor, trabajo, exasperación, frustración, preocupación, agonía, fracaso, agobio y expectación que parece nunca acabar. Pero también se encienden instintos profundos y emociones que empujan, alimentan y conducen a los padres hacia el descubrimiento de que ellos son la respuesta para su hijo. Sin importar cómo tenemos a nuestros hijos –por adopción, cesárea, madre subrogada, o vía vaginal– la activación de estos instintos y emociones es la manera en la que los hijos pequeños hacen que sus padres maduren.

Pudimos no haber querido tener una experiencia de crecimiento, un mapa de nuestras imperfecciones o un reflector sobre nuestra inmadurez, pero esto es lo que surge cuando criamos un hijo. Cuando nos disponemos a asumir el peso de la responsabilidad por cuidarlos, nos entregamos a la paternidad. Ser padres es más que una lista de cosas que hacer, se trata de quiénes somos para nuestros hijos y en qué nos convertimos por amarlos.

Las emociones que llegan con la paternidad

Los padres también tenemos sentimientos; muchos sentimientos. A veces son inesperados, no deseados y problemáticos, pero nos suceden a pesar de todo. A veces podemos encontrar, para nuestro desaliento, que también hacemos berrinches y nos atoramos en la resistencia, al igual que nuestro hijo. Criar a un hijo representa una oportunidad única para la maduración emocional, pero no sucederá sin pasar por algunos dolores necesarios al crecimiento. Los niños pueden generar emociones en nosotros, con las que ni siquiera sabíamos que teníamos problemas. Como espejos para nuestra inmadurez, revelan nuestros puntos más débiles y nos sumergen en nosotros mismos por completo, otra vez. ¿Nos gusta lo que vemos? ¿Nos molesta la imagen de nosotros mismos al ver a nuestros hijos lastimados, confundidos o asustados? Muchos padres preguntan si hay alguna manera de evitar todas las emociones que inundan, agobian y recaen sobre su propio hijo pequeño. La respuesta es no, pero no quiere decir que no podamos ser responsables de nuestras respuestas emocionales.

La madurez emocional no significa que los padres ya no se alteren con los sentimientos en relación con sus hijos. La madurez emocional es cómo aceptamos y hacemos espacio para los sentimientos que nuestros hijos hacen surgir en nosotros. Como padres, podemos tener intenciones acerca de cómo queremos manejar el contenido de nuestro propio corazón. Al hacerlo, quizá encontremos que las reacciones inmaduras del niño nos empujan a volvernos más moderados en nuestras reacciones. Por ejemplo, la frustración de los padres se combina con el esfuerzo para fortalecer el autocontrol, y el miedo se combina con el deseo de volverse valiente. Quizá la mayor virtud a la que podemos aspirar es a convertirnos en un ser humano templado. No hay otra fuerza como la de un niño pequeño para poner a prueba nuestros límites. El cariño y el cuidado que sentimos por

ellos hará que surja la necesidad de autocontrol, paciencia, consideración, valor, perdón y sacrificio: las seis virtudes de un temperamento
maduro discutido en el capítulo 2. Una de las paradojas de la vida es
que, al llevar a nuestros hijos a la madurez, ellos darán lugar al mismo
proceso dentro de nosotros. La sincronía de maduración entre padres
y hijos es irónica, si no hermosa. Para asegurar que esta maduración
suceda, no podemos dejar que nuestro amor por nuestros hijos se
enfríe. Necesitamos suficiente contacto y cercanía, para que podamos
satisfacer nuestro papel de padres. No podemos dejar que alguien
más sea la respuesta a nuestros hijos.

Cuando los padres toman la responsabilidad de sus emociones,
deben buscar preservar la relación con su hijo, y proteger el corazón
del niño de cualquier herida. Empezarán a ver que las emociones
más difíciles de manejar en sus hijos, son las mismas que ellos no
vieron en sí mismos. A veces serán la frustración y los berrinches los
que sacarán de quicio a los padres. ¿Les cuesta trabajo a los padres
encontrar sus propias lágrimas frente a las situaciones de la vida que
no pueden cambiar? Si los padres no pueden tolerar la necesidad
emocional o la dependencia constante de su hijo, ¿luchan ellos con
las emociones vulnerables al ser padres alfa y asumir la responsabilidad por otra persona?

Cuando no aceptamos totalmente las emociones de nuestros
hijos, la respuesta no es perdernos en una introspección, sino regresar a nuestro papel como padres. Es nuestro amor por nuestros hijos
lo que nos impulsa a comprender lo que hacemos con nuestras emociones cuando nos enfrentamos a las que ellos tienen. La maduración
en la paternidad se da cuando estamos en medio del conflicto entre
cómo tratamos a nuestro hijo y cómo queremos cuidarlo verdaderamente. Los padres se vuelven más maduros emocionalmente, no en
el aislamiento, sino al anhelar ser la respuesta a las necesidades de
su hijo. Lo que tiene el poder de mejorarnos es el amor por nuestro
hijo. Se requiere valor para ver la distancia entre cómo actuamos y
qué queremos ser para ellos; aceptar la culpa que surge y permitir que
nos conduzca en la dirección correcta. La ironía es que, mientras más
maduros nos volvemos emocionalmente, mejor veremos las maneras
en que nos quedamos cortos.

Quizá habrá momentos en que tendremos que suspender nuestra
tarea de padres activos, y darnos un tiempo para recolectar nuestros
sentimientos y pensamientos. Cuando lo haremos, no vamos a tras-

mitir a los niños que no podemos manejarlos, que son demasiado para nosotros o que nuestros sentimientos nos han sobrepasado. Vamos a parar toda acción hasta que nuestra frustración se haya moderado, en el afán de no hacer daño. Habrá veces que tengamos que reparar nuestra relación con nuestros hijos porque nuestras emociones explotaron contra ellos. Cuando les ofrecemos una disculpa digna, no tenemos que solicitar que nos perdonen, y no debemos pedirles que renuncien a su enojo hasta que estén listos para ello.

¿Qué hacemos con la culpa?

No podemos escapar a los sentimientos de culpa: este terreno debe ser muy transitado durante la paternidad. La culpa aparece al momento de empezar a asumir la responsabilidad por el niño y a cuidarlo. El sentimiento nos llega, muchas veces de la nada, cuando suceden cosas malas, cuando algo no funciona, o cuando nos quedamos cortos al ofrecerles algo. A veces la culpa se esconde justo bajo la superficie de la consciencia, mientras tratamos de hacerla a un lado dirigiendo la energía hacia el control de otras cosas. Nuestra culpa nos puede conducir a sobrepasarnos, a ser demasiado precavidos o a estar demasiado preocupados por el niño y su comportamiento. En lugar de encarar la culpa, el mantenernos ocupados nos ofrece protección y alivio temporal.

La culpa puede ser insoportable cuando consideramos nuestras imperfecciones y deficiencias. Sin embargo, los sentimientos de culpa señalan a los padres lo que pueden cambiar, hacia dónde pueden hacer una diferencia, y ayudarlos a querer actuar de manera distinta. Aun así, hay momentos en que la única respuesta a la culpa serán las lágrimas. El dolor será lo que nos ofrezca descanso de las cosas de las que nos arrepentimos, de las maneras en que nos quedamos cortos, y de cómo somos impotentes para cambiar el mundo del niño de la manera que queremos. La expresión de nuestra culpa a través de palabras es la que libera las lágrimas que tienen que fluir. Son nuestras lágrimas las que nos alivian del sentimiento insistente de que no somos suficientemente buenos padres.

No les toca a nuestros hijos llevar la culpa de los padres o escuchar nuestra pena y humillación. Nuestros hijos no tienen que escuchar nuestros sentimientos no procesados o cómo nos sentimos acerca de ser padres. Los niños no tienen que ver cuando nos sentimos inseguros o perdidos acerca de lo que estamos haciendo. Nuestro conflicto y confusión deben estar escondidos, para que ellos no sientan que no podemos cuidarlos. Esto no quiere decir que no podemos pedir ayuda de otros adultos cuando estamos atorados. Sólo significa que tenemos que transmitirles a nuestros hijos que somos responsables de nuestros sentimientos y acciones.

El sentimiento de culpa sirve para ayudar a los padres a levantarse cada día, resueltos a ser la respuesta para el niño y tener como objetivo su cuidado. Su existencia es la expresión de nuestro profundo anhelo de ser la mejor opción del niño.

Cómo llegar a ser la respuesta que nuestro hijo necesita

El ímpetu para madurar en la paternidad surge de aceptar la responsabilidad de convertirnos en la *respuesta* para el niño. Esto significa que buscamos ser la respuesta de su hambre de contacto y cercanía, de semejanza, de sentido de pertenencia, de ser significativo, de amor y de ser conocido. Significa asumir el sitio correcto para conducirlos y convertirnos en su brújula, consuelo, guía, maestro, protector, agente de futilidad, y base segura. En esencia, ser la respuesta del niño es asegurarse de que sientan una invitación para estar en nuestra presencia en toda circunstancia y conducta. Los niños no tienen que actuar con el fin de ser amados; deben ser amados independientemente de cómo actúen.

Si hay una cosa que importa al criar a un niño, es tratar de convertirse en padres amables. Esto requiere que nuestra invitación a la relación no sea condicionada a que el niño esté a la altura de nuestros valores. Significa que cuando no logran complacernos o no satisfacen nuestras expectativas, todavía vamos a transmitirles nuestro deseo de estar cerca de ellos. Ser un padre amable significa amar al niño incondicionalmente; es así cómo nos convertimos en su lugar de descanso para que puedan jugar y madurar.

Recuerdo lo bien que me sentí cuando experimenté a los cinco años una invitación incondicional para existir de parte de mi abuelo. Estaba en su jardín y quería complacerlo, por ello trabajé duramente para recoger todas las flores y los pequeños frutos de sus plantas. Doblé los bordes de mi blusa para improvisar una canasta y llevarle mi tesoro. Lo encontré hablando con mis padres y los interrumpí, mostrando orgullosamente el contenido de su jardín en mi blusa. Me sorprendió ver el gesto de horror en su cara. Con su hermoso acento cockney exclamó: "¡Válgame! ¡Me limpió! Recogió todo. ¡No voy a tener verduras por varias semanas!". No entendí lo que había hecho, pero supe que estaba mal. El gozo, calidez e invitación que ansiaba conseguir fue reemplazado por desilusión y enojo. Empecé a retirarme para encontrar un lugar y esconderme angustiada. Entonces lo escuché reír. No era una risa normal, sino una risa profunda, a carcajadas, que salía de sus entrañas. Vino a mí, me tomó en sus brazos y me dijo que estaba bien, *nosotros* estábamos bien. Vi cómo regresaba el brillo de sus ojos y mi corazón volvió a latir tranquilo. Prometí nunca volver a recoger sus verduras sin preguntar. Lo que él me transmitió es que no había nada que pudiera hacer que me separara de su amor.

No podemos ser la respuesta para nuestros hijos a través de libros, mantras o instrucciones de otra persona. Esto debe nacer dentro de nosotros a partir de instintos alfa y de emociones vulnerables. Se trata tanto de cariño como de responsabilidad. Cuando miramos al mundo externo para recibir indicaciones acerca de cómo ser padres, no escuchamos a nuestros corazones ni a nuestras mentes. Cuando creemos que las instrucciones son necesarias para convertirnos en la mejor apuesta para nuestros hijos, sentimos vergüenza por carecer de respuestas, en lugar de sentir que somos la respuesta para ellos. Cuando no usamos nuestra introspección e intuición para comprender al niño, creemos que las respuestas de los demás son superiores a las nuestras.

Conforme nos esforzamos en convertirnos en la mejor apuesta para nuestros hijos, quizás ellos lo sean también para nosotros. Su inmadurez reclama nuestra madurez. Su intensa necesidad de relación nos fuerza a vivir en comunión con los demás para ayudar a criarlos. Nos recuerdan a diario el misterio, esplendor y raíces de donde surgimos como humanos.

Algunos dicen que la naturaleza está loca en entregarnos seres tan inmaduros, pero no puedo sino pensar que es sabia. Como adultos, enfrentamos la vejez y la separación, pero al sostener a nuestros hijos estamos forzados a volver a mirar hacia nuestros comienzos. La naturaleza ata las puntas del ciclo de nuestra vida, lo viejo con lo nuevo, los finales fusionados con los inicios, los opuestos entrelazados, lo paradójico se vuelve continuo, sin fin. Estos lazos invisibles de relación nos mantienen juntos, el ciclo de la vida humana desplegado, generación tras generación.

¿Qué significa jugar, descansar, madurar?

Proveer descanso es la contribución más importante que los padres pueden ofrecer para ayudar a los niños pequeños a alcanzar su completo potencial humano. Los padres deben trabajar en las cuestiones de amor y cuidado, de manera que el niño no tenga que hacerlo. Los padres tienen que asumir la responsabilidad de transmitir que ellos son la respuesta al hambre de relación del niño. Tienen que proporcionar y proteger las condiciones que permiten que un niño juegue, se desarrollo y florezca. Tienen que creer que son suficientemente buenos padres, a pesar de la culpa, las imperfecciones y las deficiencias.

Cuando llevamos al niño a descansar bajo nuestro cuidado, es libre para llegar a ser la persona que sólo nuestro amor puede generar. En compensación, nos transformamos en los padres que sólo el amor por nuestros hijos puede generar. Tenemos que soportar los sacrificios requeridos, padecer las pruebas de paciencia y lealtad que surgirán, tolerar las fallas en nosotros mismos que aparecerán al tratar de ser su respuesta, y tener valor para creer que somos su mejor apuesta. La paternidad nunca ha sido un asunto de perfección, sino de liberar a nuestros hijos del peso de tener que conseguir amor, y permitirles tomar por sentada nuestra invitación a la relación.

El objetivo de ser padres es el de retirarse gradualmente a un papel de consultor, mientras vemos a nuestros hijos convertirse en sus propias personas, y tomar el manubrio de sus propias vidas. Al enfrentar la vejez, podemos consolarnos sabiendo que fuimos los jardineros que ellos necesitaban. Después de jubilarse, mi padre me contó que un día despertó sintiendo una enorme gratitud por haber vivido suficiente tiempo para conocer tanto sus abuelos como sus nietos. Trajo a mi mente que no sólo descansamos como niños al cuidado de los demás, sino que también encontramos descanso como adultos al ser cuidadores de los demás.

Los primeros años son mágicos, pero corremos el peligro de perder la belleza y la inocencia de esta edad: la magia en la que creen los niños pequeños, su integridad, y la pureza de vivir una emoción y un pensamiento a la vez. La infancia temprana es una etapa especial saturada de comportamientos impulsivos y egoístas, que traerán tanto alegría como frustración. Los pequeños tienen derecho a su inmadurez, y nuestra energía estará bien empleada viendo cómo dejarlos ser niños manteniéndolos seguros, dejándolos jugar, ofreciendo límites y ofreciendo los jardines de relación para que ellos maduren.

Durante el proceso de escribir *Jugar, descansar, madurar* pregunté a mis hijos si sentían que eran especiales y amados por su padre y por mí. Su respuesta ha cambiado de cuando eran niños pequeños, particularmente porque ahora llegan a su adolescencia. En lugar de decirme: "No sé por qué somos amados y especiales", me dijeron: "Porque soy tuyo y porque soy yo". En esas pocas palabras consiguieron capturar la esencia de lo que quiere decir jugar, descansar y madurar: porque estoy en casa contigo, soy libre para volverme mi propia persona. Mis hijos me recuerdan a diario que, aunque nacemos de manera inmadura, desplegamos nuestra capacidad de ser totalmente humanos momento tras momento.

Acerca del Instituto Neufeld

El Instituto Neufeld está dedicado a regresar a los padres el timón de la vida de sus propios hijos. Nuestra misión es emplear la ciencia del desarrollo para reconectar a padres y maestros con su intuición natural. Todo el trabajo que hacemos se basa en el entendimiento de que el contexto para la crianza de los niños es el vínculo que tienen con quienes son responsables de ellos.

El Instituto Neufeld tiene su sede en Vancouver, Canadá, y emplea tecnología de última generación de internet, para ofrecer entrenamiento y educación en todo el mundo. Actualmente, nuestros maestros y facilitadores ejercen en diez países: Canadá, Estados Unidos, México, Alemania, Israel, Finlandia, Suecia, Dinamarca, Australia y Nueva Zelanda.

El Instituto Neufeld ofrece a programas de educación para padres basados en la intuición, el entendimiento y el conocimiento a través de cursos y presentaciones en línea y presenciales. También se ofrecen programas de educación continua para padres, educadores y profesionistas. Existen programas de entrenamiento para quienes deseen ser facilitadores de cursos del Instituto Neufeld, así como para profesionistas que busquen practicar este enfoque para asesorar a los padres.

El campus en línea apoya al creciente número de quienes enseñan y practican el paradigma en el mundo. Este campus está accesible en cinco idiomas y sirve para unir los intereses y chispazos de inspiración que surgen en diferentes ambientes internacionales.

El Instituto Neufeld es una sociedad sin fines de lucro de British Columbia y está registrado en Canadá como organización caritativa. Para saber más, vea nuestro sitio web: **www.neufeldinstitute.org**

Acerca del Doctor Gordon Neufeld

El fundador del Instituto Neufeld es un psicólogo evolutivo, establecido en Vancouver, con 40 años de experiencia con niños y jóvenes y con quienes son responsables de ellos. Autoridad líder en el desarrollo infantil, el doctor Neufeld es un conferencista internacional, un autor exitoso (*Regreso al vínculo familiar*), e intérprete líder del paradigma del desarrollo. El doctor Neufeld es ampliamente reconocido por darle sentido a problemas complejos y abrir las puertas al cambio. Anteriormente estaba involucrado en la docencia universitaria y práctica privada; ahora dedica su tiempo a educar y entrenar a otros, incluyendo educadores y profesionales de ayuda. El doctor Neufeld aparece regularmente en el radio y la televisión. Es padre de cinco y abuelo de seis niños.

Materiales Neufeld

El material teórico y las imágenes en *Jugar, descansar, madurar* se han tomado o adaptado de los siguientes cursos y presentaciones, con el permiso generoso del doctor Gordon Neufeld.

Cursos

Neufeld Intensivo I: *Making Sense of Kids* (Entendiendo a los niños)
Neufeld Intensivo II: *The Separation Complex* (El complejo de separación: el reto de los problemas del desarrollo)
Making Sense of Preschoolers (Entendiendo al preescolar)
Making Sense of Play (Entendiendo el juego)
The Attachment Puzzle (El rompecabezas del vínculo)
Alpha Children (Niños alfa)
Heart Matters: The Science of Emotion (El corazón es importante: la ciencia de la emoción)
Making Sense of Aggression (Entendiendo la agresión)
Making Sense of Anxiety (Entendiendo la ansiedad)
Making Sense of Attention Problems (Entendiendo los problemas de atención)
Making Sense of Counterwill (Entendiendo la contravoluntad)
Discipline That Doesn't Divide (Disciplina que no divide)

Presentación

"*What About Me? Reflections on Growing Up as Adults*" ("¿Y yo qué? Reflexiones sobre el crecimiento como adultos") Conferencia magistral por el doctor Gordon Neufeld, *Neufeld Annual Conference*, 2013, Vancouver, BC.

Agradecimientos

Ha sido tan formidable como placentero escribir un libro acerca de los niños pequeños basado en el trabajo teórico del doctor Gordon Neufeld. Mientras me esforzaba por proporcionar un entendimiento del interior de los niños pequeños, también me esforzaba por entender el proceso de escribir y publicar un libro, de contar una historia y de mí como escritora. Sin el apoyo de las siguientes personas, no hubiera logrado la introspección ni hubiera publicado un libro. Estoy sinceramente agradecida y aprecio a todos quienes se interesaron por este proyecto, compartiendo su tiempo, historias y experiencia conmigo.

La ciencia del desarrollo en *Rest, Play, Grow* cobró vida a través de las historias compartidas generosamente por padres, proveedores de cuidado infantil, educadores, profesionales de ayuda y maestros y facilitadores del Instituto Neufeld. Aunque sus identidades no pueden ser reveladas, fueron unánimes en su deseo de compartir, con la esperanza de que su historia pudiera ayudar a los padres a comprender mejor a sus hijos pequeños.

Mucha gente me apoyó en este proyecto, dándome su tiempo y retroalimentación, leyendo capítulos, compartiendo ideas, descubriendo historias y animándome a continuar escribiendo, en especial: Bridgett Miller, Liz Hatherell, Kat Howe, Catherine Kirkness, Sara Easterly, Marie Chernen, Stephanie Gold, Eva Svensson, Bria Shantz, Tamara Strijack, Genevieve Schreier, April Quan, Heather Ferguson, Dagmar Neubronner, Heather Beach, Tracy Berretta, Tania Culham, Linda Quennec, Diana Teichrieb, Traci MacNamara y Jennifer MacDonald. Gracias a todas por su apoyo: me ayudó a mantenerme aterrizada y enfocada en aquello que los padres verdaderamente quieren saber.

Quiero agradecer a Traci Costa y a todo el personal de Peekaboo Beans por su increíble apoyo, y por creer en el juego tanto como yo. Fabrican hermosa ropa, son defensores del juego de los niños, y hacen de este mundo un mejor lugar para que los niños crezcan.

Agradezco a Joy Neufeld por aportar la frase: *Rest, Play, Grow*, [traducido posteriormente al español como *Jugar, descansar, madurar*], que condensa el mapa evolutivo, tanto con sencillez como con elegancia. Gail Carney, un miembro apreciado de la facultad del Instituto Neufeld, amablemente compartió su historia para el capítulo del juego durante sus últimas semanas de vida, siendo leal a su naturaleza de verdadera cuidadora alfa. Me lamento únicamente de que no tuve la oportunidad de compartir este libro con ella. También estoy agradecida por el apoyo continuo del Instituto Neufeld y toda la gente dedicada y compasiva, que ahí se empeñan en ayudar a los adultos a comprender a sus hijos. Trabajar con ustedes me recuerda un refrán que leí: "Te puedes mover rápido por tu cuenta, pero llegarás más lejos cuanto vayas en compañía". Me gusta estar en "compañía" con todos ustedes.

Fui muy afortunada al encontrar un equipo editorial ideal en Page Two Strategies, quienes trabajaron diligente y profesionalmente para darle vida a *Rest, Play, Grow*. Trena White administró el proyecto del libro y lo condujo hábilmente, y Megan Jones me puso en contacto constantemente con las personas correctas en una agenda apretada. Stephanie Fysh, editora de textos, fue meticulosa en su cuidado el manuscrito. Nayeli Jimenez utilizó sus habilidades de diseño para crear una hermosa presentación y cubierta del libro, así como recrear las imágenes a partir de transparencias de presentaciones. Shirarose Wilensky, mi editora, fue muy considerada en sus revisiones e intuitiva con sus sugerencias, trabajando conmigo, palabra por palabra sin cesar, para traer a la vida *Rest, Play, Grow*.

Quiero agradecer a Bridgett Miller, mi experta en redes sociales, quien me guio amablemente a través del mundo en línea, y me introdujo a la gente que ella creía que estaba alineada con nuestro mensaje. Su compasión, humor y fuerte naturaleza alfa de cuidadora, hicieron que la travesía al mercado fuera una aventura divertida.

Quiero expresar mi gratitud sincera a Elana Brief, quien me dio amablemente su tiempo para desenterrar material original y me ayudó a compilar las referencias, a leer y editar capítulos, a proveer sugerencias de contenido, así como apoyo moral y humor durante la escritura de *Rest, Play, Grow.*

Tu imagen entre montones de libros en la biblioteca con un pre-escolar sentado sobre ti mientras buscabas material original, todavía me hace sonreír.

Estoy en deuda con Gordon Neufeld por haber compartido conmigo su material, su entusiasmo como maestro, su brillantez como teórico, su cálida invitación para aprender y trabajar con él y por animarme en cada paso del camino. Eres un verdadero defensor de todos los niños, y la respuesta para los padres que tratan de ser la mejor opción para sus hijos.

A mis padres, hermanas y amigos, gracias por su estímulo y comprensión mientras me retiré de su compañía para escribir. Los amo profundamente. A Chris, con quien comparto el viaje de la paternidad, y a mis hijas, Hannah y Madeline. Ustedes son mi lugar de descanso donde continúo jugando y madurando.

Acerca de la autora

La doctora Deborah MacNamara es terapeuta clínica y educadora, con más de 25 años de experiencia trabajando con niños, jóvenes y adultos. Forma parte de la facultad del Instituto Neufeld; maneja un consultorio de terapia y da conferencias regularmente acerca del desarrollo del niño y del adolescente a padres, a quienes ofrecen cuidado infantil, y a profesionistas de salud mental. Continúa escribiendo, ofreciendo entrevistas de radio y televisión, y dando conferencias sobre las necesidades de los niños y jóvenes, basándose en la ciencia del desarrollo. Deborah reside en Vancouver, Canadá, con su esposo y dos hijas.

Notas

Introducción: Por qué es importante entender

1. Krishnamurti, J. (1981). *Education and the Significance of Life* (1953) Nueva York: Harper, 47.

Capítulo 1: Cómo los adultos crían a los niños pequeños

1. Hanh, T. N. (2015). *How to love*. Berkley, CA: Parallax Press, 10.

2. Pritchard, M. S. (1976). "On taking emotions seriously: A critique of B. F. Skinner". *Journal for the Theory of Social Behaviour* 6, 211-232.

3. Rogers, C. R., Kirschenbaum, H. y Land Henderson, V. (1989). *Carl Rogers: Dialogues: Conversations with Martin Buber, Paul Tillich, B.F. Skinner, Gregory Bateson, Michael Polanyi, Rollo May and Others*. Boston: Houghton Mifflin.

4. Watson, J. B. (1930). *Behaviorism*. Chicago: University of Chicago Press, 82.

5. Neufeld, G. y Maté, G. (2014). *Hold On to Your Kids: Why Parents Need to Matter More Than Peers*. Nueva York: Ballantine Books; "Regreso al vínculo familiar", Miami, Hara Press, (2016); Siegel, D. J. (2012). *The Developing Mind: How Relationships and the Brain Interact to Shape Who We Are*. Nueva York: Guilford Press.

6. Panksepp J. y Biven, L. (2012). *The Archaeology of Mind: Neuroevolutionary Origins of Human Emotions*. Nueva York: W. W. Norton; Damasio, A. (2006). *Descartes' Error: Emotion, Reason, and the*

Human Brain. Londres: Vintage Books.

7. Citado por Brendtro, L. K. (2006) en "The vision of Urie Bronfenbrenner: Adults who are crazy about kids", *Reclaiming Children and Youth: The Journal of Strength-Based Interventions* 15, 162-166: http://www.cyc-net.org/cyc-online/cyconline-nov2010-brendtro.html

8. Neufeld, G. (2013). *Neufeld Intensive I: Making Sense of Kids*, curso del Instituto Neufeld: http://neufeldinstitute.org/course/neufeld-intensive-i-making-sense-of-kids/ , Vancouver, B. C.; Neufeld, G. (2007) *Neufeld Intensive II: The Separation Complex*, curso del Instituto Neufeld: http://neufeldinstitute.org/course/neufeld-intensive-ii/ Vancouver, B.C.; Siegel, *The Developing Mind*; Karen, R. (1998). *Becoming Attached: First Relationships and How They Shape Our Capacity to Love*. Oxford: Oxford University Press; Bowlby, J. (1969). *Attachemnt and Loss*. Nueva York: Basic Books; Gerhardt, S. (2004). *Why Love Matters: How Affection Shapes a Baby's Brain*. Londres: Brunner-Routledge; Lewis, T. Amini, F. y Lannon, R. (2000). *A General Theory of Love*. Nueva York: Random House.

9. Bowlby, J. (1951). "Maternal care and mental health". *Bulletin of the World Health Organization*.

10. Parker, K. (2014). "Families may differ, but they share common values on parenting". Washington D. C.: Pew Research Center http://pewrsr.ch/XKvylf

11. Neufeld, G. (2013). Op. Cit.

12. White, S. (1965). "Evidence for a hierarchical arrangement of learning processes". *Advances in Child Development and Behavior 2*, 187-220.

13. Sameroff, A. J. y Haith, M. M. (Eds.). (1996). *The Five to Seven Year Shift: The Age of Reason and Responsibility*. Chicago: University of Chicago Press.

14. Neufeld, G. y Maté, G. (2014). Op. Cit.

15. Brazelton, T. B. (1984). *To Listen to a Child: Understanding the Normal Problems of Growing Up*. Reading, MA: Addison-Wesley Pub. Co., 56.

16. Zigler, E. y Gilman, E. (1998). "The legacy of Jean Piaget" en Kimble, G. A. y Wertheimer, M. (Eds.), *Portraits of Pioneers in Psychology*, vol. III, Washington, DC: American Psychological Association, 155.

17. Elkind, D. (2006). *Miseducation: Preschoolers at Risk*. Nueva Yok: Knopf

18. Mead, M. (2000). *And Keep Your Powder Dry: An Anthropologist Looks at America (1942)*. Nueva York: Berghahn Books.

19. Turkle, S. (2011). *Alone Together: Why We Expect More from Technology and Less from Each Other*. Nueva York: Basic Books.

20. Castells, M. (2010). *The Rise of the Network Society*. Oxford: Wiley-Blackwell.

21. Isaacson, W. (2011). *Steve Jobs*. Nueva York: Simon & Schuster, 571.

Capítulo 2: La personalidad del niño en edad preescolar: En parte La Bella, en parte La Bestia

1. Sófocles, "Ajax" (Siglo V a.C.) en *The Dramas of Sophocles Rendered in English Verse, Dramatic and Lyric*. Londres: Forgotten Books. 58-59.

2. Neufeld, G. (2013). *Making Sense of Preschoolers*. Instituto Neufeld, Vancouver, B.C: https://neufeldinstitute.org/course/making-sense-of-preschoolers/

3. Eliot, L. (2000) *What's Going On in There? How the Brain and Mind Develop in the First Five Years of Life*. Nueva York: Bantam Books; Gopnik, A. (2009). *The Philosophical Baby: What Children's Minds Tell Us about Truth, Love & the Meaning of Life*. Nueva York: Farrat, Straus and Giroux; Siegel, D. J. (1999). *The Developing Mind: How*

Relationships and the Brain Interact to Shape Who We Are. NuevaYork: Guilford Press.

4. Siegel, D. J. (1999). Op. Cit.

5. Gopnik, A. (2009). Op. Cit.

6. Siegel, D. J. (1999). Op. Cit.

7. Eliot, L. (2000). Op. Cit.; Siegel, D. (1999). Op. Cit.

8. Eliot, L. (2000). Op. Cit.

9. Ibídem.

10. Shaw, P., Eckstrand, K., Sharp, W., Blumenthal, J., Lerch, J. P., Greenstein, D., Clasen, L., Evans, A., Giedd, J. y Rapoport, J. L. (2007) "Attention-deficit/hyperactivity disorder is characterized by a delay in cortical maturation". *Proceedings of the National Academy of Sciences of the United States of America*, 104, 19469-54.

11. Bryson, T. P. y Siegel, D. J. (2012). *The Whole Brain Child: 12 Revolutionary Strategies to Nurture Your Child's Developing Mind*. Nueva York: Bantam Books.

12. White, S. (1965). "Evidence for a hierarchical arrangement of learning processes", *Advances in Child Development and Behavior* 2, 187-220.

13. Siegel, D. J. (1999). Op. Cit.

14. Eliot, L. (2000). Op. Cit.

15. Sameroff, A. J. y Haith, M. M., (Eds.). (1996). *The Five to Seven Year Shift: The Age of Reason and Responsibility*. Chicago, IL: University of Chicago Press.

16. Weisner, T. S., "The 5 to 7 Transition as an Ecocultural Project", en Sameroff, A. J. & Haith, M. M., (Eds.). (1996). *The Five to Seven*

Year Shift: The Age of Reason and Responsibility, 295-326.

17. Siegel, D. J. (1999). Op. Cit.; Gerhardt, S. (2004). *Why love matters: How affection shapes a baby's brain.* Nueva York: Brunner-Routledge; Neufeld, G., y Maté, G. (2014) *Hold on to your kids: Why parents need to matter more than peers.* Nueva York: Ballantine Books; Lewis, T., Amini, F., y Lannon, R. (2000). *A General Theory of Love.* Nueva York: Random House.

18. Boyce, W. T. y Ellis, B. J. (2005). "Biological Sensitivity to Context: I. An Evolutionary-Developmental Theory of the Origins and Functions of Stress Reactivity". *Development and Psychopathology* 17, 271-301.

19. Ibídem.

20. Dobbs, D. (2009). "The science of success". The Atlantic: http://www.theatlantic.com/magazine/archive/2009/12/the-science-of-success/307761/.

21. Boyce, W. T. y Ellis, B. J. (2005). Op. Cit.

22. Neufeld, G. (2013). Op. Cit.

23. Deaton, A., y Stone, A. A. (2014). "Evaluative and Hedonic Wellbeing Among Those With and Without Children At Home". *Proceedings of the National Academy of Sciences of the United States of America III,* 4, 1328-1333.

24. Evans, W. N., Morrill, M. S., y Parente, S. T. (2010). "Measuring Inappropriate Medical Diagnosis and Treatment in Survey Data: The Case of ADHD Among School-Age Children". *Journal of Health Economics,* 29, 657-73.

25. Sripada, C. S., Kessler, D. y Angstadt, M. (2014). "Lag in Maturation of the Brain's Intrinsic Functional Architecture in Attention-Deficit/Hyperactivity Disorder". *Proceedings of the National Academy of Sciences of the United States of America III,* 14259-64.

26. Abraham, C. (2010). "Failing boys: Part 3: Are We Medicating

a Disorder or Treating Boyhood as a Disease?" *The Globe and Mail*: http://www.theglobeandmail.com/News/national/time-to-lead/part-3-are-we-medicating-a-disorder-or-treating-boyhood-as-a-disease/article4330080/?page=all

27. Subcommittee on Attention-Deficit/Hyperactivity Disorder, Steering Committee on Quality Improvement and Management. (2011). "ADHD: Clinical Practice Guideline for the Diagnosis, Evaluation, and Treatment of Attention-Deficit/ Hyperactivity Disorder in Children and Adolescents. *Pediatrics*, 128, 1007-1022.

28. Coon, E. R., Quinonez, R. A., Moyer, V. A., y Schroeder, A. R. (2014). "Overdiagnosis: How Our Compulsion for Diagnosis May Be Harming Children". *Pediatrics*, 134, 1013-1023; Ford-Jones, P. C. (2015). "Misdiagnosis of Attention Deficit Hyperactivity Disorder: 'Normal Behaviour' and Relative Maturity". *Paediatrics & Child Health*, 20, 200-202.

29. Elder, T. E. (2010). "The Importance of Relative Standards in ADHD Diagnoses: Evidence Based on Exact Birth Dates". *Journal of Health Economics*, 29, 641-56.

Richard Morrow y sus colegas de la Universidad de Columbia Británica, en Canadá, compararon los índices de diagnóstico de ADHD entre los niños más pequeños (nacidos dentro del mes anterior a la edad mínima de entrada a un grado escolar) y los niños mayores (nacidos durante el mes posterior) en una muestra de más de 900,000 niños mayores de 11 años. Encontraron que los niños menores tienen una probabilidad del 30 por ciento de recibir un diagnóstico de ADHD comparado con los niños mayores y en el caso de las niñas, la diferencia es del 70 por ciento. [Morrow, R. L., Garland, E. J., Wright, J. M., Maclure, M., Taylor, S., y Dormuth, C. R. (2012). "Influence of Relative Age on Diagnosis and Treatment of Attention-Deficit/Hyperactivity Disorder in Children". *Canadian Medical Association Journal*, 184, 7, 755-762]. De acuerdo con Todd Elder, si un trastorno en el desarrollo neuronal se encuentra en la raíz del diagnóstico de ADHD, no debe variar en incidencia con la fecha de nacimiento del niño (Elder, "The Importance of Relative Standards in ADHD Diagnoses"). Además, de acuerdo a Shaw y sus colegas, con tres años de desarrollo del córtex prefrontal, los niños diagnosticados con ADHD pueden dejar atrás los síntomas (Shaw et al. "Attention-Deficit/Hyperactivity Disorder is Characterized by a Delay"). Asimismo, Gilliam encontró que la estructura del cerebro responsable de conectar los lóbulos prefrontales en los niños diagnosticados con ADHD, tenía un patrón de demora de crecimiento; siendo la inmadurez una explicación viable y la madurez, un remedio posible cuando se consideran problemas de atención en niños pequeños [Gilliam, M., Stockman, M., Malek, M., Sharp, W., Greenstein, D., Lalonde, F., Clasen, L., Giedd, J., Rapoport, J. y Shaw, P. (2011). "Developmental Trajectories of the Corpus Callosum in Attention-Deficit/Hyperactivity Disorder". *Biological Psychiatry*, 69, 839-46].

No sólo los niños de kínder corren más riesgo de ser diagnosticados con problemas de atención, sino que la American Academy of Pediatrics establece que: "Surge evidencia para extender el rango de edad en las recomendaciones para incluir a niños de edad preescolar y a adolescentes" (Subcommittee on Attention-Deficit/Hyperactivity Disorder, ADHD, 2). Puesto que no hay marcadores patogenómicos para el ADHD y existe una dependencia total de las descripciones de comportamiento para diagnosticarlo, la inmadurez puede confundirse con un trastorno, de acuerdo con Ford-Jones; las implicaciones de la medicación estimulante para el crecimiento y "la información limitada acerca de la experiencia con los efectos de esta medicación entre los niños de 4 a 5 años" es una causa de preocupación (Ford-Jones, "Misdiagnosis of Attention Deficit Hyperactivity Disorder").

30. Crain, W. (2005). *Theories of Development: Concepts and Applications*. Upper Saddle River, Nueva Jersey: Pearson/Prentice Hall.

Capítulo 3: Preservar el juego:
La defensa de la infancia en un mundo digital

1. Rogers, F. (2001). Commencement Address. Middlebury College, Vermont: http://www.middlebury.edu/newsroom/commencement/2001

2. BC Art Teachers' Association. (2015). "Honouring Gail Carney". Columbia Británica https://www.bcata.ca/about-us/tribute

3. Elkind, D. (2008). "Can We Play?" Greater Good Science Center, Universidad de California Berkley: https://greatergood.berkeley.edu/article/item/can_we_play

4. Ibídem.

5. Elkind, D. (2007). *The Power of Play: Learning what Comes Naturally*. Cambridge, MA: Da Capo Press; Carlsson-Paige, N. (2009).*Taking Back Childhood: Helping Your Kids Thrive in a Fast-Paced, Media-Saturated, Violence-Filled World*. Nueva York: Penguin; Gray, P. (2013). *Free to learn: Why Unleashing the Instinct to Play will Make our Children Happier, More Self-Reliant, and Better Students for Life*. Nueva York: Basic Books; Falk, B. (Ed.). (2012). *Defending Childhood: Keeping the Promise of Early Education*. Nueva York: Teachers College Press.

6. Levine, M. (2013). *Teach your Children Well: Parenting for Authentic Success*. Nueva York: Harper Perennial.

7. Elkind, D. (2008). Op. Cit.; Ginsburg, K. R. (2007). "The Importance of Play in Promoting Healthy Child Development and Maintaining Strong Parent-Child Bonds". American Academy of Pediatrics Committee on Communications y American Academy of Pediatrics Committee on Psychosocial Aspects of Child and Family Health. *Pediatrics*, 119, 182-91.

8. Guddemi, M., Sambrook, A., Wells., S. Fite, K. et al. (2012). "Unrealistic Kindergarten Expectations. Findings from Gesell Institute's Revalidated Developmental Assessment Instrument", Proceedings from the Annual Conference for Early Childhood Research and Evaluation: https://highscope.org/files/guddemim_proceedings2012.pdf

9. Winnicott, D. W. (1971). *Playing and Reality*. Nueva York: Basic Books, 73.

10. Twain, M. (1996). *The Adventures of Tom Sawyer* (1876). Nueva York: Oxford University Press.

11. Hall, G. S. (1904). *Adolescence: Its Psychology and Its Relations to*

Physiology, Anthropology, Sociology, Sex, Crime, Religion and Education. Nueva York [u.a.: D. Appleton], 235.

12. *Piaget's Developmental Theory: An Overview*, presentado por Elkin, D. (1989). San Luis Obispo, CA: Davidson Films.

13. Vaughan, C. C., y Brown, S. L. (2009). *Play: How it Shapes the Brain, Opens the Imagination, and Invigorates The Soul.* Nueva York: Avery; Schiller, P. (2010). "Early Brain Development Research Review and Update". *Brain Development Exchange,* 26-30; Panksepp, J., Biven, L., *The Archaeology of Mind: Neuroevolutionary Origins of Human Emotions.* Nueva York, W.W. Norton (2012); Frost, J. L., (1998). "Neuroscience, Play and Child Development", presentado en la Conferencia Trienal Nacional IPA/USA. Longmont, CO, 18-21.

14. Brown y Vaughan. (2009). Op. Cit.; Frost. (1998). Op. Cit.

15. Campaign for a Commercial Free Childhood, Alliance for Childhood, and Teachers Resisting Unhealthy Children's Entertainment (2012). *Facing the Screen Dilemma: Young Children, Technology and Early Education.* Boston: *Campaign for a Commercial-Free Childhood; Nueva York: Alliance for Childhood.*

16. Perry, B. D., Hogan, L. y Marlin, S. J. (2000). "Curiosity, Pleasure and Play: A Neurodevelopmental Perspective". *HAAEYC Advocate* 20, 9-12.

17. Ibídem.

18. Ginsburg et al., (2007). Op. Cit.

19. Frost, J. L. (1998). Op. Cit.

20. Panksepp, J. "Brain Emotional Systems and Qualities of Mental Life" en Fosha, D., Siegel, D. J., y Solomon, M. F. (Eds.). (2009). *The Healing Power of Emotion: Affective Neuroscience, Development, and Clinical Practice.* Nueva York: W.W. Norton, 1-26.

21. Ginsburg et al., (2007). Op. Cit.

22. Ginsburg et al., (2007). Op. Cit.; Panksepp, J. (2009). Op. Cit.; Gray, P. (2011). "The Decline of Play and the Rise of Psycopathology in Children and Adolescents". *American Journal of Play*, 3, 443-63.

23. Falk, B. (2015). Op. Cit.

24. Hofferth, S. L., y Sandberg, J. F. (2001). "Changes in American Time, 1981-1997". *Advances in Life Course Research*, 6, 193-229.

25. Ginsburg et al., (2007). Op. Cit.

26. Campaign for a Commercial Free Childhood et al. (2012). Op Cit.

27. American Academy of Pediatrics. (2015). "Media and Children": http://www.aap.org/en-us/advocacy-and-policy/aap-health-initiatives/pages/media-and-children.aspx

28. Campaign for a Commercial Free Childhood et al. (2012). Op Cit.

29. Louv, R. (2005). *Last Child in the Woods: Saving Our Children from Nature-Deficit Disorder*. Chapel Hill, NC: Algonquin Books of Chapel Hill.

30. Elkind, D. (2008). Op. Cit.

31. Frost, J. L. (2009). *A History of Children's Play and Play Environments: Toward a Contemporary Child-Saving Movement*. Nueva York Routledge; Participation. (2015) *Position Statement on Active Outdoor Play*: https://www.participaction.com/wp-content/uploads/2015/03/Position-Statement-on-Active-Outdoor-Play-EN-FINAL.pdf

32. American Academy of Pediatrics. (2015). "Babies as young as 6 months old using mobile media": http://www.aappublications.org/content/early/2015/04/25/aapNews20150425-3

33. Carlsoon-Paige, N. (2015). "Media, Technology, and

Commercialism: Countering the Threats to Young Children", en Falk, B. (Ed.)., *Defending Childhood*.

34. Frost, J. L. (2009). Op. Cit., xviii.

35. Dee, T. S. y Sievertsen, H. H. (2015). "The Gift of Time? School Starting Age and Mental Health". CEPA Working Paper No. 15-08. Stanford Center for Education Policy Analysis. Standford University, Standford, CA: https://cepa.stanford.edu/sites/default/files/WP15-08.pdf

36. Gray, P. (2013). Op. Cit.

37. National Association for the Education of Young Children. (2012). *The Common Core State Standards: Caution and Opportunity for Early Childhood Education*. Washington D. C.: National Association for the Education of Young Children.

38. Professional Association for Childcare and Early Years. (2013). "Concern over 'Schoolification': https://www.pacey.org.uk/news-and-views/news/archive/2013-news/july-2013/concern-over-schoolification/

39. Alcock, S. y Haggerty, M. (2013). "Recent Policy Developments and The 'Schoolification' of Early Childhood Care and Education in Aotearoa New Zealand". *Early Childhood Folio 17*, 2, 21-26..

40. Gunnarsdottir, B. (2014). "From Play to School. Are Core Values of ECEC in Iceland Being Undermined by 'Schoolification'?". *International Journal of Early Years Education*, 22, 242-50; Lembrér, D. y Meaney, T. (2014). "Socialisation tensions in the Swedish Preschool Curriculum: The Case of Mathematics". *Educare 2*, 82-98.

41. Gross-Loh, C. (2014). "Finnish Education Chief: We Created a School System Based on Equality". *The Atlantic*. Washington D. C.: http://theatlantic.com/education/archive/2014/03/finnish-education-chief-we-created-a-school-system-based-on-equality/284427/

42. Walker, T. (2015). "The Joyful, Illiterate Kindergartners of

Finland". *The Atlantic*. Washington D. C.: http://theatlantic.com/education/archive/2015/10/the-joyful-illiterate-kindergartners-of-finland/408325/

43. Council of Ministers of Education, Canada (CMEC). (2012). "Programme for International Student Assessment (PISA): Overview" (N. D.). Toronto: http://www.cmec.ca/251/Programas-and-Initiatives/Assesment/Programme-For-International-Student-Assessment-[PISA]/Overview/index.html ; ver también los documentos diversos disponibles en PISA 2012: http://www.cmeca.ca/252/Programs-and-Initiatives/Assessment/Programme-for-International-Student-Assessment-[PISA]/PISA-2012/index.html

44. Vanderlee, M. L., Youmans, S., Peters, R. y Eastabrook, J. (2012). *Final Report. Evaluation of the Implemantation of the Ontario Full-Day Early Learning-Kindergarten Program*. Ontario Ministry of Education, Toronto: http://www.edu.gov.on.ca/kindergarten/FDELK_ReportFall2012.pdf ; Janus, M., Duku, E., y Schell, A. (2012). *The Full-Day Kindergarten Early Learning Program: Final Report*. Hamilton: McMaster University: http://www.edu.gov.on.ca/kindergarten/ELP_FDKFall2012.pdf

45. Cooper, H., Allen, A. B., Patall, E. A. y Dent, A. L. (2010). "Effects of Full-Day Kindergarten on Academic Achievement and Social Development". *Review of Educational Research*, 80, 34-70.

46. Heckman, J. (2012). "Invest in Early Childhood Development: Reduce Deficits, Strengthen the Economy". The Heckman Equation: http://heckmanequation.org/content/resource/invest-early-childhood-development-reduce-deficits-strengthen-economy

47. Clouder, C. (2003). "The Push for Early Childhood Literacy: A View From Europe". Research Institute for Waldorf Education. *Research Bulletin* 8, 2, 46-52; Comptroller and Auditor General, National Audit Office. (2012). *Delivering the Free Entitlement to Education for Three- and Four-Year-Olds*. Londres: The Stationery Office.

48. Almon, J., Carlsson-Paige, N. y McLauglin, G. B. (2015). *Reading Instruction in Kindergarten: Little to Gain and Much To Lose*. Alliance

for Childhood: Defending the Early Years: https://deyproject.files. wordpress.com/2015/01/readinginkindergarten_online-1.pdf

49. Clouder, C. (2003). Op. Cit.

50. Almon, J. (2013). "Reading at Five: Why?". SouthEast Education Network, *SEEN Magazine*: http://seenmagazine.us/articles/article-detail/articleid/3238/Reading-at-five-why.aspx

51. Elkind, D. (2008). Op. Cit.

52. Citado en Strauss, V. (2015). "How 'Twisted' Early Childhood Education Has Become – from a Child Development Expert". *Washington Post*: https://www.washingtonpost.com/News/answer-sheet/wp/2015/11/24/how-twisted-early-childhood-education-has-become-from-a-child-development-expert/

**Capítulo 4: El hambre de conexión:
Por qué las relaciones importan**

1. Lewis, C. S. (1960). *The Four Loves*. Nueva York: Harcourt, Brace.

2. Eliot, T. S. (1943). "East Coker". *The Four Quartets*. Nueva York: Harcourt.

3. Neufeld, G. (2013), Op. Cit.

4. Panksepp, J.y Biven, L. (2012). Op. Cit.

5. Uvnäs, M. K. (2003). *The Oxytocin Factor: Tapping the Hormone Of Calm, Love, And Healing*. Cambridge, MA. Da Capo Press.

6. Panksepp, J.y Biven, L. (2012). Op. Cit.

7. Bowlby, J. (1969). *Attachment and Los*. Nueva York: Basic Books.

8. Ibídem.

9. Briggs, D. C. (1970). *Your Child's Self-Esteem: The Key to His Life*.

Garden City, NJ: Doubleday, 55.

10. Eliot, L. (2000). *What's Going on in There?: How the Brain and Mind Develop in the First Five Years of Life*. Nueva York: Bantam Books.

11. Winnicott, D. W. y Winnicott, C. (1993). *Talking to Parents*. Reading, MA: Addison-Wesley, 58-59.

12. Spock, B. (1946). *The Common Sense Book of Baby and Child Care*. Nueva York: Duell, Sloan and Pearce.

13. Neufeld y Maté. (2004). Op. Cit., 29-30.

14. Brendtro, L. K. (2006). "The Vision of Urie Bronfenbrenner: Adults Who Are Crazy about Kids". *Reclaiming Children and Youth: the Journal of Strength-Based Interventions*, 15, 162-166.

15. Neufeld y Maté. (2004) Op. Cit., 264.

Capítulo 5: ¿Quién manda aquí?
La danza del vínculo

1. Blake, W. (1789). "The Little Black Boy". *Songs of Innocence*. Londres.

2. Neufeld G. (2013). *Alpha Children: Reclaiming our Rightful Place in Their Lives*. Instituto Neufeld, Vancouver, BC: https://neufeldinstitute.org/course/alpha-children/

Capítulo 6: Sentimientos y heridas:
Mantener el corazón suave del niño

1. Pascal, B. (1958). *Pascal's Pensées*. Nueva York: E.P. Dutton, 79.

2. Pritchard, M. S. (1976). "On Taking Emotions Seriously: a Critique of B. F. Skinner". *Journal for the Theory of Social Behaviour*, 6, 211-232.

3. Panksepp, J., en Fosha, D., Siegel, D. J., y Solomon, M. F. (Eds.). (2009). Op. Cit.

4. Damasio, A. R. (1994). Op. Cit.

5. Fosha, D., Siegel, D. J., y Solomon, M. F. (Eds.). (2009). Op. Cit., vii.

6. Lewis, T., Amini, F. y Lannon, R. (2000). Op. Cit. 64.

7. Ante los avances en las neurociencias y los nuevos entendimientos de las emociones y de la conciencia humana, se ha reconsiderado el concepto de las defensas emocionales postulado por Freud. El neuropsicólogo Mark Solms declaró que: "Es posible encontrar las correlaciones neurológicas de ciertos conceptos tradicionales del psicoanálisis y, de este modo, conciliarlos con una base orgánica firme" [Solms, M. y Turnbull, O. (2002). The Brain and the Inner World: An Introduction to the Neuroscience of Subjective Experience. Nueva York: Other Press, 104]. V. S. Ramachandran sostiene que ahora contamos con las bases para entender cómo la mente humana erige los procesos emocionales de defensa [Ramachandran, V. S., Rogers-Ramachandran, D. y Cobb, S. (1995). "Touching the Phantom Limb". Nature, 377, 6549, 489-90; y Ramachandran, V. S. (1994). "Phantom limbs, Neglect Syndromes, Repressed Memories, and Freudian Psychology", en International Review of Neurobiology, 37; Sporns, O., y Tononi, G. (Eds.). Selectionism and the Brain. Nueva York: Academic Press]. En su ensayo sobre la neurofisiología de la psicología, Kathleen Wheeler presenta un panorama del constructo de la defensa emocional, así como evidencia neurocientífica de cómo las partes del cerebro emocional orquestan esto [Wheeler, K. (2007). Psychotherapy for the advanced practice psychiatric nurse. Maryland Heights, MO: Mosby].

El enfoque central de los especialistas en trauma ha sido la investigación neurocientífica que examina la inhibición de los centros y procesos emocionales en el cerebro. La investigación de Bessel Van der Kolk sobre el trauma explora el papel de la corteza prefrontal al ejercer una influencia inhibidora sobre el sistema límbico y la regulación de la emoción [Van der Kolk, B., McFarlane, A. C. y Weisæth, L. (2006). Traumatic stress: The Effects of Overwhelming Experience on Mind, Body, And Society. Nueva York: Guilford Press]. Pat Odgen propone tres categorías de defensas, subrayando la forma en que ayudan a la supervivencia emocional, creando sentimientos de seguridad, así como el impacto en el funcionamiento general ["Emotion, Mindfulness, and Movement: Expanding the Regulatory Boundaries of the Window of Affect Tolerance," en Fosha, Siegel y Solomon. (Eds.). Op. Cit.]. Ad Vingerhoets vincula la angustia emocional y el trauma con la ausencia de emociones vulnerables, afirmando que las personas "se sienten insensibles, emocionalmente vacías y 'desconectadas', y no pueden producir lágrimas. Es como si fueran indiferentes y no sintieran ningún afecto o no les importaran otras personas, incluso las más cercanas" [Vingerhoets, A. (2013). Why Only Humans Weep: Unravelling the Mysteries of Tears. Oxford: University Press, 177].

Los neurocientíficos Jaak Panksepp y Antonio Damasio afirman que es posible la excitación emocional inconsciente, distinguiendo los estados sentimentales de los emocionales. Damasio reitera que "no existe evidencia de que seamos conscientes de todos nuestros sentimientos, y mucha evidencia que sugiere que no lo somos" [Damasio, A. R. (2009). The Feeling of What Happens: Body and Emotion in the Making of Consciousness. Nueva York: Houghton Mifflin Harcourt, 36; para Panksepp y Biven (2012) Op. Cit.]. Tanto Damasio como el neurocientíficio Joseph LeDoux diferencian las emociones de los sentimientos (por ejemplo: tener conciencia de la emoción) junto a la comprensión de que sentir es un lujo que no se puede permitir si las circunstancias son muy estresantes (inhibición), sentando las bases conceptuales para una neurociencia de las defensas [Damasio, A. (2009). Op. Cit.; LeDoux, J. (2015). Anxious; Using the Brain to Understand and Treat Fear and Anxiety. Nueva York: Penguin Random House].

8. Resnick, M., Ireland, M. y Borowsky, I. (2004). "Youth Violence Perpetration: What Protects? What Predicts? Findings from The National Longitudinal Study of Adolescent Health". Journal of Adolescent Health: Official Publication of the Society for Adolescent Medicine, 35, 424.

9. Werner, E. y Smith, R. S. (1992). Overcoming the Odds: High Risk Children from Birth to Adulthood. Nueva York: Cornell University Press.

En el estudio de investigación longitudinal de 30 años, realizado por Emma Werner y Ruth Smith sobre los niños resilientes en la isla de Kauai, en Hawái, un tercio de los niños que vivía en la pobreza, o enfrentaban trastornos mentales o adicciones entre sus familiares, era exitoso emocional y socialmente a pesar de su crianza en una situación de empobrecimiento; la diferencia significativa con este grupo fue que tenían fuertes vínculos afectivos con adultos sustitutos emocionalmente sanos, entre los que se incluyen los abuelos o miembros de las comunidades de las escuelas e iglesias [Werner y Smith (1992). Op. Cit.]. La investigación sobre la resiliencia apunta de manera abrumadora a que las relaciones sólidas con adultos tienen un factor de protección en el bienestar emocional y social.

**Capítulo 7: Las lágrimas y los berrinches:
Comprendiendo la frustración y la agresión**

1. Dickens, C. (1949). *Great Expectations (1861)*. Nueva York: Rinehart.

2. Sokol Chang, R. y Thompson, N. S. (2011). "Whines, cries and motherese: Their Relative Power to Distract". *Journal of Social Evolutionary and Cultural Psychology*, 5, 131-41.

3. Neufeld, G. (2013). Op Cit.

4. Solter, A. (1992). "Understanding Tears and Tantrums". *Young Children*, 47, 4, 64-68.

5. Frey, W. H. y Langseth, M. (1985). *Crying: The Mystery of Tears*. Minneapolis, MN: Winston Press.

6. Vingerhoets, A. (2013). *Why Only Humans Weep: Unravelling the mysteries of tears*. Oxford: Oxford University Press.
7. Wiseman, R. (2013). *Masterminds and Wingmen: Helping our Boys Cope with Schoolyard Power, Locker-Room Tests, Girlfriends, and the New Rules of Boy World*. Nueva York: Harmony Books.

8. Vingerhoerts, A. (2013). Op. Cit.

9. Blake, W. (ca. 1803). "Auguries of Innocence".

10. Hasson, O. (2009). "Emotional Tears as Biological Signals". *Evolutionary Psychology*, 7, 363-70.

Capítulo 8: Alarmados por la desconexión: La hora de dormir, la separación y la ansiedad

1. Sendak, M. (1963). *Where the Wild Things Are.* Nueva York: Harper Collins, 63.

2. LeDoux, J. E. (1996). *The Emotional Brain: The Mysterious Underpinnings of Emotional Life.* Londres: Simon and Schuster.

3. Bowlby, J. (1973). *Separation: Anxiety and Anger.* Nueva York: Basic Books; May, R. (1950). *The Meaning of Anxiety.* Nueva York: Ronald Press.

4. Lewis, T., Amini, F. y Lannon, R. (2000). Op. Cit.

5. Bowlby, J. (1973). Op. Cit.

6. Pathak, S. y Perry, B. D. "Anxiety Disorders" en Coffey, C. E. (2006). *Pediatric Neuropsychiatry.* Filadelfia: Lippincott Williams and Wilkins; LeDoux, J. E. (2015). *Anxious: Using the Brain to Understand and Treat Fear and Anxiety.* Nueva York: Viking.

7. Pathak, S. y Perry, B. D. (2006). Op. Cit.

8. Owens, T. J. y Hofferth, S. L. (2001). *Children at the Millennium: Where Have We Come From, Where Are We Going?* Ámsterdam: JAI.

Capítulo 9: "Tú no eres mi jefe": Cómo entender la resistencia y la oposición

1. Woolf, V. (1967). "The Leaning Tower," en *Collected Essays.* Nueva York: Harcourt, Brace & World.

2. Lieberman, E. J. (1993). *Acts of Will: The Life and Work of Otto Rank.* Amherst: University of Massachusetts Press; (2012). "Rankian will,"

American Journal of Psychoanalysis 72, 320-25.

Otto Rank ha sido considerado, junto con Jung y Adler, como uno de los más cercanos y brillantes discípulos de Freud. Sin embargo, difiere en la importancia del complejo de Edipo, y muchas de sus perspectivas se han considerado como desviaciones. Rank veía la separación entre madre, padre e hijo al nacer como un foco crucial en el desarrollo de la individualidad, la culpa y la ansiedad.

Del mismo modo, a Rank le preocupaba la ausencia de la voluntad en la terapia freudiana. Él sostenía que los individuos son capaces de tener una voluntad consciente que trae consigo culpa y ansiedad. La capacidad de decir "no", o de la contravoluntad, era la clave para el desarrollo de los niños, pero era frecuentemente disminuida por los adultos, o por las culturas. Al respecto, Ira Progroff escribió: "La voluntad de vida, tal como la concibe Rank, es la fuerza vital con la que esa potencialidad se expresa y se cumple en el mundo" [Progoff, I. (1956). *The Death and Rebirth of Psychology: An Integrative Evaluation of Freud, Adler, Jung and Rank and the Impact of their Insights on Modern Man.* Nueva York: McGraw-Hill, 207]. La idea de una voluntad consciente y de la resistencia como una fuerza positiva subyacente a la individuación y la autonomía no fue apoyada por otros psicoanalíticos colegas de Rank, y fue condenado al ostracismo. En 1926, Rank se separó de la Sociedad de Psicoanálisis, y en 1930, se le revocó su membresía honoraria.

Ver también Barbre, C. (2012). "Confusion of Wills: Otto Rank's Contribution to an Understanding of Childism". American Journal of Psychoanalysis, 72, 409-17; Kargf, F. B. (1953). The Psychology and Psychotherapy of Otto Rank: A historical and comparative introduction. Nueva York: Philosophical Library; Menaker, E. (1982). Otto Rank: A Rediscovered Legacy. Nueva York: Columbia University Press.
3. Lieberman, E. J. (2012). Op. Cit.

4. Pepitone, A., McCauley, C. y Hammond, P. (1967). "Change in Attractiveness of Forbidden Toys as a function of severity of threat. *Journal of Experimental Social Psychology*, 3, 221-229.

5. Lepper, M. R. (1973). "Undermining Children's Intrinsic Interest with Extrinsic Reward: A Test of The Overjustification Hypothesis". *Journal of Personality and Social Psychology* 28, 129-37.

6. Kohn, A. (1993). *Punished by Rewards: The Trouble with Gold Stars, Incentive Plans, A´s, Praise and Other Bribes*. Boston: Houghton Mifflin.

7. Winnicott, D. W., Winnicott, C., Shepherd, R., Davis, M. (1986). *Home is Where We Start From: Essays by a Psychoanalyst*. Nueva York: W. W. Norton.

Capítulo 10: Disciplina para el niño que aún no madura
Hacer tiempo mientras el niño crece

1. Winnicott, D. W. (1993). Op. Cit., 86.

2. Neufeld, G. (2011). Op. Cit.; Siegel, D. J., y Bryson, T. P. (2014). *No-Drama Discipline: The Whole-Brain Way to Calm the Chaos and Nurture Your Child's Developing Mind*. Nueva York: Bantam Books.

3. Konrath, S. H., O' Brien, E. H., y Hsing, C. (2011). "Changes in dispositional empathy in American college students over time: A meta-analysis". *Personality and Social Psychology Review*, 15, 180-198.

Capítulo 11: Cómo los niños pequeños hacen crecer a los adultos

1 Houssaye, A. (1858). "Dis-moi qui tu aimes, je te dirai qui tu es", en *Le roi Voltaire*. París: Michel Lévy, 182.